教科書ガイド

ガイド

啓林館 版

ビジョン・クエスト
English Logic and
Expression I Standard

TEXT

BOOK

GUIDE

文研出版

はしがき

本書は，啓林館が発行する高等学校の論理・表現 I の教科書「Vision Quest English Logic and Expression I Standard」に準拠した教科書解説書として編集されたものです。教科書の内容がスムーズに理解できるよう工夫されています。予習や復習，試験前の学習にお役立てください。

 本書の構成

Model Conversation	
教科書本文	各レッスンの本文を掲載。英文・日本語訳にはそれぞれ対応した通し番号「①②③…」を明記。
語句と語法のガイド	教科書に出てくる単語・熟語を，教科書の出現順に掲載。 使用する記号：名 名詞　代 代名詞　形 形容詞 　　　　　　　　副 副詞　　動 動詞　　助 助動詞 　　　　　　　　前 前置詞　接 接続詞　熟 熟語 　　　　　　　　間 間投詞
解説	各文の解説。 文末の EB1 などは，教科書で解説している箇所を示している。

Example Bank, Function
Example Bank では，「Vision Quest 総合英語」から詳しい解説を抜粋し，新出文法項目をわかりやすく解説。Function では，各文の解説を掲載。

Try it out!, Use it	
! ヒント	正解に至るまでの丁寧なヒントを掲載。 Use it では，文章を書く際のヒントやポイント，作文例を提示。
練習問題	教科書の Try it out! の各小問題に類似した問題を出題。 Try it out! の問題を解く際のヒントにもなる。

＊本書では，教科書の問題の解答をそのまま提示しておりません。

Contents

Lesson 1　I want to introduce my new friend.

Model Conversation

美咲は海斗にジョンを紹介しています。

M1: ①Kaito, **come** here!　②I want to introduce my new friend John to you.

J1: ③Nice to meet you, Kaito.　④I'm an exchange student from Australia.

K1: ⑤**Oh, really?**　⑥I really want to go there someday.　⑦Welcome to our school, John.

J2: ⑧Thanks.

M2: ⑨Kaito, your sister is studying at a university in Sydney, **isn't she?**

K2: ⑩**That's right.**　⑪John, where in Australia are you from?

J3: ⑫Actually, I'm from Sydney.

K3: ⑬**What a nice surprise!**

M1: ①海斗，こっちに来て！②新しい友達のジョンをあなたに紹介したいの。

J1: ③初めまして，海斗。④僕はオーストラリアからの留学生だよ。

K1: ⑤え，本当に？⑥僕はいつか本当にそこに行きたいんだ。⑦僕たちの学校へようこそ，ジョン。

J2: ⑧ありがとう。

M2: ⑨海斗，あなたのお姉さんはシドニーの大学で勉強しているんでしょう？

K2: ⑩そうだよ。⑪ジョン，君はオーストラリアのどこから来たの？

J3: ⑫実は，シドニー出身なんだ。

K3: ⑬なんてうれしい驚きなんだ！

語句と語法のガイド

introduce ~ to ...	熟	～を…に紹介する
exchange student	名	交換留学生
someday	副	いつか
actually [ǽktʃuəli]	副	実は（= in fact）
surprise	名	驚き　▶動 ～を驚かす

解説

① **Kaito, come here!**

命令文。「～して」「～しなさい」と相手に指示をするときは動詞で文を始める。 **EB4**
文の最初の Kaito, は主語ではなく，相手に対する呼びかけの語。

② **I want to introduce my new friend John to you.**

my new friend と John は同格の関係。同格とは，2つ以上の名詞(句)が並び，後ろの要素が前の要素の意味を限定・補足説明する関係をいう。

③ **Nice to meet you, Kaito.**

初対面の挨拶で使う決まり文句。Nice to meet you.「初めまして。」と言われたら，ふつう Nice to meet you, too.「こちらこそ初めまして。」と応じる。2度目に会う場合は Nice to <u>see</u> you. という。

⑤ **Oh, really?**

really は「本当に」という意味の副詞。「?」で終わるので，確認したり聞き返したりするニュアンス。

⑨ **Kaito, your sister is studying at a university in Sydney, isn't she?**

〜, isn't she? は「〜ですよね?」と相手に同意を求めたり，確認するときに使う表現。 **EB2**

⑩ **That's right.**

right は「正しい」という意味の形容詞。That's は That is の短縮形。

⑬ **What a nice surprise!**

感嘆文。〈What ＋(a/an ＋)形容詞＋名詞(＋主語＋動詞)!〉で「なんて〜な…だろう」という意味を表す。 **EB8** a nice surprise は「うれしい驚き」の意味。

Listening Task

Circle T for True or F for False. （正しければ T, 間違っていれば F に○をつけなさい。）

（!ヒント）

1. 海斗はジョンがどこの国から来たか知っていたか。(→④⑤)

2. 海斗はジョンの国に興味があるか。(→⑥)

3. 海斗の姉は大学でジョンに会ったか。(→⑨⑩)

〉〉〉〉〉〉〉〉〉 Example Bank 〈〈〈〈〈〈〈〈〈

A さまざまな疑問文

1. "**Who** plays the hero?" "Mike does."

「誰が主役を演じるのですか。」「マイクです。」

2. "You are a student, **aren't you?**" "Yes, I am." / "No, I'm not."

「あなたは学生ですよね。」「はい。」/「いいえ，違います。」

3. "You don't like cheese, **do you?**" "Yes, I do." / "No, I don't."

「あなたはチーズが好きではないですよね。」

「いいえ，好きです。」/「はい，好きではありません。」

解説

疑問文

疑問文は「〜ですか」と尋ねる文のことで，Yes か No で答えることのできる **Yes / No 疑問文(一般疑問文)** と，尋ねられたことに対して具体的に答える，**疑問詞で始まる疑問文**などがある。

Yes / No 疑問文(一般疑問文)

Yes か No で答えることのできる疑問文を **Yes / No 疑問文(一般疑問文)** という。be 動詞，Do[Does, Did], 助動詞を文頭に出して作る。

be 動詞の場合

be 動詞を文頭に出し，〈**be 動詞＋主語 ～?**〉の語順になる。

⇨   **Chris is** a student.（クリスは学生です。）

➡ "**Is Chris** a student?" "Yes, he is." / "No, he isn't."

（「クリスは学生ですか。」「はい，そうです。」/「いいえ，違います。」）

一般動詞の場合

Do[Does, Did] を文頭に置き，〈**Do[Does, Did] ＋主語＋動詞の原形 ～?**〉の語順になる。動詞は必ず原形になる。

⇨   **John plays** tennis.（ジョンはテニスをします。）

➡ "**Does John play** tennis?" "Yes, he does." / "No, he doesn't."
　　　　　　　　原形

（「ジョンはテニスをしますか。」「はい，します。」/「いいえ，しません。」）

助動詞の場合

助動詞を文頭に出し，〈**助動詞＋主語＋動詞の原形 ～?**〉の語順になる。

⇨   **Meg can play** the piano.（メグはピアノが弾けます。）

➡ "**Can Meg**   **play** the piano?" "Yes, she can." / "No, she can't."

（「メグはピアノが弾けますか。」「はい，弾けます。」/「いいえ，弾けません。」）

疑問詞で始まる疑問文

「**いつ**」「**どこで**」「**誰が**」「**何を**」などの内容を尋ねるときは，when, where, who, what などの**疑問詞**で始まる疑問文にする。答えるときは，Yes / No ではなく，「いつ」「どこで」「誰が」「何を」などに対応する内容を伝える。

　　疑問詞　who(誰)，whose(誰の)，what(何)，which(どれ，どちら)，
　　　　　　when(いつ)，where(どこで，どこに)，why(なぜ)，how(どのように)

疑問詞が主語以外の場合

尋ねたい事柄を疑問詞にして文頭に置き，そのあとは Yes / No 疑問文と同じ語順になる。〈**疑問詞＋ Yes / No 疑問文の語順 ～?**〉の形。

⇨   **I bought a T-shirt.**　（私は T シャツを買いました。）

➡ **What did you buy?**　（あなたは何を買いましたか。）
　　〔Yes / No 疑問文の語順〕

疑問詞が主語の場合

1. 主語を疑問詞に置きかえて，〈**疑問詞(S) ＋動詞(V) ～?**〉の語順になる。疑問詞は普通，単数扱い。

Mike plays the hero.

　　↓　誰が?

Who plays the hero**?**
　S　　V

付加疑問

　平叙文や命令文のあとに付ける疑問形を**付加疑問**という。平叙文の付加疑問は，相手に
「～ですよね」と確認したり，同意を求めたりする。相手に確認したいときは上がり調
子(↗)，同意を求めるときは下がり調子(↘)のイントネーションになる。

肯定文の付加疑問

2. **肯定文**には，**否定の付加疑問**を付ける。否定の付加疑問は短縮形が使われる。付加疑
問の主語は代名詞になる。

　⇨ <u>Emily</u> likes music, **doesn't she?**　（エミリーは音楽が好きですよね。）

否定文の付加疑問

3. **否定文**には，**肯定の付加疑問**を付ける。答えるときは，**肯定の内容なら Yes，否定の**
内容なら No で答える。

B　命令文

4. **Be** careful. / **Come** here.

　　注意しなさい。/ ここに来なさい。

5. **Don't** be late. / **Don't** touch the paintings.

　　遅れてはいけません。/ 絵に触れてはいけません。

6. **Let's** go shopping.

　　買い物に行きましょう。

◀ 解説

命令文

　命令文は，相手に命令したり行動を求めたりする文。相手に直接言うため，普通は主語
を付けない。感情を込めるときは**感嘆符**(!)を付ける。

肯定の命令文

4. 肯定の命令文は**「～しなさい」**という意味を表す。**動詞の原形**で文を始める。be 動詞
の場合は Be で始める。please を付けると**「～してください」**と命令口調をやわらげ
る表現になる。

　　Please come here. / Come here, **please**.　（こちらに来てください。）

否定の命令文

5. 否定の命令文は**「～してはいけません」**という意味を表す。〈**Don't[Do not]＋動詞**
の原形 ～〉の語順になる。be 動詞の場合も〈**Don't[Do not] be ～**〉となる。

Let's ＋動詞の原形

6. 〈**Let's ＋動詞の原形**〉は**「（一緒に）～しましょう」**という**勧誘**や**提案**を表す表現。
Let's は Let us の短縮形。答えるときは Yes, let's. や No, let's not. と答えるが，
OK. / Sure.（いいですよ。）や Sorry, I can't.（ごめんなさい，できません。）などと答
えることも多い。

C　感嘆文

7. **How beautiful** this house is!　この家はなんて美しいんだろう！

8. **What a beautiful house** this is!　これはなんて美しい家だろう！

◀◀◀ **解説**

感嘆文

　感嘆文は，「**なんて～なのだろう**」という感動・驚き・喜び・残念な気持ちなどの強い感情
を表す文。Howで始めるものとWhatで始めるものがある。文の終わりに**感嘆符**(!)を付ける。

How 型(なんて～だろう)

7. 形容詞や副詞を強調するときは，〈**How ＋形容詞〔副詞〕(＋主語＋動詞)!**〉の語順になる。

　⇨　　　　　　　This house is **very beautiful**.
　　　　　　　　　　　　　　　　　　　　形容詞

　➡ **How beautiful** this house is!　〔形容詞を強調〕
　　　　形容詞　　　S　　　V

What 型(なんて～な…だろう)

8. 〈形容詞＋名詞〉を強調するときは，〈**What ＋(a/an ＋)形容詞＋名詞(＋主語＋動詞)!**〉
の語順になる。

　⇨　　　　　This is **a very beautiful house**.
　　　　　　　　　　　　　　　形容詞＋名詞

　➡ **What a beautiful house** this is!　〔〈形容詞＋名詞〉を強調〕
　　　形容詞＋名詞　　　　S　V

‹ ═══ ⟩⟩⟩⟩⟩⟩⟩⟩⟩⟩ **Function**(応答する) ‹‹‹‹‹‹‹‹‹‹ ═══ ›

1. "I think science is very interesting." **"Oh, really? / Do you?"**
「科学はとても興味深いと思います。」「まあ，本当に？/ そうなんですか？」

2. "I go to the computer club every Friday." **"That sounds good. / How nice!"**
「毎週金曜日にコンピュータ部に行きます。」「それは良いですね。/ すてきですね！」

3. "You are a first-year student, aren't you?" **"You're right. / That's right."**
「1 年生ですよね。」「おっしゃるとおりです。/ そのとおりです。」

◀◀◀ **解説**

1. ・「?」で終わるので，確認したり聞き返したりするニュアンス。
　・Do you? は Do you think science is very interesting? の省略形。be 動詞の場合は
　〈Is[Are] ＋代名詞?〉となる。V ＋ S の疑問文の形で「そうなんですか」と軽い驚きを表す。

2. ・相手の発言に対する同意や共感を表す表現。
　・How nice! は感嘆文で，How nice it is! の it is が省略された形。

3. ・相手の発言を肯定する表現。
　・right は「正しい」という意味の形容詞。You're は You are, That's は That is の短縮形。

┃ 語句と語法のガイド ┃

sound	動 〜に聞こえる〔思える〕
first-year student	名 1 年生

< ════ >>>>>>>>> **Try it out!** <<<<<<<<< ════ >

□1 （　　）に入る最も適切な語を考えましょう。

（！ヒント）

1. ・肯定文の付加疑問文。

　　・「あなたはしばしば体育館に行きますよね。」「はい。」

2. ・否定文の付加疑問文。

　　・「彼女はブラスバンドの一員ではないですよね。」「はい、一員ではありません。」

3. ・主語が疑問詞の疑問文。

　　・「誰がマラソンを走るのですか。」「テッドです。」

4. ・否定の命令文。

　　・「午後 9 時以降は携帯電話を使ってはいけません。」「分かりました、やってみます。」

5. ・「(一緒に) 〜しましょう」という勧誘や提案を表す表現。

　　・「なんて〜な…だろう」という意味の感嘆文。

　　・「この週末にパーティーを開きましょう。」「うわー！なんてよい考えだろう！」

（練習問題①）（　　）に入る最も適切な語を考えましょう。

1. "You like playing the guitar, (　　　　) (　　　　)?" "(　　　　), I do."

2. "He isn't a famous soccer player, (　　　　) (　　　　)?" "(　　　　), he isn't."

3. "(　　　　) will make a speech?" "Mary (　　　　)."

4. "It's raining hard. (　　　　) (　　　　) the window." "OK."

5. "(　　　　) have lunch in the park." "Wow! (　　　　) a good idea!"

□2 あなたはクラスメートと話しています。提案のやりとりを練習しましょう。下線部の語句を自分の言葉で言いかえて伝え合ってみよう。下のボックスの語句を使ってもかまいません。答えるときは理由や具体例も加えてみましょう。

（！ヒント）

A は〈Let's ＋動詞の原形〉「(一緒に) 〜しましょう」を使って相手に提案をする。B はその提案に応答し、さらに具体的な説明を加える。さらに A は応答を続ける。

(例)　A: It's sunny today. **Let's** go to the park and play soccer after school.

　　　（今日は天気がいいね。放課後公園に行ってサッカーをしよう。）

　　 B: Wow! **What** a great idea! I'll bring my new ball.

　　　（うわー！なんてすばらしい考えなんだ！新しいボールを持っていくよ。）

　　 A: Great! Bring something to drink, too.　（いいね！飲み物も持ってきて。）

会話例

A: I got a wonderful thing last Sunday.

B: Oh, what was it?

A: A new digital camera.　Let's take pictures this weekend!

B: How nice!　I'll bring my camera, too.

③　ペアになって，日課についての質問を尋ね合いましょう。追加の質問をして会話を続けてみよう。答えるときは理由や具体例も加えてみましょう。

!ヒント

与えられた質問に対して答え，さらに具体的な説明を加える。追加の質問をして会話を続ける。

1. **What time** do you get up on weekdays?　(+1)How about on weekends?

（平日は何時に起きますか。週末はどうですか。）

（例）I usually get up at six.　I do some exercise before breakfast.

（私はたいてい6時に起きます。私は朝食の前に運動をします。）

2. **How** do you get to school?　(+1)How long does it take?

（あなたはどのように通学していますか。どのくらいの時間がかかりますか。）

（例）I come by bike.　It's a little far from home.

（私は自転車で来ます。家から少し遠いです。）

3. **Who** makes your lunch?　(+1)Do you enjoy eating it?

（誰があなたの昼食を作りますか。あなたはそれを食べるのを楽しみますか。）

（例）I make it myself.　I sometimes cook for my family.

（私はそれを自分自身で作ります。私は時々家族のために料理をします。）

‹ ━━━━━━ ›››››››››› **Use it** ‹‹‹‹‹‹‹‹‹ ━━━━━━ ›

あなたの学校のルールを留学生に紹介しよう。

（例）列挙　項目①　Come to school by eight thirty.　（8時30分までに登校しなさい。）

　　　　　項目②　Don't use cell phones at school.　（学校で携帯電話を使ってはいけない。）

　　　　　項目③　Wear a school uniform.　（制服を着なさい。）

!ヒント

・校則などのルールは通常，命令文で表す。

・しなければいけないことは，肯定の命令文で表す。動詞の原形から始める。

・してはいけないことは，否定の命令文で表す。語順は〈Don't ＋動詞の原形〉となる。

作文例

項目①　Come to school by eight o'clock.

項目②　Don't come to school by bike.

項目③　Don't stay at school after six o'clock.

Model Conversation

ジョンと美咲は次の授業について話しています。

J1: ①Do we move to a different classroom?

M1: ②No, our Japanese teacher, Ms. Takahashi will come here soon.

J2: ③I see. ④In Japan students stay in the same classroom for most subjects. ⑤However, in Australia teachers stay at their rooms, **so** students move there.

M2: ⑥It's **because** you choose almost all your subjects in Australia, isn't it?

J3: ⑦Exactly. ⑧I wonder **whether** Japanese teachers have trouble in moving. ⑨Let's ask Ms. Takahashi **after** we finish the next class.

J1: ①別の教室に移動するの？

M1: ②いいえ、国語の高橋先生がもうすぐここに来られるわ。

J2: ③そうなんだね。④日本では、生徒がほとんどの教科で同じ教室にいるね。⑤でも、オーストラリアでは、先生が自分の教室にいるから、生徒がそこへ移動するんだ。

M2: ⑥それはオーストラリアではほとんどすべての教科を自分で選択するからでしょう？

J3: ⑦そのとおり。⑧日本の先生方は移動するのに苦労していないのかなと思うよ。⑨次の授業が終わったら、高橋先生に尋ねてみようよ。

▌語句と語法のガイド▐

most	形	ほとんどの
however	副	しかし
choose	動	～を選ぶ　▶ choose-chose-chosen
almost all ～	熟	ほとんどすべての～
exactly	副	(返答・相づちで)全く，そのとおり
wonder	動	～かしらと思う
have trouble in *doing*	熟	～するのに苦労する

◀ 解説

⑤ **However, in Australia teachers stay at their rooms, so students move there.**
however は副詞で，「しかし」という意味。文頭，文中，文尾に置かれる。so は「～だから…」という意味の接続詞。 **EB5**

⑥ **It's because you choose almost all your subjects in Australia, isn't it?**
because は「～なので，なぜなら～」という意味の接続詞で，理由を表す。isn't it は付加疑問。

⑧ **I wonder whether Japanese teachers have trouble in moving.**
whether は「～かどうか」という意味の接続詞。if で言いかえることができる。 **EB7**

⑨ **Let's ask Ms. Takahashi after we finish the next class.**

〈Let's ＋動詞の原形〉は「（一緒に）～しましょう」という意味。after は「～のあとに」という意味の接続詞。

Listening Task

Circle T for True or F for False.　（正しければ T，間違っていれば F に○をつけなさい。）

〔！ヒント〕

「主語」「動詞」「目的語」の部分に特に注意して聞き取ろう。

1. 日本の生徒はどこで勉強するか。（→④）
2. オーストラリアでは生徒はいくつ教科を選ぶか。（→⑥）
3. ジョンは日本の先生について何を思っているか。（→⑧）

＞＞＞＞＞＞＞＞ Example Bank ＜＜＜＜＜＜＜＜

A　単文［S＋V が 1 つの文］

1. I am a student.　私は学生です。
2. You like swimming.　あなたは泳ぐことが好きです。

解説

〔英語の文構造〕

英語の文は構造によって**単文・重文・複文**の 3 種類に分けられる。

〔単文〕

1. 1 つの主語と 1 つの動詞から成る文は**単文**と呼ばれる。英語の文を構成するのは，**主語(S)・動詞(V)・目的語(O)・補語(C)** の 4 つで，これらを特に**文の主要素**と呼ぶ。特に主語(S)と動詞(V)の 2 つは，命令文などを除くすべての文に欠かせない最も重要な要素である。

　　<u>I</u> <u>**am**</u> a student.
　　S　V

〔主語と動詞（主部と述部）〕

2. 文を作るときは，主題となる「～は，～が」にあたる**主部**と，それについて述べる「～である，～する」にあたる**述部**で構成する。主部の中心は**主語(S = Subject)** であり，述部の中心は**動詞（述語動詞 V = Verb）** である。英語の文はこの〈主語(S)＋動詞(V)〉が基本になる。

　　<u>**You**</u> <u>**like**</u> swimming.
　　S　　V

B 重文［2 つ以上の S＋V を等位接続詞がつなぐ］

3. We went shopping, **and** I bought new shoes.

　私たちは買い物に行き，私は新しい靴を買いました。

4. He looks young, **but** he is over 40.

　彼は若く見えるが，40 歳を超えている。

5. I was sick, **so** I went home early.

　私は体調が悪かったので，早く家に帰りました。

◀ 解説

重文

　and，but，so，or などの**等位接続詞**によって結ばれた 2 組以上の主語と動詞から成る文は**重文**と呼ばれる。等位接続詞は「語と語」，「句と句」，「節と節」を対等の関係で結ぶ働きがある。**句**とは〈主語＋動詞〉を含まない語のまとまりで，**節**とは〈主語＋動詞〉が含まれる語のまとまりのことをいう。

〈順接「そして」〉

3. 接続詞 **and** は，「〜して(そして)…」という意味で，**連結**を示す。

　We went shopping, **and** I bought new shoes.
　節S　　V　　　　　　節S　　V

〈逆接「しかし」〉

4. 接続詞 **but** は，「〜しかし…」という意味で，**対立**を示す。

　He looks young, **but** he is over 40.
　節S　　V　　　　　節S　V

〈結果「だから」〉

5. 接続詞 **so** は，「〜だから…」という意味で，**結果**を表す。

　I was sick, **so** I went home early.
　節S　V　　　　節S　　V

　理由を表す接続詞の **because** を用いて書きかえることもできる。

　＝ I went home early **because** I was sick.

　＝ **Because** I was sick, I went home early.

C 複文［2 つ以上の S＋V を従属接続詞がつなぐ］

6. She says (**that**) she wants new shoes.

　彼女は新しい靴が欲しいと言っています。

7. I don't know **if**[**whether**] Tom will come.

　トムが来るかどうかはわかりません。

8. She won't come **if** she has a fever.

　もし熱があったら，彼女は来ない。

🔊 解説

〔複文〕

　that，if，because，when などの**従属接続詞**(従位接続詞)によって結ばれた 2 組以上の主語と動詞から成る文は**複文**と呼ばれる。従属接続詞は主節に対し他の節を導き，**従属節**を作る。従属節には**名詞節**と**副詞節**がある。名詞節は文の主語・目的語・補語となり，副詞節は条件，理由，時などの意味を表す。

〈名詞節を作る「～ということ」〉

6. 接続詞 **that** は「～ということ」という意味で，that 節は思考や伝達を表す動詞の目的語(O)として働く。この that は省略されることが多い。

　She says (**that**) she wants new shoes.
　主節S　　　V　　従属節(名詞節)SV

〈名詞節を作る「～かどうか」〉

7. 接続詞 **if[whether]**は「～かどうか」という意味で，if[whether] 節は動詞の目的語(O)の働きをする。

　I don't know **if[whether]** Tom will come.
　主節S　　　V　　　従属節(名詞節)　　S　　　V

〈副詞節を作る「もし～ならば」〉

8. 接続詞 **if** は「もし～ならば」という意味で，**条件**を表す。if の節を文頭に出す場合は主節の前にコンマを入れるのが一般的である。

　She won't come **if** she has a fever.
　主節S　　　V　　従属節 S　　V
　　　　　　　　　　(副詞節)
　= **If** she has a fever, she won't come.

《 ━━ ＞＞＞＞＞＞＞＞＞**Function(理由を述べる)**＜＜＜＜＜＜＜＜ ━━ ＞

1. "It's warm, **so** let's go outside." "OK. It's good to take a walk."
　「暖かいね，だから外に出よう。」「わかったよ。散歩するのはいいことだ。」

2. "I went home early **just because** I was hungry." "Oh, I thought you had a cold."
　「単に空腹だったから早く家に帰ったんだ。」「ああ，風邪を引いたんだと思ったよ。」

3. "They don't usually sell durians in Japan. Why not?"
　"**The main reason is that** many people don't like the smell."
　「日本ではふつう，ドリアンを売っていません。なぜですか。」
　「主な理由は多くの人がそのにおいが好きではないからです。」

🔊 解説

1. so は「～だから…」という意味の接続詞。
2. ・because は「～なので，なぜなら～」という意味の接続詞。
　・just / only / mainly などを付けることで理由の重みを表すことができる。

3. that は「〜ということ」という意味の接続詞。

┃ 語句と語法のガイド ┃	
take a walk	熟 散歩する
have a cold	熟 風邪を引く
durian	名 ドリアン
main	形 主な
smell	名 におい ▶動 〜のにおいがする

《 ══ ≫≫≫≫≫≫ **Try it out!** ≪≪≪≪≪≪ ══ 》

① （　）内のどちらの語が最も適切か考えてみましょう。

（！ヒント）

1. ・副詞節を作る「〜する前に」。
・「食事をする前に手を洗いなさい。」

2. ・命令文とともに or を用いると，命令文が条件となり，その条件に従わなかった場合の結果を表す。
・「歯をみがきなさい。そうでないとそれらは悪くなるでしょう。」

3. ・副詞節を作る「〜するときに」。
・「私の母が遅くまで仕事をするときは父が夕食を作ります。」

4. ・名詞節を作る「〜ということ」。
・「私はしばしば正直は最上の策であると言います。」

5. ・We help with the housework「結果」＋ my parents are busy at work「理由」。
・副詞節を作る「〜なので」。
・「私の両親は仕事で忙しいので私たちが家事を手伝います。」

（練習問題①）（　）内のどちらの語が最も適切か考えてみましょう。

1. (Before / But) you go to bed, brush your teeth.
2. Hurry up, (and / or) you'll be late for school.
3. I usually stay at home (but / when) it rains.
4. Mr. White always says (that / and) time is money.
5. My sister doesn't help me with my homework (so / because) she is too busy.

2 （　）内の語句を並べかえて，英文を完成させましょう。

（！ヒント）

主語と動詞をまず見つけるようにする。

1.・usually などの頻度を表す副詞は一般動詞の直前に置く。
・「私はいつも祖父母に手紙を書く。彼らは私の手紙を喜んでいる。」

2.・that は「〜ということ」という意味の接続詞。be good at 〜「〜が上手である，得意である」。
・「父は私が絵を描くのが上手だと思っているが，私はただそれが好きなだけだ。」

3.・after は前置詞としても接続詞としても使うことができる。ここでは前置詞。
・「私は昼食のあとにコーヒーを飲む。それが私の習慣である。」

（練習問題②）（　）内の語句を並べかえて，英文を完成させましょう。

1. (e-mails / I / to / often / write) Tom. He's happy with my e-mails.

2. (good / I'm / my parents / that / think) at dancing, but I just like it.

3. My brother (after / the newspaper / reads / breakfast). It's his daily habit.

3 ペアになって，あなたの学校生活について話しましょう。追加の質問をして会話を続けてみよう。

（！ヒント）

学校生活について会話する。与えられた質問に対して答える。追加の質問をして会話を続ける。

1. What do you do during recess? (+1)Do you prepare for the next class?
（あなたは休み時間に何をしますか。あなたは次の授業に向けて準備をしますか。）
（例）I read a novel.
（私は小説を読みます。）

2. What do you enjoy at school? (+1)What else do you enjoy?
（あなたは学校で何を楽しみますか。あなたは他に何を楽しみますか。）
（例）I enjoy learning English.
（私は英語を学ぶことを楽しみます。）

3. Why are[aren't] you in a club? (+1)How many free days a week do you have?
（あなたはなぜクラブに入っている〔入っていない〕のですか。1週間のうち暇な日は何日ありますか。）
（例）Because I want to have regular exercise.
（なぜなら私は定期的な運動をしたいからです。）

⟨ ══════ ≫≫≫≫≫≫≫≫≫ **Use it** ⟨⟨⟨⟨⟨⟨⟨⟨⟨ ══════ ⟩

友だちがあなたの好きな科目を尋ねます。3 つの文で答えてみよう。

(例) 主張　主張＋理由：I like English because I can communicate with people from abroad. （海外からの人々とコミュニケーションをとることができるので私は英語が好きです。）

例①：I can tell them about Japanese culture in English. （私は英語で彼らに日本文化について話すことができます。）

例②：I can also learn foreign cultures. （私はまた外国文化を学ぶことができます。）

(！ヒント)
接続詞 because を使って「主張＋理由」を表現する。

(作文例)
主張＋理由：I like history because I can learn a lot of interesting things in the past.

例①：I can understand why they happened.

例②：I can also think about what to do now and in the future.

⟨ ═══════ ≫≫≫≫≫≫≫≫≫ Expressing ≪≪≪≪≪≪≪≪≪ ═══════ ⟩

▌ STEP 1 ▌

問題文の訳

会話を聞きなさい。それぞれの人物とその人物がすることを線で結び,（　　）にクラブ名を書きなさい。

！ヒント

それぞれの人物の得意なことやできること，クラブ名を聞き取る。

▌ STEP 2 ▌

問題文の訳

あなたのクラブやチームについて話しなさい。（クラブに入っていなければ話を作っても良い。）

！ヒント

質問に対する答えを書く。①はクラブ（チーム）名，②は所属した時期，③はクラブ（チーム）の人数，④はクラブ（チーム）の活動内容，⑤はクラブ（チーム）の活動が好きな理由，⑥は目標，⑦はクラブ（チーム）内で尊敬する人物について書く。

例

①　I'm in the volleyball club.（私はバレーボール部に入っています。）
②　I joined it in April this year.（私は今年の4月に入部しました。）
③　There are 25 members.（25名の部員がいます。）
④　I practice volleyball after school.（放課後，バレーボールの練習をします。）
⑤　I like it because it's fun to play volleyball.（バレーボールをするのは楽しいので好きです。）
⑥　My goal is to win the last match before I retire.
　　（私の目標は引退前の最後の試合で勝つことです。）
⑦　I respect Mr. Tani.（私はタニ先生を尊敬しています。）

▌ STEP 3 ▌

問題文の訳

STEP 2 の情報をもとにあなたのクラブやチームについてクラスで紹介しなさい。

！ヒント

STEP 2 で書いたことをもとに，＿＿＿を埋める。

作文例

　I belong[belonged] to the volleyball club. I joined it in April this year. There are 25 members. In it I practice volleyball after school. I like the activities because it's fun to play volleyball. My goal is to win the last match before I retire. I respect Mr. Tani because he plays and teaches volleyball very well.

‹ ══════ ›››››››› **Words & Phrases** ‹‹‹‹‹‹‹‹ ══════ ›

次の表の＿＿に適切な英語を書きなさい。

時（Time）	曜日（Days of the week）	月（Months）
□ 2時に　at two (o'clock)	□ 日曜日　Sunday	□ 1月　January
□ 今朝　this morning	□ 月曜日　Monday	□ 2月　February
□ 午前中に	□ 火曜日　Tuesday	□ 3月　March
① ＿＿＿＿＿＿＿＿	□ 水曜日　Wednesday	□ 4月　April
□ 夜に	□ 木曜日	□ 5月　May
in the evening / at night	③ ＿＿＿＿＿＿＿＿	□ 6月　June
□ 今週　this week	□ 金曜日　Friday	□ 7月　July
□ 週末に　on the weekend	□ 土曜日　Saturday	□ 8月
□ 週1回	□ 日曜日の朝に	④ ＿＿＿＿＿＿＿＿
② ＿＿＿＿＿＿＿＿	on Sunday morning	□ 9月　September
□ 2日後に　in two days		□ 10月　October
		□ 11月　November
		□ 12月　December

天気（Weather）	家族（Family）	クラブ活動（Club activities）
□ 晴れた　sunny / fine / clear	□ 親　parent	□ 放送部　broadcasting club
□ 曇った	□ 息子　son	□ 書道部　calligraphy club
⑤ ＿＿＿＿＿＿＿＿	□ 娘	□ 華道部
□ 雨降りの　rainy	⑦ ＿＿＿＿＿＿＿＿	flower arrangement club
□ 風の強い　windy	□ 兄[弟]　brother	□ 美術部
□ 雪の降る　snowy	□ 姉[妹]　sister	⑨ ＿＿＿＿＿＿＿＿
□ 暑い　hot	□ おじ　uncle	□ 科学部
□ 暖かい　warm	□ おば　aunt	⑩ ＿＿＿＿＿＿＿＿
□ 蒸し暑い	□ おい　nephew	□ 陸上部　track and field team
⑥ ＿＿＿＿＿＿＿＿	□ めい　niece	□ 卓球部　table tennis team
□ 涼しい　cool	□ 祖父　grandfather	
□ 寒い　cold	□ 祖母　grandmother	
	□ 親戚	
	⑧ ＿＿＿＿＿＿＿＿	
	□ いとこ　cousin	

解答

① in the morning　② once a week　③ Thursday　④ August　⑤ cloudy

⑥ humid　⑦ daughter　⑧ relative　⑨ art club　⑩ science club

Lesson 2 ▶ Do you want to join our show?

Model Conversation

海斗，ジョン，美咲は彼らの学校の文化祭について話しています。

K1: ①John, our school festival is coming up soon! ②Do you want to join our show?

J1: ③It sounds good, but I can't **speak** Japanese well.

K2: ④No problem. ⑤I will **teach** you your lines.

M1: ⑥**I'm not sure that's a good idea.** ⑦John, you **look** very busy with your studies.

K3: ⑧**I see your point, but** it will be a great experience. ⑨What do you **think**, John?

J2: ⑩I'm busy, but I will do my best.

M2: ⑪It will be hard work, but I hope you enjoy the performance.

K1: ①ジョン，学校の文化祭が近づいてきたよ！ ②僕たちのグループの劇に参加しない？

J1: ③良いね，でも，僕は日本語を上手に話せないよ。

K2: ④問題ないよ。⑤僕がセリフを教えるよ。

M1: ⑥良い考えなのかわからないわ。⑦ジョン，あなたは勉強でとても忙しそうに見えるわ。

K3: ⑧君の考えはわかるけれど，すばらしい経験になるよ。⑨君はどう思う，ジョン？

J2: ⑩忙しいけれど，全力を尽くすよ。

M2: ⑪大変でしょうけれど，あなたが公演を楽しめるように願っているわ。

語句と語法のガイド

school festival	名	文化祭
come up	熟	近づく
show [ʃou]	名	劇
line [laɪn]	名	（lines で）セリフ
be busy with ～	熟	～で忙しい
point [pɔɪnt]	名	主張，言い分
do one's best	熟	全力を尽くす
performance [pərfɔ́ːrməns]	名	演技　▶ perform 動 ～を上演する

解説

③ **It sounds good, but I can't speak Japanese well.**

It sounds good の文型は SVC。 **EB2** I can't speak Japanese well の文型は SVO。 **EB4**

⑤ **I will teach you your lines.**

〈teach + you + your lines〉で「あなたにセリフを教える」を表す。文型は SVOO。 **EB5**

⑥ **I'm not sure that's a good idea.**

I'm not sure (that) that's a good idea. の接続詞 that が省略されている。

⑦ **John, you look very busy with your studies.**

you look very busy with your studies の文型は SVC。 **EB2**

⑧ **I see your point, but it will be a great experience.**

see は「〜がわかる」という意味。

⑨ **What do you think, John?**

What do you think? は「あなたはどう思いますか。」という意味。SVO の文型。 **EB4**

‖ Listening Task ‖

Circle T for True or F for False. （正しければ T, 間違っていれば F に○をつけなさい。）

（！ヒント）

1. ジョンは海斗の考えに興味があるか。（→②③）

2. 誰がジョンの演技を手伝うのか。（→⑤）

3. 海斗は美咲の意見に同意しているか。（→⑧）

〈 ═══ >>>>>>>>> **Example Bank** <<<<<<<<< ═══ 〉

A SV（主語＋動詞）

1. Kate **lives** in New York.　ケイトはニューヨークに住んでいる。

📢 **解説**

（文の要素）

英語の文を構成するのは，**主語(S)・動詞(V)・目的語(O)・補語(C)** の4つで，これらを特に**文の主要素**と呼ぶ。中でも主語(S)と動詞(V)の2つは，命令文などを除くすべての文に欠かせない最も重要な要素である。**修飾語(M = Modifier)** は主要素をより詳しく説明するために付け加えられる要素で，文の主要素ではない。

（目的語）

目的語(O = Object) は動詞(V)の直後に置かれ，動詞が表す動作や行為の対象となる物や人を表す。日本語の「…を〜する」の「…を」にあたる。

（補語）

補語(C = Complement) は動詞または目的語のあとに置かれ，主語(S)や目的語(O)が「何であるか」「どのような状態であるか」を説明する。「主語や目的語の情報を補う語」なので補語と呼ばれる。

（基本5文型）

主語(S)・動詞(V)・目的語(O)・補語(C)の並び方は，基本的に **SV，SVC，SVO，**

SVOO，SVOC の 5 つに分けられる。この 5 つの型を**基本 5 文型**という。

[第 1 文型]

　　文の主要素が **SV(主語＋動詞)** だけの文は**第 1 文型**と呼ばれる。動詞(V)のあとに目的語(O)
も補語(C)もこない。「S は〜する」という意味を表し，動詞は自動詞(後に目的語がこない動詞)。

1. 動詞 live の後ろに目的語も補語もきていない SV の文。in New York は修飾語。live
　　が「住んでいる」の意味を表すときは，必ず後ろに場所を表す語句を伴う。

　　<u>Kate</u> **<u>lives</u>** in New York.
　　　S　　　V

B　SVC(主語＋動詞＋補語)

2. He **is** famous.　　彼は有名だ。

3. He **became** a doctor.　　彼は医者になった。

◀ 解説

[第 2 文型　S=C の関係]

　　SVC(主語＋動詞＋補語) の文は**第 2 文型**と呼ばれる。**動詞(V)のあとに補語(C)がくる**。
補語は「S は C である」というように，**S = C(S is C)** の関係が成り立つ。SVC で使
われる動詞は自動詞で，代表的なものは be 動詞。

[状態を表す動詞]

2.「〜である」という**状態**を表す。

　　He **is** <u>famous</u>.
　　 S　V　　C

〔●状態を表す動詞〕

・be 動詞(〜である)	・keep(ずっと〜である)	・lie(〜の状態にある)
・remain(〜のままでいる)	・sit(〜の状態で〔場所に〕ある)	・stay(〜のままでいる)

[変化を表す動詞]

3.「〜になる」という**変化**を表す。

　　He **became** <u>a doctor</u>.
　　 S　　V　　　 C

〔●変化を表す動詞〕

・become(〜になる)	・get(〜になる)	・grow(〔次第に〕〜になる)	・turn(〜になる〔変わる〕)

[その他]

〔●外見・様子を表す動詞〕

・look(〜に見える)	・seem(〜に思える)	・appear(〜に見える)

⇨ He **seems** <u>interested</u>. (彼は興味があるように思われます。)
　　 S　　V　　　C

〔●感覚を表す動詞〕

・feel（～の感じがする）	・smell（～のにおいがする）
・sound（～に聞こえる〔思える〕）	・taste（～の味がする）

⇨ This tea **smells** <u>sweet</u>.（このお茶は甘いにおいがします。）
　　S　　　　　V　　　C

C　SVO（主語＋動詞＋目的語）

4. He **bought** a new watch yesterday.　彼は昨日，新しい腕時計を買った。

◀ 解説

第3文型　S ≠ O の関係

　SVO（主語＋動詞＋目的語）の文は**第3文型**と呼ばれる。**動詞（V）のあとに目的語（O）がくる**。「SはOを～する」という意味を表す。SVOで使われる動詞は他動詞（後に目的語がくる動詞）。

4. 動詞 bought のあとに，「何を買ったか」を示す目的語 a new watch がきている。

　　He **bought** <u>a new watch</u> yesterday.
　　S　　V　　　　　O

D　SVOO（主語＋動詞＋目的語＋目的語）

5. He **gave** Sally a ring.　彼はサリーに指輪をあげた。

6. He **bought** Sally a ring.　彼はサリーに指輪を買ってあげた。

◀ 解説

第4文型　O（人）＋ O（物）

　SVOO（主語＋動詞＋目的語＋目的語）の文は**第4文型**と呼ばれる。SVOO で使われる動詞は他動詞で，**動詞（V）のあとに2つの目的語（O）がくる**。2つの目的語は「人」→「物」の順に並べるのが基本。SVOO は SVO の形でほぼ同じ意味に書きかえられる場合が多く，その書きかえのパターンにより〈give ＋ O ＋ O〉型と〈buy ＋ O ＋ O〉型の2つに分けられる。

〈give ＋ O ＋ O〉型

5. 〈give ＋ O ＋ O〉型の動詞は，前置詞 to「～に」を使って〈**SVO ＋ to A（人）**〉に書きかえることができる。この場合，SVO の第3文型になる。

　　He gave <u>**Sally**</u> <u>**a ring**</u>.〔SVOO〕
　　S　V　　O　　　O

➡ He gave 　　　　<u>a ring to Sally</u>.〔SVO ＋ to A〕

〔●〈give ＋ O ＋ O〉型の動詞：「O（人）に O（物）を～する」〕

・give（与える）	・show（見せる）	・tell（話す）	・pay（支払う）
・teach（教える）	・lend（貸す）	・send（送る）	・pass[hand]（手渡す）

⇨ I sent **Judy** <u>**a New Year's card**</u>.（私はジュディーに年賀状を送りました。）
　S　V　　O　　　　O

〈buy ＋ ○ ＋ ○〉型

6. 〈buy ＋ ○ ＋ ○〉型の動詞は，前置詞 for「〜のために」を使って〈SVO ＋ for A(人)〉に書きかえることができる。この場合，SVO の第3文型になる。

He bought **Sally a ring**.〔SVOO〕
　　　S　　V　　O　　O

➡ He bought　　　　**a ring for Sally**.〔SVO ＋ for A〕

〔●〈buy ＋ ○ ＋ ○〉型の動詞：「O(人)のために O(物)を〜してやる」〕

・buy(買ってやる)	・find(見つけてやる)	・make(作ってやる)
・choose(選んでやる)	・cook(料理してやる)	・get(手に入れてやる)
・call([タクシーなどを]呼んでやる)		・leave(残しておく)

⇨ He made **me coffee**. (彼は私にコーヒーを入れてくれた。)
　　S　　V　　O　　O

《 ＝＝＝ ＞＞＞＞＞＞＞**Function(賛成・反対する)**＜＜＜＜＜＜＜＜ ＝＝＝ 》

1. "Let's take a bus, not a taxi. It's cheaper."

"**I see your point, but** we don't have enough time. A taxi is better."

「タクシーではなく，バスに乗りましょう。より安いです。」

「君の考えはわかりますが，十分な時間がありません。タクシーのほうがいいです。」

2. "I always skip breakfast." "**I'm not sure that's a good idea.**"

「いつも朝食を抜いています。」「それが良い考えかどうかわかりません。」

3. "Are you **for** or **against** his plan?" "It may work, but actually I'm **against** it."

「彼の計画に賛成ですか,反対ですか。」「うまくいくかもしれませんが,実は私は反対です。」

◀ 解説

1. ・**I see your point, but 〜**は，「あなたの言っていることはわかりますが，〜」と相手の論点を認めた上で反論する表現。

　・相手とは別の意見を述べる場合は，他に Yes, but 〜 / I know, but 〜 (そうですね，でも〜)などを使う。

2. ・**I'm not sure (that) 〜**は，「〜ということがはっきりしません」という意味。相手の発言に対してはっきりと同意できないことを表す表現。

　・I'm not sure (that) that's a good idea. の接続詞 that が省略された形。

3. ・前置詞 for は「〜に賛成して」という意味。例文のように〈be 動詞＋ for〉で使う。

　・前置詞 against は「〜に反対して」という意味。例文のように〈be 動詞＋ against〉で使う。

‖ **語句と語法のガイド** ‖

skip [skɪp]　　　　　　　　　動 〜を抜く，省略する

work [wəːrk]　　　　　　　　動 うまくいく

〈 ═══════ ≫≫≫≫≫≫≫≫ **Try it out!** ≪≪≪≪≪≪≪≪ ═══════ 〉

1　下の語を用いて，会話を完成させましょう。

（！ヒント）

1. ・in Yokohama, there の前には自動詞がくる。
　　・「鈴木先生は今，横浜に住んでいます。」「はい。私は先生がそこに先月引っ越したと聞きました。」

2. ・be 動詞。/ 第 1 文型。a long way（遠くまで）は副詞句。
　　・「階上からの景色は美しいです。」「そうです。私は遠くまで見えます。」

3. ・be 動詞。/ 第 3 文型 SVO。
　　・「彼女の息子たちは自動車工場のエンジニアです。」「彼らは車を修理するのですか。」

4. ・第 3 文型 SVO。/ 第 2 文型 SVC。
　　・「角の店はホットドッグを販売しています。」「それらはとてもよいにおいがします。」

5. ・ともに第 4 文型 SVOO。
　　・「友だちが私にあなたの新しい住所を教えてくれました。」「ごめんなさい。私はあなたにそれについての E メールを送っていませんでした。」

（練習問題①）　下の語を用いて，会話を完成させましょう。

1. "Ms. White (　　　) in Tokyo now." "Yes. She (　　　) there two months ago."
2. "The view from this room (　　　) great." "Right. We can (　　　) a long way."
3. "My brothers (　　　) chefs in this restaurant." "Do they (　　　) Italian food?"
4. "The shop on the corner (　　　) hamburgers."
　 "They (　　　) very good, so I'm getting hungry."
5. "How did you (　　　) her the way to the station?" "I (　　　) her a map."

> sells / are / is / lives / tell / cook / showed / moved / smell / see

2　(　　　)内の語句を並べかえて，会話を完成させましょう。

（！ヒント）

まず文の土台となる主語と動詞を探すと構造を理解しやすい。

1. ・第 2 文型 SVC。
　　・「そのボートは 4 人乗るには小さく見えます。」「私たちはその店から大きいものを借りられます。」

2. ・第 1 文型 SV。
　　・「昨日私に奇妙なことが起こりました。」「それは何だったのですか。」

3. ・第 4 文型 SVOO。
　　・「私は彼女に私が小さい頃の写真を何枚か見せました。」「ああ，そうなのですか。それらを私に見せてください。」

(練習問題②)（　）内の語を並べかえて，会話を完成させましょう。

1. "(table / for / small / looks / this) six people." "We can rent a bigger one from the shop."
2. "Tom broke the window yesterday." "(after / to / happened / him / what) that?"
3. "(an / I / you / e-mail / sent) last night." "I'm sorry. I haven't read it yet."

3　ペアになって，あなたの学校生活について話しましょう。追加の質問をして会話を続けてみよう。

(！ヒント)

学校生活について会話する。与えられた質問に対して答える。追加の質問をして会話を続ける。

1. What time do you get to school?（例）I get here at 8:00.
   （あなたは何時に学校に着きますか。）（私は8時にここに着きます。）
2. What do you do after school?（例）I play basketball in my club.
   （あなたは放課後に何をしますか。）（私はクラブでバスケットボールをします。）
3. What do your classmates call you?（例）They call me Tommy or Tomite-san.
   （クラスメートはあなたを何と呼びますか。）（彼らは私をトミーやトミテさんと呼びます。）

(会話例)

1. What time do you get to school? ― I get here at 7:00.
   (+1) What do you do after you get here?
2. What do you do after school? ― I practice in my club.
   (+1) What club do you belong to?
3. What do your classmates call you? ― They call me Micky.
   (+1) Do you like your nickname?

〉〉〉〉〉〉〉〉〉 **Use it** 〈〈〈〈〈〈〈〈〈

あなたが普段の生活で行うことを3つ書いてみよう。

(例) 列挙　項目①：I usually get up at 6:45.　（私はたいてい6時45分に起きます。）
　　　　　項目②：I ride my bike to school with my friends.
　　　　　　　　（私は友だちと学校まで自転車に乗ります。）
　　　　　項目③：I talk about my school life with my family over dinner.
　　　　　　　　（私は家族と夕食を食べながら学校生活について話します。）

(！ヒント)

・普段の生活で行うことは現在の習慣なので，現在形で書く。
・例文のように，頻度を表す副詞を使うとよい。

〔盛り込む観点の例〕
・習慣になっている家での振る舞い
・家から学校までの通学手段　など

(作文例)

項目①：I brush my teeth before I eat breakfast.
項目②：I usually go to school on foot.
項目③：I sometimes go to school by bus when it rains.

Model Conversation

美咲とジョンは劇のセリフについて話しています。

M1: ①John, I think our show will **make** you a star!

J1: ②I hope so. ③I'm practicing hard. ④Oh, in one of my lines **there's** a difficult phrase. ⑤Can you read it aloud?

M2: ⑥*Shitsureishimasu.*

J2: ⑦**Pardon me?** ⑧Can you say that again slowly?

M3: ⑨*Shi-tsu-re-i-shi-ma-su.* ⑩We use this phrase when we **enter** or **leave** a room.

J3: ⑪**You mean** you say it before and after you meet someone in a room, too**?**

M4: ⑫That's right.

J4: ⑬I see. ⑭I'll use it next time I visit the teachers' room.

M1:①ジョン，劇であなたはスターになると思うわ！

J1:②③一生けん命練習しているから，そうなるといいな。④ああ，セリフの1つに難しい言い回しがあるんだ。⑤読み上げてくれる？

M2:⑥失礼します。

J2:⑦何だって？⑧もう一度ゆっくり言ってくれる？

M3:⑨しつれいします。⑩入退室の時にこの言い回しを使うの。

J3:⑪部屋の中にいる人と会う前にも後にも言うって意味？

M4:⑫そのとおりよ。

J4:⑬わかった。⑭次回職員室に行くときに使ってみるよ。

語句と語法のガイド

star [stɑːr]	名	スター，人気者
phrase [freɪz]	名	言い回し
aloud [əláʊd]	副	声に出して
next time ~	熟	今度~するときに(は)
teachers' room	名	職員室，教員室

解説

① **John, I think our show will make you a star!**

think の後ろに接続詞 that が省略された文。〈make + you + a star〉で「あなたをスターにする」を表す。文型は SVOC。 **EB1**

④ **Oh, in one of my lines there's a difficult phrase.**

〈one of +複数名詞〉で「~のうちの1つ〔1人〕」という意味。there's は there is の短縮形。〈There + be 動詞+主語〉は「~がある〔いる〕」という存在を示す表現。 **EB3**

⑦ **Pardon me?**

相手の言葉が聞き取れずに聞き返す表現。次の Can you say that again slowly? も同様。

⑩ **We use this phrase when we enter or leave a room.**

when は接続詞。enter は「~に入る」，leave は「~を出る」という意味で，共に他動詞。 **EB5**

⑪ **You mean you say it before and after you meet someone in a room, too?**

You mean 〜？は相手の言ったことを確認する言い方。mean の後ろに接続詞 that が省略されている。

┃ Listening Task ┃

Circle T for True or F for False. （正しければ T, 間違っていれば F に○をつけなさい。）

(！ヒント)

1. ジョンは「失礼します」と発音することを難しいと思っているか。（→④⑥）

2. ジョンは「失礼します」をいつ使うか知っていたか。（→⑩⑪）

3. ジョンは次回職員室に行くときにこの言い回しを使うか。（→⑭）

‹ ══════ ››››››››››› **Example Bank** ‹‹‹‹‹‹‹‹‹ ══════ ›

A SVOC（主語＋動詞＋目的語＋補語）

1. We **call** our dog Elmo. 　私たちは我が家の犬をエルモと呼ぶ。

2. She **painted** the wall brown. 　彼女は壁を茶色に塗った。

◀ 解説

[第 5 文型　O＝C の関係]

SVOC（主語＋動詞＋目的語＋補語）の文は**第 5 文型**と呼ばれる。SVOC で使われる動詞は他動詞で，**動詞（V）のあとに「S は O を C にする」**の目的語（O）と補語（C）がくる。補語は目的語が「どんな内容か」「どんな状態か」を説明し，**O ＝ C（O is C）**の関係が成り立つ。

1. 動詞 call のあとに目的語 our dog と補語 Elmo が続いている。補語 Elmo は目的語 our dog を「何と呼んでいるか」と説明している。our dog is Elmo（O ＝ C）という関係を含んでいる。

　We **call** our dog Elmo.
　 S 　V 　 O 　　C

2. 補語 brown が目的語 the wall の状態を説明している。the wall is brown（O ＝ C）という関係を含んでいる。

　She **painted** the wall brown.
　 S 　 V 　　 O 　　C

[第 5 文型で使われる動詞]

①〈**make ＋ O ＋ C**〉型：「O を C にする」

・make（〜にする）　　・get（〜にする）　　・paint（〜に塗る）

⇨ His words **made** me sad. （彼の言葉に私は悲しくなりました。）

②〈**keep ＋ O ＋ C**〉型：「**O を C のままにする**」

・keep（～の状態にしておく）　　・leave（～のままにしておく）

⇨She always **keeps** her room clean.（彼女はいつも自分の部屋をきれいにしています。）

③〈**call ＋ O ＋ C**〉型：「**O を C と呼ぶ**」

・call（～と呼ぶ）　　・name（～と名付ける）　　・elect（～に選ぶ）

⇨ They **named** the baby Emma.（彼らは赤ん坊をエマと名付けました。）

④〈**think ＋ O ＋ C**〉型：「**O を C と思う**」

・think[consider]（～と思う）　　・believe（～と信じる）　　・find（～だとわかる）

⇨ Everybody **thought** her attractive.（みんなが彼女を魅力的だと思いました。）

B　There ＋ be 動詞＋主語

3. **There is** a tree in the yard.　庭に一本の木がある。
4. **There are** three boys in the park.　公園に 3 人の少年がいる。

◀️ 解説

〈There ＋ be 動詞＋主語〉

　〈**There ＋ be 動詞＋主語**〉は「**～がある〔いる〕**」という存在を示す表現。be 動詞のあとの名詞が主語(S)で，be 動詞が動詞(V)。〈There ＋ V ＋ S〉の語順になる。SV(第 1 文型)の特殊な形である。be 動詞は後ろにくる名詞が単数なら is / was，複数なら are / were となる。否定文は be 動詞のあとに not を置き，疑問文は be 動詞を文頭に出す。

3. be 動詞のあとの名詞 a tree が主語(S)。主語が単数のため，be 動詞は is になる。
4. 主語の three boys が複数のため，be 動詞は are になる。

C　注意すべき自動詞と他動詞

5. We **discussed** the matter.　我々はその問題について議論した。
6. He is **lying** in bed now.　彼は今，ベッドに横になっている。
7. I can't **stand** this weather.　この天気には我慢できない。

◀️ 解説

自動詞と他動詞

　自動詞は後ろに目的語(O)がこない動詞(＝自分だけで動作が完結する動詞)。一方，**他動詞**は後ろに目的語(O)がくる動詞(＝他の何か〔誰か〕に働きかける動詞)。もし目的語がなければ「何を？」という疑問が残る。

自動詞と間違えやすい他動詞

5. discuss(〜について議論する)は他動詞なので，直後に目的語(O)がくる。動詞のあとに**前置詞は不要**。「〜について」に引きずられて about などを付けてはいけない。

〔●**自動詞と間違えやすい他動詞**〕

・enter(〜に入る)　　　　　・leave(〜を出る)　　　　　・marry(〜と結婚する)
・reach(〜に到着する)　　　・attend(〜に出席する)　　・approach(〜に近づく)
・resemble(〜と似ている)

他動詞と間違えやすい自動詞

agree「賛成する」などは自動詞なので，直後に目的語(O)はこない。動作の対象を示す場合は with などの**前置詞が必要**。

⇨ I **agree** with you.（私はあなたに賛成します。）

〔●**他動詞と間違えやすい自動詞**〕

・graduate from 〜（〜を卒業する）　　・apologize for 〜（〜のことを謝る）
・object to 〜（〜に反対する）

自動詞と他動詞で活用と意味がまぎらわしいもの

6. lie「横になる」は**自動詞**。lay「〜を横たえる」は**他動詞**。

⇨ She **laid** the baby on the bed.（彼女は赤ちゃんをベッドに寝かせた。）

	原形	過去形	過去分詞形	-ing 形
自動詞 lie(横になる)	lie [lai]	lay [lei]	lain [lein]	lying
他動詞 lay(〜を横たえる)	lay [lei]	laid [leid]	laid	laying
自動詞 lie(うそをつく)	lie	lied	lied	lying

自動詞と他動詞で意味が異なるもの

7. 同じ動詞でも，自動詞として使われる場合と他動詞として使われる場合では，意味が異なることがある。stand は自動詞の場合は「立つ」という意味を表し，他動詞の場合は「〜を我慢する，〜に耐える」という意味を表す。

⇨ **Stand** straight.（まっすぐ立ちなさい。）

他にも次のようなものがある。

⇨ The train **leaves** for Ueno at 7:30.〔SV〕(列車は7時30分に上野に向けて**出発します**。)
⇨ I **left** my umbrella in the hotel.〔SVO〕（私はホテルに傘**を置き忘れました**。)

1. "My brother is majoring in biology." "**Pardon (me)? / Sorry, but what did you say?**"
「兄は生物学を専攻しています。」「何ですって？／ごめんなさい，何と言ったのですか。」

2. "I was on the football team in junior high." "**You mean** you played soccer**?**"
「中学校ではサッカー部に所属していました。」「サッカーをしていたという意味ですか。」

3. "Let's call it a day." "**What do you mean?**" "I mean we should finish work."
「切り上げましょう。」「どういう意味ですか。」「仕事を終えるべきだという意味です。」

◥ 解説

1. ・**Pardon (me)?** や **Sorry, but what did you say?** は相手の言葉が聞き取れずに聞き返す表現。
　・Would［Could / Will］you say it again (, please)? とほぼ同じ意味。Will よりも Would, Could のほうが丁寧なニュアンスになる。

2. **You mean ～?** は相手の発言を確認する表現。「あなたは～ということを意味しているのですか」→「**～ということですか**」

3. ・**What do you mean?** は「**どういう意味ですか。**」という意味で使う表現。
　・What do you mean by "call it a day"? のように by ～を付けると，「～によって何を意味するのですか」→「～とはどういう意味ですか」となる。

┃ 語句と語法のガイド ┃

major in ～	熟 ～を専攻する
biology [baɪá(ː)lədʒi]	名 生物学　▶ bio- は「生命」という意味の接頭辞
call it a day	熟 仕事を切り上げる　▶「それを1日と呼ぶ」が直訳

① **下の語を用いて，英文を完成させましょう。**

（！ヒント）

1. ・第5文型 SVOC。
　・「扉を開けたままにしないでください。エアコンをつけています。」

2. ・〈There + be 動詞＋主語〉で「～がある〔いる〕」という意味。
　・「戸棚の中にあまりスペースがありません。いくつか物を捨てましょう。」

3. ・第2文型 SVC。
　・「あなたは点数にがっかりしているように見えます。いつでも次の機会があります。」

4. ・discuss は「～について議論する」という意味の他動詞。
　・「私たちは先生と問題を議論し，そして解決策を見つけました。」

5. ・第5文型 SVOC。
　・「彼の優しい言葉で私は嬉しくなりました。彼はとても親切でした。」

(練習問題①) 下の語を用いて，英文を完成させましょう。

1. Please (　　　) the door open. I have a lot of bags.
2. There (　　　) any milk in the fridge. I must go to a supermarket.
3. These questions (　　　) difficult. Can you help me?
4. At last, we (　　　) the top of the mountain. We were really tired.
5. I love his songs because they always (　　　) me happy.

reached / kept / leave / isn't / seem / make

2　あなたは友人とペットの名前について話しています。パートナーとやりとりを練習しましょう。下線部の語句を自分の言葉で言いかえて伝え合ってみよう。下のボックスの語句を使ってもかまいません。答えるときは理由や具体例も加えてみましょう。

(！ヒント)

ペットの名前は，SVOC の文型を使って表現することができる。I named A B. で「私はA を B と名付けました。」という意味。

(例)

A: I got a new pet yesterday! （私は昨日新しいペットを手に入れました！）
B: Wow! What did you get? （うわー！何を手に入れたのですか。）
A: I got a dog. She is very cute. I **named** her Midnight because she is black.
　（私は犬を手に入れました。彼女はとてもかわいいです。黒色なので，彼女をミッドナイトと名付けました。）

(会話例)

A: I got a new pet yesterday!
B: Wow! What did you get?
A: I got a parrot. He is very active. I **named** him Rainbow because he has colorful feathers.

3　ペアになって，家族についての質問を尋ね合いましょう。追加の質問をして会話を続けてみよう。答えるときは理由や具体例も加えてみましょう。

(！ヒント)

家族について会話する。与えられた質問に対して答える。追加の質問をして会話を続ける。

1. Who gets up first in the morning? （誰が朝最初に起きますか。）
(例) My mother does. She gets up early and makes breakfast.
　（母です。母は早く起きて朝食をつくります。）

2. Who can't **stand** the hot weather? （誰が暑い天候に耐えられませんか。）
(例) My father can't. In summer, he always drinks iced coffee and lies on the sofa.
　（父です。夏に，父はいつも冷たいコーヒーを飲んでソファで横になります。）

(会話例)

1. Who gets up first in the morning?

　— My grandfather does.　He gets up early and walks in the park.

　(+1)　What time does he get up?

2. Who can't stand the hot weather?

　— My brother can't.　In summer, he always lies on his bed and plays games all day.

　(+1)　How about the cold weather?

 **Use it**

あなたの部屋にあるものを 3 つ書いてみよう。

(例) 列挙　　項目① : There are some textbooks on my desk.

　　　　　　　　　　(私の机の上に教科書が何冊かあります。)

　　　　　　項目② : There is a clock on the wall.

　　　　　　　　　　(壁に時計があります。)

　　　　　　項目③ : There is a wastebasket in the corner.

　　　　　　　　　　(隅にごみ箱があります。)

(！ヒント)

・〈There ＋ be 動詞＋主語〉「〜がある〔いる〕」で表す。

・be 動詞の後ろにくる名詞の単数，複数に注意する。

〔盛り込む観点の例〕

・机の上にあるもの

・床に置いてあるもの　など

(作文例)

項目① : There is a computer in my room.

項目② : There are some CDs on the desk.

項目③ : There is a bed by the window.

< ═══════ >>>>>>>>> **Expressing** <<<<<<<<< ═══════ >

STEP 1

(問題文の訳)

陸は文化祭に行きました。よく聞き，彼が行った場所に○をつけなさい。

(！ヒント)

校内の地図を見ながら，行った場所を聞き取る。

STEP 2

(問題文の訳)

STEP 1 と同じ文化祭に行く計画をパートナーと立てなさい。

1. **STEP 1** の地図で見たい演技や訪れたい場所を3つ選びなさい。

2. パートナーと話し合い，文化祭の計画を立てなさい。意見が違うかもしれません。理由を出し合って，決めなさい。

(！ヒント)

地図を見ながら，午前，ランチタイム，午後それぞれに行きたい場所を考える。

(例)

Time(時)	Place(場所)
In the morning (午前)	Science Laboratory(実験室) We can see some interesting experiments. (面白い実験を見られる)
At lunch time (ランチタイム)	Taco stand(タコスの屋台) Neither of us has ever eaten tacos.(タコスを食べたことがない)
In the afternoon (午後)	Art Exhibition(美術展) We like to appreciate paintings.(絵画鑑賞が好き)

STEP 3

(問題文の訳)

あなたは文化祭のスケジュールを共有するために友達にメッセージを送ろうとしています。**STEP 2** の情報をもとに本文を完成させなさい。

(！ヒント)

STEP 2 で書いたことをもとに，＿＿を埋める。

(作文例)

　In the morning, my partner and I will go to the Science Laboratory because we think they'll show us interesting experiments there. For lunch, there are five food stands at school. We'll choose the taco stand because we would like to try tacos, which we've never had. In the afternoon, we will go to the Art Exhibition because both of us like to appreciate paintings. I hope we will enjoy the school festival.

< ══════ >>>>>>> **Words & Phrases** <<<<<<< ══════ >

次の表の＿＿に適切な英語を書きなさい。

学校生活（School life）		教育（Education）
□ 1年生　first-year student	□ 実験室	□ 小学校　elementary school
□ 学期　term / semester	③ ____	□ 中学校
□ 制服	□ 視聴覚室　audiovisual room	⑤ ____
① ____	□ 会議室　meeting room	□ 高等学校
□ 校則　school rule	□ 職員室	(senior) high school
□ 体育祭　sports day	④ ____	□ 大学　university / college
□ 文化祭　school festival	□ 事務室　office room	□ 専門学校　vocational school
□ 修学旅行　school trip	□ 学生食堂　school cafeteria	□ 入学式　entrance ceremony
□ 遠足　excursion	□ 体育館　gym [gymnasium]	□ 卒業式
□ 生徒会	□ 講堂　auditorium / hall	⑥ ____
② ____	□ トイレ	□ 始業式　opening ceremony
	bathroom [restroom]	□ 終業式　closing ceremony
	□ 更衣室　locker room	

授業（Class）/ 勉強（Study）		教科・科目（Subjects）
□ プリント	□ 必修科目	□ 数学
⑦ ____	compulsory subject	math(s) / mathematics
□ 宿題	□ 選択科目	□ 物理　physics
homework / assignment	elective subject	□ 化学　chemistry
□ 小テスト　quiz	□ 現代文	□ 生物
□ 中間テスト　mid-term exam	contemporary Japanese	⑩ ____
□ 期末テスト　term-end exam	□ 古文　Japanese classics	□ 体育
□ 成績　grade / score	□ 地理	physical education / P.E.
□ 実力テスト	⑨ ____	□ 保健　health
achievement test	□ 倫理　ethics	□ 家庭科　home economics
□ 入学試験	□ 政治・経済	□ 情報　information studies
⑧ ____	politics and economics	

解答
① school uniform　② student council　③ laboratory　④ teachers' room
⑤ junior high school　⑥ graduation ceremony　⑦ handout　⑧ entrance exam
⑨ geography　⑩ biology

Lesson 3 ◀ I'm planning a day trip this weekend.

Model Conversation

ジョンと海斗は本について話しています。

J1: ①Hi, Kaito. ②I **found** an interesting book. ③Its title is *Unknown Spots in Japan*.

K1: ④Let me see … ⑤Wow, very interesting. ⑥These places **look** good. ⑦I **didn't know** about them.

J2: ⑧Actually, **I'm planning** a day trip this weekend to some of the places in the book. ⑨Do you want to come?

K2: ⑩Sounds great, but first I need to finish my English essay. ⑪I have to write 100 more words …

J3: ⑫100 words? ⑬**You can do it!**

J1: ①やあ，海斗。②おもしろい本を見つけたんだ。③『日本の知らない場所』っていう題名。

K1: ④どれどれ…。⑤おお，とてもおもしろいね。⑥この場所はいいね。⑦知らなかったよ。

J2: ⑧実は，今週末にこの本に出ているいくつかの場所に日帰り旅行に行こうと計画してるんだ。⑨一緒に来ない？

K2: ⑩いいね，でもまずは英語の作文を終わらせないと。⑪あと 100 語書かないといけないんだ…。

J3: ⑫100 語？⑬君ならできるよ！

▌ 語句と語法のガイド ▐

title [táɪtl]	名	題名
unknown [ʌ̀nnóʊn]	形	知られていない，未知の
spot [spɑ(:)t]	名	場所(= place)
day trip	名	日帰り旅行
essay [éseɪ]	名	作文

📢 解説

② **I found an interesting book.**

found は find の過去形。**EB7**

⑥ **These places look good.**

look は「～に見える」という意味。現在の状態を表している。**EB1**

⑦ **I didn't know about them.**

過去形の否定文。**EB6**

⑧ **Actually, I'm planning a day trip this weekend to some of the places in the book.**

現在進行形の文。**EB4** plan は最後の子音字を重ねて -ing をつける。(⇒ cf. 教科書 p.141)

⑩ **Sounds great, but first I need to finish my English essay.**

That sounds great. の主語 That が省略された形。need to *do* は「～しなければならない」という意味。

⑪ **I have to write 100 more words ...**

　have to *do* は「～しなければならない」という意味。〈数詞＋ more ＋名詞〉で「さらに(数)の～」という意味。

⑬ **You can do it!**

　You can do it! は「あなたならできます！」という意味で，相手を激励するときに使う表現。

┃ Listening Task ┃

Circle T for True or F for False.　（正しければ T，間違っていれば F に○をつけなさい。）

（！ヒント）

1. ジョンは図書館で本を見つけたか。（→②）

2. ジョンは放課後に時間があるとき本屋に行くか。（→⑧）

3. 海斗は英作文の宿題を終わらせたか。（→⑩⑪）

< ══════ >>>>>>>>>> **Example Bank** <<<<<<<<< ══════ >

A　現在のことを表す

1. I **love** you.

　私はあなたを愛しています。

2. I *usually* **eat** bread for breakfast.

　私はたいてい朝食にパンを食べる。

3. The sun **rises** in the east.

　太陽は東から昇る。

4. She **is playing** tennis *now*.

　彼女は今，テニスをしている。

5. She **is playing** tennis *these days*.

　彼女は最近，テニスをしている。

📢 **解説**

（現在形）

　現在形は，「現在の状態」や「現在の習慣的・反復的動作」などを表す。

（現在の状態）

1. 状態動詞を現在形で用いた場合，「(現在)**～である**」という意味になり，ある程度の**時間の幅**を持った**現在の状態**を表す。

〔●状態動詞〕

be 動詞，belong，have，know，believe，like，love，hear など

　過去　　現在　　未来

（現在の習慣）

2. 動作動詞を現在形で用いた場合，「(いつも)**～する**」という意味になり，**現在の習慣的・反復的動作**を表す。usually などの**頻度を表す副詞(句)**を伴うことが多い。

〔●動作動詞〕

play, visit, watch, swim, study, open, wash, eat など

〔●頻度を表す副詞（句）〕

always（いつも），almost always（ほとんどいつも），usually（たいてい），
sometimes（ときどき），seldom / rarely（めったに〜ない），never（一度も〜ない）
every day（毎日），every week（毎週），every Sunday（毎週日曜日），
twice a week（週に 2 回）

不変の事実

　過去・現在・未来を通じて**変わることのない事実や真理**を表す場合にも**現在形**が使われる。

3. 「太陽が東から昇る」ということは現在だけでなく，過去も未来も変わらない事実である。同じように，科学的な事実や計算式にも現在形が使われる。
　　⇨ Water **freezes** at zero degrees Celsius.（水はセ氏 0 度で凍ります。）
　　⇨ Two and three **is** five.（2 + 3 = 5）

現在進行中の動作

4. 現在進行形は〈**am / are / is + _do_ing**〉の形で，「（今）〜している（ところだ）」という**現時点において行われている動作**を表す。現在形が**ある程度の時間の幅**を持った現在の状態や現在の習慣を表すのに対し，現在進行形は**今まさに行われている動作**を表す。

最近の習慣

5. 現在進行形は**ある期間に繰り返されている動作**も表す。この例文は，「テニスをする」という動作が「最近」という限られた期間内に繰り返し行われるということを示している。「（以前はやっていなかったが）最近やり始めた」というニュアンスが含まれる。この用法は, all day「一日中」, these days「最近」, this week「今週」, this month「今月」などの**期間を表す副詞（節）**を伴うことが多い。

現在進行形の否定文

　現在進行形の否定文は，be 動詞の直後に not を置く。「（今）**〜していない**」という意味を表す。
　　⇨ She **is not playing** tennis now.（彼女は今，テニスをしていません。）

現在進行形の疑問文

　現在進行形の疑問文は，be 動詞を文頭に出す。「**〜していますか**」という意味を表す。返答は，Yes, she **is**. / No, she **isn't**. のように be 動詞を使って答える。
　　⇨ "**Is** she **playing** tennis now?" "Yes, she is. / No, she isn't."（「彼女は今，テニスをしていますか。」「はい，しています。」/「いいえ，していません。」）

B　過去のことを表す

6. I **loved** him.　私は彼を愛していた。
7. He **played** baseball *last week*.　彼は先週, 野球をした。
8. He *usually* **played** soccer after school.　彼はたいてい放課後にサッカーをした。
9. She **was playing** tennis *around 4 p.m.*　彼女は午後4時ごろテニスをしていた。

▶〈解説

過去の状態

6. 状態動詞を過去形で用いた場合,「(過去に)**～だった**」という意味になり, ある瞬間だけでなく, **過去にある程度の期間同じ状態だった**ことを表す。

過去の1回の動作・出来事

7. 動作動詞を過去形で用いた場合,「(過去に)～した」という**過去の1回きりの動作や出来事**を表す。yesterday「昨日」, last week「先週」, last month「先月」などの過去を表す語句と一緒に使われる。

過去の習慣

8. 動作動詞を過去形で用いた場合,「(いつも)**～した**」のような**過去の習慣的・反復的動作**を表すことがある。usually などの**頻度を表す副詞(句)**を伴うことが多い。

過去の進行中の動作

9. **過去進行形**は〈**was / were + *doing***〉の形になる。「(そのとき)**～していた**」という意味で, **過去のある時点において行われていた動作**を表す。動作動詞を用いる。

過去のある期間に繰り返されていた動作

過去進行形が**過去のある期間に繰り返されていた動作**も表すことがある。「(ある期間に)**～していた**」という意味になる。

⇨ He **was taking** pictures while traveling.(彼は旅行中, 写真を撮っていました。)
この例文は,「写真を撮る」という動作が「旅行している間」という限られた期間内で繰り返し行われたことを示している。while (he was) traveling など, 期間を表す副詞(句・節)を伴うことが多い。

《 ═══ 〉〉〉〉〉〉〉**Function(激励する・励ます)**〈〈〈〈〈〈〈 ═══ 》

1. "Emily is coming second." "**Come on**, Emily! Run faster! **You can do it!**"
「エミリーは今2位だ。」「頑張れ, エミリー！もっと速く走って！君ならできるよ！」
2. "I don't think I am ready for the entrance exam."
"You got good grades in many subjects. **You're doing very well**."
「入試に向けて準備ができていないと思う。」
「たくさんの科目で良い成績を取ったじゃない。よくやっているよ。」
3. "**Good luck with** your exam." "Thanks. I'll need it."
「試験頑張って。」「ありがとう。頑張るよ。」

◀️🔊 解説

1. **Come on.**(頑張れ。)や**You can do it.**(あなたならできる。)は相手を激励するときに使う表現。
2. **You're doing (very) well.** は「**あなたは(とても)よくやっている。**」という意味で, 相手を励ますときに使う表現。
3. ・**Good luck with 〜.** は「**〜の幸運を祈る。**」という意味で, 相手を激励する表現。
   ・**I'll need it.** は, 文字どおりには「それ(幸運)が必要だ。」という意味だが, 「頑張るよ。」という返答になる。

▌ 語句と語法のガイド ▐

be ready for 〜	熟 〜の準備ができている
grade [greɪd]	名 成績　▶「学年」の意味もある

⟨ ════ ⟩⟩⟩⟩⟩⟩⟩⟩⟩ **Try it out!** ⟨⟨⟨⟨⟨⟨⟨⟨⟨ ════ ⟩

① [　]に与えられた語を適切な形に変えて英文を完成させましょう。

(！ヒント)
・[　]内の動詞が状態動詞か動作動詞かに注意。
・空所の前後に与えられた語句, 時を表す副詞(句)などを手がかりに時制を決める。

1. ・現在の状態。
   ・「トムはリンゴが好きなので, 毎朝1つ食べます。それは健康に良いです。」
2. ・when I was a child「私が子どものとき」があるので, 過去の状態。
   ・「子供のとき, 私は大阪に住んでいました。だから,関西弁は私にとってなじみがあります。」
3. ・変わることのない事実や真理を表す場合, 現在形を用いる。
   ・「月は地球の周りを公転し, 地球は太陽の周りを公転します。」
4. ・last night「昨夜」があるので, 過去の動作。
   ・「彼女は昨夜, ロンドンに発ちました。私は彼女がとても恋しいです。」
5. ・空所が2つある。these days「最近」は現在形, 現在進行形と共に使われる。
   ・「メアリーは最近, 期末試験に向けて一生懸命勉強しています。私はきっと彼女はうまくいくと思います。」

(練習問題①) [　]に与えられた語を適切な形に変えて英文を完成させましょう。

1. My grandfather (　　　　) in the park every morning. It is good for his health. [walk]
2. Aya (　　　　) in Australia when she was a child. So, she can speak English well. [live]
3. The sun (　　　　) in the east and sets in the west. [rise]
4. John (　　　　) for New York yesterday. I miss him very much. [leave]
5. Mary (　　　　) (　　　　) tennis hard these days. I'm sure she will win the match on Saturday. [practice]

2 （　）内の語を並べかえて，会話を完成させましょう。下線の語は形を変える必要が
　あるかどうか考えてみよう。

!ヒント

1. ・現在の習慣を表す。
　　・「ユキはどうやって学校に行きますか。」「毎日バスでそこへ行きます。」
2. ・is があるので，現在進行形にする。
　　・「ボブはどこ？」「彼は今，公園でトムとテニスをしているよ。」
3. ・過去進行形の文。「持っている」という意味の have は進行形にできないが，「食べる」
　　の意味では動作を表すので進行形にできる。
　　・「昨日のお昼ごろ，何をしていたのですか。」「食堂で昼食を食べていました。」

練習問題②　（　）内の語を並べかえて，会話を完成させましょう。下線の語は形を変える必要
があるかどうか考えてみよう。

1. "How does Ken go to school?" "He (by / go / there / bike / usually)."
2. "Where's Tom?" "He (is / in / TV / watch) his room now."
3. "What was your brother doing around noon today?" "He (his / soccer / with / was / play / friends)."

3 ペアになって，次の質問をお互いに尋ね合いましょう。追加の質問をして会話を続け
　てみよう。

!ヒント

普段の生活や過去にしたことについて会話する。与えられた質問に対して答える。追加の
質問をして会話を続ける。

1. What do you usually do before you go to bed?（例）I set my alarm clock.
　（あなたは寝る前にふつう何をしますか。）（私はアラーム時計を設定します。）
2. What did you do last Sunday?（例）I went to the city museum.
　（あなたはこの前の日曜日に何をしましたか。）（私は市立博物館に行きました。）
3. What were you doing around 8 p.m. yesterday?（例）I was playing an online game.
　（あなたは昨日午後8時ごろに何をしていましたか。）（私はオンラインゲームをしていました。）

会話例

1. What do you usually do before you go to bed?
　― I brush my teeth.
　(+1) How long does it take?
2. What did you do last Sunday?
　― I went to the shopping mall.
　(+1) Did you buy anything?

3. What were you doing around 8 p.m. yesterday?

　－ I was watching TV.

　(+1) What program were you watching?

〈 ─────── >>>>>>>>> **Use it** <<<<<<<<< ─────── 〉

あなたが最近の休日にしたことについて，3 つの文を書いてみよう。

(例) 説明　主題：　I went shopping with my friend, Nao, last Sunday.

　　　　　　　　　　(私はこの前の日曜日に友だちのナオと買い物に行きました。)

　　　　詳述①：I bought a pair of sneakers.

　　　　　　　　(私はスニーカーを 1 足買いました。)

　　　　詳述②：After shopping, we had lunch together.

　　　　　　　　(買い物のあと，私たちは一緒に昼食を食べました。)

[！ヒント]

・最近したことは過去形で書く。

・時を表す語を使い，過去のどの時点での話なのかを明確に書く。

〔盛り込む観点の例〕

・休日に 1 人でしたこと

・休日に友だちや家族としたこと　など

[作文例]

主題：　I went to watch a movie with my friend last Wednesday.

詳述①：Before the movie, we had lunch together.

詳述②：After the movie, we went to eat ice cream.

Model Conversation

美咲とエミリーは夏休みについて話しています。

M1: ①Hi, Emily.　②**Are** you **going to** go back to Canada this summer?

E1: ③No.　④It's my first long vacation, so this summer I want to travel in Japan. ⑤I don't know where yet.

M2: ⑥**I'm going** to Okinawa with my family in July.　⑦We are going to go snorkeling.

E2: ⑧That sounds great.

M3: ⑨Yeah.　⑩It**'ll be** fun.　⑪Hey, I have a good idea!　⑫Why don't you join us?

E3: ⑬Really?　⑭I'd love to.　⑮Oh, I can't wait for summer!

M1:①こんにちは，エミリー。②この夏はカナダに帰るの？

E1: ③いいえ。④初めての長期休暇だから，この夏は日本を旅行したいと思って。⑤でもまだ場所は決まってないの。

M2:⑥私は7月に家族で沖縄に行く予定。⑦シュノーケリングをする予定なの。

E2: ⑧とてもいいわね。

M3:⑨そうね。⑩楽しみだわ。⑪ねえ，いいことを思いついた！⑫あなたも一緒に行かない？

E3: ⑬本当に？⑭ぜひ行きたいわ。⑮ああ，夏が待ち遠しい！

‖ 語句と語法のガイド ‖

go *doing*	熟 ～しに行く
snorkel [snɔ́ːrkəl]	動 シュノーケルで潜水する

解説

② **Are you going to go back to Canada this summer?**

be going to を使った疑問文。〈be going to ＋動詞の原形〉は，「～する予定だ」という前から予定していることを述べるときに使われる。 **EB3**

⑤ **I don't know where yet.**

yet は否定文で用いられると，「まだ(～しない)」という意味。where は where I will travel などを省略したものと考える。

⑥ **I'm going to Okinawa with my family in July.**

現在進行形は未来を表す語句を伴って，すでに取り決められ，現在その準備がすでに始まっている近い未来の予定・計画を表すときに使われる。 **EB6**

⑩ **It'll be fun.**

It'll は It will の短縮形。will は「～だろう，～になる」という意味の助動詞で，単なる未来の予測や自然の成り行きを表す。 **EB1**

⑭ **I'd love to.**

I'd love to (join you). のかっこ内の語句が省略された形。I'd は I would の短縮形。I'd love to ～は「ぜひ～したい」という意味で，I'd like to ～「～したい」よりも強いニュアンスの表現。

┃ Listening Task ┃

Circle T for True or F for False. （正しければ T, 間違っていれば F に○をつけなさい。）

（！ヒント）

will や be going to のあとの動詞に特に注意して聞き取ろう。

1. エミリーはこの夏カナダに帰るのか。（→②③）

2. 美咲は 7 月に家族と沖縄を訪れる予定か。（→⑥）

3. エミリーと美咲は彼女たちの夏を沖縄で一緒に過ごすつもりか。（→⑫⑭）

‹ ════════ ﹥﹥﹥﹥﹥﹥﹥﹥﹥ **Example Bank** ‹‹‹‹‹‹‹‹‹ ════════ ›

A　will で未来のことを表す

1. I **will be** seventeen *next month*.　私は来月 17 歳になる。

2. I **will call** you *tonight*.　私は今夜，あなたに電話します。

◀◖解説

未来を表す表現

　現在形や過去形は go（現在形）-went（過去形）などのように動詞の形そのものを変化させることで表すが，英語には未来を表す動詞の形はない。未来のことを表すときは〈**will ＋動詞の原形**〉や〈**be going to ＋動詞の原形**〉の形にする。

〈will ＋動詞の原形〉

　〈**will ＋動詞の原形**〉は未来の予測（〜だろう）や未来の意志（〜するつもりだ）を表す。

単純未来

1.「**〜だろう，〜になる**」という意味で，単なる**未来の予測**や**自然の成り行き**を表す。このような主語の意志と関係がない will を**単純未来の will** という。

意志未来

2.「**〜するつもりだ，〜します**」という意味で，**主語の意志**を表す。このような will を**意志未来の will** という。

will を使った否定文・疑問文

　will を使った否定文・疑問文は次のようになる。

　　　　　⇨ It **will**　　　rain tomorrow.（明日は雨が降るだろう。）

　〔否定文〕➡ It **will not** rain tomorrow.（明日は雨が降らないだろう。）

　〔疑問文〕➡ **Will** it　　　rain tomorrow?（明日は雨が降るだろうか。）

　〈主語＋ will〉や will not は短縮形になることも多い。

　I will → **I'll**　　will not → **won't**［woʊnt］

《注意》Will you ～ ? は**相手の意志を尋ねる**場合と**依頼**を表す場合がある。

⇨ **Will you** go to the post office?

　訳①：郵便局へ行くつもりですか。〔相手の意志を尋ねる〕

　〔返事〕— Yes, I will. / No, I won't.

　訳②：郵便局へ行ってくれますか。〔依頼を表す〕

　〔返事〕— OK. / Sure. / All right. / I'm sorry, I can't. など

|未来の時点で進行中であろう動作を表す|

未来進行形は〈**will be ＋ doing**〉の形で,「(未来のある時点において)**～しているだろう**」
という**未来のある時点において行われているであろう動作**を表す。下の例文では未来の
ある時点は this time next week であり，ちょうどその時間に「泳ぐ」という動作が
行われているだろうと予測している。

　　⇨ This time next week **I'll be swimming** in the sea.

　　　(来週の今ごろ，私は海で泳いでいるだろう。)

B　be going to で未来のことを表す

3. **I'm going to** go shopping *tomorrow*.　　私は明日，買い物に行く予定です。

4. Look at the sky. It**'s going to** rain.　　空を見て。雨が降りそうだ。

◀ 解説

|意図・計画|

3. 〈**be going to ＋動詞の原形**〉は，「**～する予定だ**」という**前から予定していること**を述
　べるときに使われる。

《注意》明らかにその場で決めたことについては，be going to ではなく，will を使う。

　　⇨ "Someone is knocking on the door!" "OK. I'll answer it."

　　　(「誰かがドアをノックしているよ！」「了解。僕が出るよ。」)

|近い未来の予測|

4. 〈**be going to ＋動詞の原形**〉は，「**(状況から判断して)～しそうだ**」という**近い未来の予
　測**を表すこともある。この文では,空の様子から「今にも雨が降りそうだ」と予測している。

|be going to を使った否定文・疑問文|

　be going to を使った否定文・疑問文は次のようになる。

　　　　　　　⇨ He **is**　　　**going to** visit the museum. (彼は博物館を訪れる予定です。)

　〔否定文〕➡ He **is not** **going to** visit the museum. (彼は博物館を訪れる予定はありま
　　　　　　　　　　　　　　　　　　　　　　　　　　　せん。)

　〔疑問文〕➡ **Is** he　　　**going to** visit the museum? (彼は博物館を訪れる予定ですか。)

C　現在形・進行形で未来のことを表す

5. The plane **leaves** for New York *at 12:30*.

その飛行機は 12 時 30 分にニューヨークに向けて出発する。

6. **I'm leaving** for Los Angeles *tomorrow*.　私は明日, ロサンゼルスに向けて出発する。

📢 解説

確定した未来を表す

5. 出発時刻などのような**現時点で確定している未来の予定**(変更の可能性が少ない予定)
については, **現在形**を使って未来を表す。go, come, leave, arrive など, **往来・発
着を表す動詞**がよく使われ, 日時を表す語句を伴うことが多い。

時や条件を表す副詞節の中で

when や if などに導かれた**時や条件を表す副詞節**の中では, 未来のことでも **will を使
わず, 現在形を用いる**。予測ではなく, 実際に起こりうることと考えるからである。

⇨ Please call me when you **arrive** at the hotel. (ホテルに着いたら電話をください。)

⇨ If it **rains** tomorrow, I will stay home. (もし明日, 雨が降れば, 私は家にいます。)

〔●時や条件を表す語句〕

・when(〜するとき)	・until[till](〜するまで)	・before(〜する前に)
・after(〜した後に)	・by the time(〜するときまでに)	・if(もし〜ならば)
・(the) next time(次に〜するとき)	・as soon as(〜するとすぐに)	
・unless(もし〜でなければ)	・in case(〜する場合に備えて, 〜するといけないから)	

⇨ Take an umbrella with you in case it **rains**.

(雨が降るといけないから, 傘を持って行きなさい。)

準備が進行中である近い未来の予定を表す

6. 未来の事柄について, そのために具体的な準備が進んでいるような場合には, **現在進
行形**を使って未来を表す。

⇨ "What **are** you **doing** today?" "**I'm having** lunch with Misaki."

「今日は何をするの。」「美咲と昼食を食べます。」

《注意》「過去のある時点から見た未来の予定・計画」を表す場合は, **過去進行形**を用い
る。実現しなかった事柄について用いることが多い。

⇨ I **was leaving** for China the next day.

(私はその次の日に, 中国に向けて出発する予定でした。)

《参考》be going to go[come]は, 単に be going, be coming となることがある。

⇨ **I'm going** to London. (私はロンドンに行く予定です。)

《 ＝＝＝＝＝ ≫≫≫≫≫≫ **Function**(計画する・予定する) ≪≪≪≪≪≪ ＝＝＝＝＝ 》

1. "We **are having** a farewell party for Mike tonight." "Sounds nice! Can I join you?"

「今晩, マイクの送別会を開くよ。」「いいね！参加してもいい？」

2. "What is your topic for the speech contest?"

"**I'm going to** talk about my first experience abroad."

「スピーチコンテストのあなたの題材は何ですか。」

「私の初めての海外経験について話す予定です。」

3. "**Do you have any plans for** the weekend?"　「週末に何か予定はありますか。」

"I **am planning to** go shopping with my sister."　「姉と買い物に行く予定です。」

📢 解説

1. ・現在進行形は未来を表す語句を伴って，すでに取り決められ，現在その準備がすで
　　に始まっている**近い未来の予定・計画**を表すときに使われる。
　・この文はすでに送別会を開く準備が進んでいる意味合いを含んでいる。

2. 前もって決めていた予定は〈**be going to ＋動詞の原形**〉で表す。

3. ・**Do you have any plans for ～?**「**～に予定はありますか**」は相手に予定があるか尋
　　ねる言い方。具体的に何をするのか尋ねる場合は，What are your plans for ～? /
　　What is your schedule for ～?「～にはどんな予定がありますか」，What are
　　you going to do for ～?「～に何をする予定ですか」などを使う。
　・**am planning to ～**は「**～する計画を立てている**」「**～するつもりだ**」という意味を表す。
　・予定があれば具体的に答え，なければ単に No. だけではなく，I don't have any
　　plans.(計画は何もありません。)や Nothing special.(特に何もありません。)などと
　　答える。

‖ **語句と語法のガイド** ‖

farewell party	名 送別会
topic [tá(:)pɪk]	名 題材

‹ ════════ ⟩⟩⟩⟩⟩⟩⟩⟩⟩ **Try it out!** ⟨⟨⟨⟨⟨⟨⟨⟨⟨ ════════ ›

① （　　）内のどちらの語句が最も適切か考えてみましょう。

!ヒント

1. ・明らかにその場で決めたことについては，be going to ではなく，will を使う。
　・「これが私の E メールアドレスです。」「ありがとう，私は後で写真を送ります。」

2. ・〈be going to ＋動詞の原形〉は「～しそうだ」という近い未来の予測を表す。
　・「空が明るくなってきています。私はもうすぐ晴れると思います。」

3. ・出発時刻のような現時点で確定している未来の予定は，現在形を使って未来を表す。
　・「日曜日，仙台行きの始発電車は，5 時 31 分に出発します。」「それに乗りましょう。」

4. ・準備がすでに始まっている近い未来の予定・計画を表すときは，現在進行形を用いる。
　・「あなたは今夜，暇ですか。」「ごめんなさい，暇ではありません。私は企画について
　　話し合うためにリチャードに会う予定です。」

練習問題① （　　）内のどちらの語句が最も適切か考えてみましょう。

1. "The phone is ringing." "I (am going to / will) get it."
2. Look at those black clouds. I think it (is going to rain / rains) soon.
3. "The last bus (leaves / left) at 11:30." "I won't miss it."
4. "What are you doing today?" "I (am having / have) lunch with Richard."

② （　　）内の語句を並べかえて，会話を完成させましょう。

!ヒント

1. ・あらかじめ計画されていた予定。〈be going to ＋動詞の原形〉の語順にする。
   ・「マイクは今週末パソコンを買うって聞いたよ。」「うらやましいな！ 私も新しいの
   がほしいな。」
2. ・前々から準備が進んでいるような場合は，未来の予定を現在進行形で表すことがで
   きる。
   ・「7月18日にチャリティイベントを開催するよ。」「素晴らしいね。絶対行くよ。」
3. ・現時点で確定している未来の予定は，現在形を使って表す。rise「昇る」は自動詞。
   ・「今日，月は夕方6時に出るよ。」「外に出て，一緒に見ようよ。」

練習問題② （　　）内の語句を並べかえて，会話を完成させましょう。

1. "(to / we / are / visit / going / the museum)." "Can I join you?"
2. "Yuki (next / is / moving / week / to / Osaka)." "Let's have a farewell party for her."
3. "(at / for / leaves / the train / Ueno) 12:30." "We have only 10 minutes. Hurry up!"

③ ペアになって，これからのことについて話しましょう。追加の質問をして会話を続け
てみよう。

!ヒント

これからのことについて会話する。与えられた質問に対して答える。追加の質問をして会
話を続ける。

1. What are you going to do during the summer vacation?
   （例）I'm going to read a lot of books.
   （あなたは夏休みの間に何をする予定ですか。）（私はたくさんの本を読む予定です。）
2. What time does the moon rise today?（例）According to the website, it rises at 22:10.
   （今日何時に月が出ますか。）（ウェブサイトによると，22時10分に出ます。）
3. Do you think the weather will be good tomorrow?（例）Yes, I think it'll be sunny.
   （あなたは明日天気がよいと思いますか。）（はい，晴れるだろうと思います。）

(会話例)

1. What are you going to do during the summer vacation?

　— I'm going to visit my grandparents in Okinawa.

　(+1) Where are you going to stay?

2. What time does the sun rise tomorrow?

　— It rises at 5:30.

　(+1) How did you know it?

3. Do you think the weather will be good tomorrow?

　— No, I think it'll be rainy.

　(+1) Why do you think so?

❬ ══════ >>>>>>>> **Use it** <<<<<<<< ══════ >

あなたが予定していることについて，3つの文を書いてみよう。

(例) 説明　主題：　I'm going to play tennis with Ken this weekend.

　　　　　　　　　（私はこの週末にケンとテニスをする予定です。）

　　　　　詳述①：We will use the tennis court in the city park.

　　　　　　　　　（私たちは市立公園のテニスコートを使う予定です。）

　　　　　詳述②：It costs 500 yen an hour for each person.

　　　　　　　　　（1人当たり1時間500円かかります。）

(！ヒント)

・〈be going to ＋動詞の原形〉や will で予定を表す。

・when や if を使って，時や条件を表す文を書いてもよい。時や条件を表す副詞節の中では未来のことでも現在形を用いることに注意する。

〔盛り込む観点の例〕

・部活動の予定について

・家族と出かける予定について　など

(作文例)

主題：　I'm going to go to the festival in our city with my family next Saturday.

詳述①：I will wear a *yukata* and enjoy watching fireworks.

詳述②：If it rains, I'll stay home and listen to some CDs of my favorite singers.

◁ ═══════ ▷▷▷▷▷▷▷▷▷▷ **Expressing** ◁◁◁◁◁◁◁◁◁◁ ═══════ ▷

STEP 1

問題文の訳

ジョンの旅行についての話を聞き，下の表の空欄を埋めなさい。

！ヒント

どこで，いつ，だれと，何をしたかということや滞在期間を聞き取る。

STEP 2

問題文の訳

下の質問をもとに，あなたが過去に旅行したうちの1つについてパートナーと話しなさい。

！ヒント

質問に対する答えを書く。①は行った場所，②は時期，③は滞在期間，④は誰と行ったか，⑤はそこでしたことについて書く。

例

Your answer

①　Himeji(姫路)　　②　last year(昨年)　　③　one-day trip(日帰り旅行)

④　my father(父)　　⑤　I visited Himeji Castle.(姫路城を訪れた)

Your partner's answer

①　Okinawa(沖縄)　　②　when he was nine(9歳のとき)

③　for a week(1週間)　　④　his parents(両親)

⑤　He swam in the sea.(海で泳いだ)

STEP 3

問題文の訳

あなたとパートナーの旅行についてそれぞれ書きなさい。旅行の詳しい情報をクラスで発表しなさい。

！ヒント

STEP 2 で答えたことをもとに文章を完成させる。

作文例

Your past trip

　I went to Himeji with my father last year. It was a one-day trip. I visited Himeji Castle and I learned about the castle's history.

Your partner's past trip

　Taiki went to Okinawa when he was nine. He stayed there for a week with his parents. He enjoyed swimming in the sea there.

<《 ═══ >>>>>>> **Words & Phrases** <<<<<<<< ═══ 》

次の表の＿＿に適切な英語を書きなさい。

レジャー(Leisure)	旅行(Travel)	空港(Airport)
□ 映画館	□ 温泉に行く 　go to a hot spring	□ 直行便
① ＿＿＿	□ 荷物　baggage / luggage	④ ＿＿＿
□ 動物園　zoo	□ 旅行代理店	□ 乗り継ぎ便 　connecting flight
□ 植物園　botanical garden	③ ＿＿＿	□ 搭乗券　boarding pass
□ 水族館　aquarium	□ 予約をする	□ 搭乗口　(boarding) gate
□ 博物館	make a reservation	□ 目的地
② ＿＿＿	□ 観光に行く　go sightseeing	⑤ ＿＿＿
□ 美術館 　art museum[gallery]	□ 観光スポット 　tourist attraction	□ 入国管理所　immigration
□ 遊園地　amusement park	□ 観光案内所	□ 税関　customs
□ 観覧車　Ferris wheel	tourist information (booth)	□ 免税店　duty-free shop
□ ジェットコースター 　roller coaster		□ 手荷物受取所　baggage claim

交通(Transportation)		
□ 乗車券・航空券　ticket	□ 交通事故	□ タクシー乗り場　taxi stand
□ 乗客	⑧ ＿＿＿	□ バス停
⑥ ＿＿＿	□ 高速道路に乗る 　get on the expressway	⑨ ＿＿＿
□ 切符売り場　ticket office	□ タクシー[バス, 電車]で行く 　go by taxi[bus, train]	□ 各駅停車　local train
□ 改札口　ticket gate[barrier]	□ タクシー[バス, 電車]に乗る 　take a taxi[bus, train]	□ 急行列車　express train
□ 運賃	□ 地下鉄に乗る 　take the subway	□ 路面電車　streetcar / tram
⑦ ＿＿＿	□ シートベルトを締める 　fasten *one's* seat belt	□ 片道切符　one-way ticket
□ 時刻表を調べる 　check the schedule		□ 往復切符
□ 遅れて到着する 　arrive behind schedule		⑩ ＿＿＿
□ 駐車する　park		□ 通路側の席　aisle seat
□ 交通渋滞　traffic jam		□ 窓側の席　window seat
		□ 優先座席　priority seat
		□ (列車の)車両　car

解答
① movie theater　② museum　③ travel agency　④ direct flight　⑤ destination
⑥ passenger　⑦ fare　⑧ traffic accident　⑨ bus stop　⑩ round-trip ticket

Lesson 4 ► Have you ever tried it before?

Model Conversation

ジョンと海斗はギターを弾くことについて話しています。

J1: ①Kaito, I heard you are a good guitarist.

K1: ②Well, I don't know, but I **have been playing** it for three years. ③I love it.

J2: ④Great. ⑤I want to learn something new while I'm in Japan. ⑥**I've** always **wanted** to play the guitar.

K2: ⑦**Have you ever tried** it before?

J3: ⑧Never, but I am ready to try! ⑨Do you know a good teacher?

K3: ⑩I can teach you!

J1: ①海斗，ギターがうまいらしいね。

K1: ②うーん，どうかな，でも3年続けているよ。③好きなんだ。

J2: ④すごいね。⑤日本にいる間に何か新しいことを習いたいと思っているんだ。⑥ギターはずっと弾いてみたいと思っていたんだ。

K2: ⑦前に弾いてみたことはあるの？

J3: ⑧ないよ，でも挑戦する準備はできているよ！⑨いい先生を知っている？

K3: ⑩僕が教えてあげられるよ！

語句と語法のガイド

guitarist [ɡɪtáːrɪst]	名 ギター奏者　▶ violinist 名 バイオリン奏者
be ready to *do*	熟 〜する準備ができている

◀ 解説

② **Well, I don't know, but I have been playing it for three years.**

〈have[has] been + *do*ing〉で「(今まで)ずっと〜し続けている」という現在完了進行形。現在までの動作の継続を表す。**EB5**

⑥ **I've always wanted to play the guitar.**

I've は I have の短縮形。〈have[has]＋過去分詞〉は現在完了形。ここでは「(今まで)ずっと〜である」という現在までの状態の継続を表す。**EB4**

⑦ **Have you ever tried it before?**

〈Have you ever ＋過去分詞 〜?〉で「あなたは今までに〜したことがありますか」という意味。経験を表す現在完了形の疑問文。**EB3** try の過去分詞は y を i に変えて -ed をつけて，tried とする。(⇒ cf. 教科書 p.141)

Listening Task

Circle T for True or F for False.　(正しければT，間違っていればFに○をつけなさい。)

(！ヒント)

1. 海斗が3年間続けているのは何か。(→②)

2. ジョンは以前にギターを弾いたことがあるか。(→⑦⑧)

3. 誰がジョンにレッスンをするのか。(→⑨⑩)

〉〉〉〉〉〉〉〉〉 Example Bank 〈〈〈〈〈〈〈〈〈

A　現在の完了・結果，経験，継続を表す

1. I **have** *just* **heard** the news.

   私はちょうどその知らせを聞いたところだ。

2. I **have lost** my cell phone.

   私は携帯電話をなくしてしまった(今もない)。

3. I **have met** Judy's brother *twice*.

   私はジュディーのお兄さんに2度会ったことがある。

4. She **has lived** in Paris *for three years*.

   彼女はパリに3年間住んでいる。

5. He **has been watching** TV *since this morning*.

   彼は今朝からずっとテレビを見続けている。

◀ 解説

現在完了形

現在完了形は〈**have**[**has**]＋過去分詞〉の形で，過去の出来事が現在と結びついていることを表す。現在までの「**動作・行為の完了・結果**」「**経験**」「**状態の継続**」を表す3つの用法に分けられる。

完了・結果

「(今)～したところだ」「～してしまった(今も～だ)」という**動作・行為の完了**とその**結果生じた現在の状況**を表す。

1. 過去形を使った I **heard** the news. は「過去に聞いた」という事実を述べているだけで，現在とのつながりはない。現在完了形では「その知らせを聞いたところだ」という**動作・行為の完了**を表している。

過去形：I heard the news.

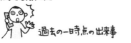

知らせを聞いた

過去もの一時点の出来事

過去　　　　　　　現在

現在完了形：I have just heard the news.

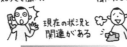

知らせを聞いた　　　聞いたところ

現在の状況と関連がある

過去　　　　　　　現在

2. 「携帯電話をなくした」という**動作・行為の完了**と，その**結果**として現在も携帯電話をなくした状態であることを表している。

〔●「完了・結果」と一緒に使われる語句〕

・just(ちょうど)　　・already(すでに，もう)
・yet(〔疑問文で〕もう，〔否定文で〕まだ)

⇨ The last train **has** *already* **left**. (最終列車はもう出てしまった。)

⇨ **Have** you **read** the book *yet*? (もうその本を読みましたか。)

⇨ Jim **has not called** her *yet*. (ジムはまだ彼女に電話していない。)

現在完了形の否定文・疑問文

　　否定文は〈**have**[**has**]**＋ not ＋過去分詞**〉の語順。疑問文は，〈**Have**[**Has**]**＋主語＋過去分詞 ～?**〉の語順になる。

　　　　　　⇨ I **have** 　　　　**finished** my homework. (私は宿題を終えたところです。)

　〔否定文〕➡ I **have** <u>**not**</u> **finished** my homework. (私は宿題を終えていません。)

　〔疑問文〕➡ "**Have** you **finished** your homework?" (「宿題を終えましたか。」)

　　　　　　　　"Yes, I have." / "No, I haven't." (「はい。」/「いいえ，まだです。」)

　《注意》〈主語＋ have[has]〉，〈have[has]＋ not〉は短縮形になることが多い。

　　　　I have → **I've** 　　he has → **he's**

　　　　have not → **haven't** 　　has not → **hasn't**

経験

3.「(今までに)～したことがある」という**現在までの経験**を表す。

過去形：I met Judy's brother. 　　現在完了形：I have met Judy's brother *twice*.

〔● 「経験」と一緒に使われる語句：回数や頻度を表す表現〕

・once(1 度，かつて)	・twice(2 度)	・three times(3 度)
・before(以前に)	・ever(〔疑問文で〕今までに)	・never(一度も～ない)

⇨ Tom **has visited** Japan *four times*. (トムは 4 回，日本を訪れたことがあります。)

⇨ I **have seen** that man *before*. (私は以前，その男性に会ったことがあります。)

⇨ **Have** you *ever* **gone** on a diet? (今までにダイエットをしたことがありますか。)

⇨ I **have** *never* **been** abroad. (私は一度も海外に行ったことがありません。)

　《参考》**have gone to** は「行ってしまった(今ここにはいない)」という**完了・結果**を表すが，《米》では経験の意味も表す。**have been to** には「行ったことがある」という**経験**の意味と「行ってきたところだ」という**完了・結果**の意味がある。

　　　　⇨ She **has gone to** Korea.

　　　　　(彼女は韓国に行ってしまいました〔今はここにいない〕。)〔完了・結果〕

　　　　　(彼女は韓国に行ったことがあります。)〔経験〕《米》

　　　　⇨ She **has been to** Korea. (彼女は韓国に行ったことがあります。)〔経験〕

　　　　⇨ She **has** *just* **been to** the post office.

　　　　　(彼女はちょうど郵便局に行ってきたところです。)〔完了・結果〕

状態の継続

4. 「(今まで)**ずっと〜である**」という**現在までの状態の継続**を表す。この用法では live などの**状態動詞**が使われる。**現在までの動作の継続**を表す場合は，動作動詞を使って現在完了進行形にする。

過去形：I lived in Paris.   現在完了形：I have lived in Paris.

パリに住んだ
過去に住んでいた
(今の情報はなし)
過去   現在

パリに住んだ   現時点も
過去から今まで住んでいる
過去   現在

〔● 「継続」と一緒に使われる語句〕

・for(〜の間)   ・since(〜以来)   ・How long 〜 ?(どのくらいの間〜)

⇨ "*How long* **has** she **been** in London?" "*For three weeks.*"

(「彼女はどのくらいロンドンにいますか。」「3週間です。」)

《注意》for は数字を伴った年・月・日・時間などの，ある出来事が継続する期間を表す。since のあとは過去の1点を表す語句がくる。

動作の継続

現在までの状態の継続は，状態動詞を使って現在完了形で表すが，**現在までの動作の継続は動作動詞**を使って**現在完了進行形〈have[has] been + *doing*〉**で表し，「(今まで)**ずっと〜し続けている**」という意味になる。

5. 例文は，現在していること(is watching)が今朝 (this morning)から現在まで続いていることを表している。

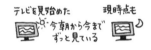

テレビを見始めた   現時点も
今朝から今までずっと見ている
過去   現在

疑問文は，〈**Have[Has]＋主語＋ been + *doing* 〜 ?**〉の語順になる。

⇨ **Has** he **been watching** TV *since this morning*?

(彼は今朝からずっとテレビを見続けているのですか。)

B 現在完了形と共に使える語句(6.)・使えない語句(7.)

6. I **haven't seen** him **lately**.   私は最近彼に会っていない。

7. I **received** a letter from him six months **ago**.

私は6か月前に彼から手紙をもらった。

▶ 解説

現在完了形と共に使える語句

6. 現在完了形は過去とつながりのある現在のことを述べる表現なので，**現在が含まれる語句**と共に使うことができる。

〔●現在完了形と共に使える語句〕

・lately(最近)	・recently(最近)	・ever(今までに)
・before(以前に)	・so far(今までのところ)	・up to now(今までずっと)
・for(～の間)	・since(～以来)	・How long ～?(どのくらいの間～)
・just(ちょうど)	・now(たった今)	

⇨ **He has left** *now*.(彼はたった今出発しました。)

現在完了形と共には使えない語句

7. 現在完了形は過去とつながりのある現在のことを述べる表現なので，現在と切り離された**過去の時点を表す語句**と共に使うことはできない。この例文の six months ago(6か月前に)は過去の時点を表す語なので，現在完了形は使えない。

I **received** a letter from him *six months ago*.
　×*have received*

〔●現在完了形と共には使えない語句(過去形と共に使う語句)〕

・～ ago(～前)	・yesterday(昨日)	・last week(先週)
・in 2010(2010年に)	・in those days(当時)	・when I was a child(子どものとき)
・When ～?(いつ～したか)	・What time ～?(何時に～したか)	

⇨ When **did you finish** your homework? (いつ宿題を終えましたか。)
　　　×*have you finished*

《注意》since last ～は現在完了形と共に使うことができる。
　　　⇨ I **haven't seen** him **since last** *Friday*. (先週の金曜日以来,彼に会っていません。)

＜ ══════ ＞＞＞＞＞＞＞＞**Function**(経験を尋ねる)＜＜＜＜＜＜＜＜ ══════ ＞

1. "**Have you ever tried** durian?"「ドリアンを食べたことがありますか。」
   "No.　I heard it smells bad but tastes good."
   「いいえ。においは悪いけど，おいしいらしいですね。」

2. "**How many times have you been** abroad?"「何回,海外へ行ったことがありますか。」
   "Twice.　I went to London and Paris with my family."
   「2回です。家族でロンドンとパリに行きました。」

3. "**Do you have any experience in** volunteer activities?"
   "No, but I hope to do something in the near future."
   「ボランティア活動の経験はありますか。」
   「いいえ，でも近い将来何かやってみたいです。」

◀ 解説

1. 〈**Have you ever ＋過去分詞 ～?**〉で「**あなたは今までに～したことがありますか**」という意味。経験を表す現在完了形の疑問文。

2. ・**How many times ～?** は「**何回～ですか**」と相手に回数を尋ねるときに用いる。
   ・**have been to ～**は「**～に行ったことがある**」という意味。

3. ・**Do you have any experience in 〜?** は「**あなたは〜の経験がありますか**」とい
う意味で，相手の経験を尋ねる表現。

・答えるときは，Yes. / No. だけではなく一言加えるとよい。ここでは，No, but I
hope to 〜（いいえ，でも〜したいです）と答えている。

┃ 語句と語法のガイド ┃

| volunteer activity | 名 ボランティア活動 |
| in the near future | 熟 近い将来(に) |

〉〉〉〉〉〉〉〉〉 Try it out! 〈〈〈〈〈〈〈〈〈

☐ （　　）内のどちらの語句が最も適切か考えてみましょう。

（！ヒント）

1 〜 4 は，過去形と現在完了形を使い分ける問題。文中にある時を表す語句が，過去の 1
点を表す語句なのか，過去から現在までを表す語句なのかを見分ける。

1. ・two years ago「2 年前に」に注意。
・「その歌手は 2 年前に日本に来ました。そして来月また来ます。」

2. ・since last Friday「この前の金曜日から」に注目。
・「私は先週の金曜日から彼に会っていません。」「私は彼が病気だと聞きました。」

3. ・not 〜 yet で「まだ〜ない」という意味。完了・結果を表す現在完了形の否定文。
・「私はまだ彼に手紙を送っていません。」「あなたは急ぐべきです。」

4. ・when he was in junior high school「彼が中学生のとき」に注目。
・「ポールは中学生のとき，野球をしていました。」

5. ・継続を表す場合には，使われる動詞が状態動詞か動作動詞かによって，現在完了形
と現在完了進行形を使い分けることに注意。play は動作動詞。
・「ボブとトムは 2 時からずっとテニスをし続けています。彼らは疲れているに違いありません。」

（練習問題①）（　　）内のどちらの語句が最も適切か考えてみましょう。

1. He (visited / has visited) the temple last week and will visit it again tomorrow.

2. "Ken and Mike are good friends." "They (knew / have known) each other
for ten years."

3. "I (didn't receive / haven't received) a letter from her yet." "You should
talk to her."

4. I (lived / have lived) in Kyoto when I was a child.

5. Miki (has studied / has been studying) since this morning. She must take a break.

☑ あなたはクラスメートとこれまでしてきたことを話しています。下線部の語句を自分
の言葉で言いかえて伝え合ってみよう。下のボックスの語句を使ってもかまいません。
答えるときは理由や具体例も加えてみましょう。

(！ヒント)

現在までの動作の継続は，現在完了進行形〈have[has] been + *doing*〉で表すことがで
きる。How long have you been *doing*? で「あなたはどのくらい(の期間)〜し続けてい
ますか」という意味。〈for +ある出来事が継続する期間〉や〈since +過去の1点を表す語
句〉を使って答える。

(例)

A: What languages do you study? (あなたは何語を勉強していますか。)

B: Japanese and English. (日本語と英語です。)

A: How long have you been studying English?

　(あなたはどのくらいの間英語を勉強していますか。)

B: I've been studying it since elementary school. (私は小学校のときから勉強しています。)

(会話例)

A: What sports do you play?

B: Tennis and badminton.

A: How long have you been playing tennis?

B: I've been playing it since I was five years old.

---

③　ペアになって，次の質問を尋ね合いましょう。追加の質問をして会話を続けてみよう。
　答えるときは理由や具体例も加えてみましょう。

(！ヒント)

経験したことや完了したことについて会話する。与えられた質問に対して答える。追加の
質問をして会話を続ける。

1. **Have** you ever **been** abroad? (あなたは今までに海外に行ったことがありますか。)

　(例)**I've been** to Korea. **I went** there with my family in Golden Week two years **ago**.

　　(私は韓国に行ったことがあります。私は2年前ゴールデンウィークに家族とそこに行きました。)

2. How many times **have** you **taken** the *Shinkansen*?

　(あなたは何回新幹線に乗ったことがありますか。)

　(例)**I've taken** it about six times, mainly between Tokyo and Osaka.

　　(私は6回くらい乗ったことがあります。主に東京—大阪間です。)

3. **Have** you **finished** your homework yet? (あなたはもう宿題を終わらせましたか。)

　(例)**I've** just **done** it. It was a little difficult, but I think I understand it now.

　　(私はちょうどそれを終わらせました。それは少し難しかったですが，私は今理解
　　していると思います。)

(会話例)

1. Have you ever been abroad?

　— No, never.

　(+1) Which country do you want to visit?

2. How many times have you taken the *Shinkansen*?

　　― I've taken it only once.

　　(+1) Where did you go?

3. Have you finished your homework yet?

　　― Yes, I have. It was easy.

　　(+1) How long did it take?

< ═══════ >>>>>>>>> **Use it** <<<<<<<<< ═══════ >

あなたが行ったことのある場所について，3つの文を書いてみよう。

(例) 説明　主題：　　I have been to Hokkaido twice with my family.
　　　　　　　　　　　（私は家族と2回北海道に行ったことがあります。）

　　　　　詳述：　　We went to Asahiyama Zoo.
　　　　　　　　　　　（私たちは旭山動物園に行きました。）

　　　　　コメント：The penguins were very cute.
　　　　　　　　　　　（ペンギンはとてもかわいかったです。）

(！ヒント)

・例文のように，その文の意味によって現在完了形と過去形を使い分けて用いる。

・「〜に行ったことがある」のように，過去の出来事が現在と結びついているような場合は現在完了形で書く。「〜に行った」，「〜だった」のように，現在と切り離された過去の出来事を表す場合は過去形で書く。

〔盛り込む観点の例〕

・家族旅行や修学旅行で行ったことがある場所について

・友だちと遊びに行ったことがある場所について　など

(作文例)

主題：　　I have been to Kyoto in fall.

詳述：　　I visited temples, shrines, and so on.

コメント：I was impressed by Tofukuji Temple because it was very beautiful
　　　　　　with yellow and red leaves.

Model Conversation

美咲とジョンはジョンのギターレッスンについて話しています。

M1: ①Hi, John. ②How are the guitar lessons going?

J1: ③Awesome. ④Kaito is a great teacher and I'm learning a lot. ⑤I **hadn't learned** chords before, so it is a little challenging.

M2: ⑥Instruments are tricky. ⑦I play the violin. ⑧It was hard when I picked it up **for the first time**. ⑨Are you learning many songs?

J2: ⑩Yes, Kaito has given me a schedule. ⑪So, in three months I **will have learned** seven songs.

M1:①こんにちは，ジョン。②ギターのレッスンの調子はどう？

J1: ③最高だよ。④海斗はすごく良い先生で学ぶことが多いよ。⑤コードを押さえたことがなかったから，ちょっと大変だけど。

M2:⑥楽器は大変よね。⑦私はバイオリンを弾くの。⑧初めて弾いたときは大変だったわ。⑨たくさん曲を練習しているの？

J2:⑩うん，海斗が計画表をくれたんだ。⑪3ヶ月後にはきっと7曲弾けるようになっているはずだよ。

語句と語法のガイド

awesome [ɔ́ːsəm]	形	すばらしい
chord [kɔːrd]	名	コード(和音)
challenging [tʃǽlɪndʒɪŋ]	形	困難だがやりがいのある
instrument [ínstrəmənt]	名	楽器(= musical instrument)
tricky [tríki]	形	扱いにくい，微妙な
pick up ～	動	～を手にとる
schedule [skédʒuːl]	名	計画(表)，予定(表)

解説

⑤ **I hadn't learned chords before, so it is a little challenging.**

〈had ＋過去分詞〉は過去完了形。ここでは「経験」を表す。「ギターのレッスンを始めた」時点まで「コードを押さえたことがなかった」という意味。 **EB2**

⑧ **It was hard when I picked it up for the first time.**

1つ目の it はその場の状況を表す。2つ目の it はバイオリンを指す。pick up ～は「～を手にとる」という意味の群動詞。目的語が名詞の場合は〈動詞＋名詞＋副詞〉と〈動詞＋副詞＋名詞〉の両方の語順が可能だが，代名詞の場合は〈動詞＋代名詞＋副詞〉のみ可能。ここでは picked it up となっている。for the first time は「初めて」という意味。

⑪ **So, in three months I will have learned seven songs.**

未来完了形〈will have ＋過去分詞〉は，未来のある時点(ここでは in three months「3か月後に」)での状態を表す。ここでは「完了・結果」を表す。 **EB6**

▌ Listening Task ▐

Circle T for True or F for False. （正しければ T，間違っていれば F に○をつけなさい。）

（！ヒント）

1. ジョンはコードを学ぶことは難しいと思っているか。（→⑤）

2. 美咲は以前に何を弾いたことがあるか。（→⑦）

3. ジョンはいつ 7 曲の歌を弾けるようになるだろうか。（→⑪）

‹ ══ ›››››››››› **Example Bank** ‹‹‹‹‹‹‹‹‹ ══ ›

A　過去の完了・結果，経験，継続を表す

1. The party **had** already **started** *when we arrived.*
　　私たちが到着した時，パーティーはすでに始まっていた。

2. I **had** never **seen** an opera *until I visited Italy.*
　　私はイタリアを訪れるまで，オペラを見たことがありませんでした。

3. She **had lived** in Paris for three years *before she came to Japan.*
　　彼女は日本に来る前に，パリに 3 年間住んでいた。

4. We **had been playing** soccer for an hour *when it started to rain.*
　　雨が降り出した時には，私たちは 1 時間(ずっと)サッカーをしていた。

◀ 解説

（過去完了形）

　　過去完了形は〈**had ＋過去分詞**〉の形で，過去のある時点とさらに前の過去の時点を結びつける表現である。過去完了形は普通，when we arrived「私たちが到着した時」などのような**過去のある時点を示す表現**と共に使われる。
　　過去完了形は，現在完了形の「現在」と「過去」の関係を，そのまま「過去」と「さらに過去」へスライドさせたイメージである。過去完了形でも現在完了形の場合と同様，already，never，for 〜などを伴うことが多い。

（完了・結果）

1.「(過去のある時点までに)〜して(しまって)いた」という意味を表す。**過去のある時点における動作・行為の完了とその結果生じた過去の状況**を表す。

（経験）

2.「(過去のある時点までに)〜したことがあった」という**過去のある時点までの経験**を表す。

状態の継続

3. 「(過去のある時点まで)ずっと〜だった」という**過去のある時点までの状態の継続**を表す。この用法では live などの**状態動詞**が使われる。過去のある時点までの動作の継続を表す場合は，動作動詞を使って過去完了進行形にする。

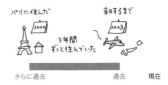

動作の継続

　過去のある時点までの**動作の継続は動作動詞**を使って**過去完了進行形〈had been + doing〉**で表し，「(過去のある時点まで)**ずっと〜し続けていた**」という意味になる。

4. 例文は，「雨が降り始めた」という過去のある時点まで，「サッカーをしている」という動作が1時間継続されていたことを表している。

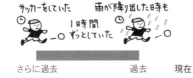

B　時間の前後関係を明示的に表す

5. I *heard* that Fred **had returned** to Canada.
　フレッドはカナダに帰ったと聞きました。

◀ 解説

大過去

　過去に起こった2つの出来事を述べるとき，時間的な前後関係を明確に表すため，「**先に起こった出来事**」を過去完了形にする。この用法を**大過去**という。

5. 「〜と聞いた」時点よりも前に「フレッドがカナダに帰った」ので，「フレッドがカナダに帰った」を過去完了形(大過去)で表している。

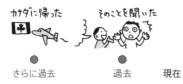

《注意》過去に起こった出来事を順に述べる場合は過去形でよい。

　　　⇨ Fred **gave** me a watch but I **lost** it.
　　　　(フレッドが私に時計をくれたが，なくしました。)

C　未来の完了・結果，経験，継続を表す

6. The party **will have started** *by the time we arrive.*
　私たちが着くまでに，パーティーは始まっているだろう。

7. I**'ll have seen** the movie three times *if I see it again.*
　その映画をもう一度見れば，私はそれを3回見たことになる。

8. They **will have been** married for 20 years *next year.*
　彼らは来年で結婚して20年になる。

◀《解説

未来完了形
　未来完了形は〈**will have ＋過去分詞**〉の形で，**未来のある時点での状態**を表す。そのため，未来完了形は**未来のある時点を示す表現**と共に使われることが多い。

完了・結果
6.「（未来のある時点までには）〜して（しまって）いるだろう」という意味を表す。**未来のある時点における動作・行為の完了とその結果生じる未来の状況**を表す。この例文は，「私たちが到着するとき」という未来の時点では「パーティーはすでに始まっているだろう」（完了）という予測を表している。by the time we <u>arrive</u>［×*will arrive*］は時を表す副詞節なので，現在形が使われている。（→ cf. p.46）

経験
7.「（未来のある時点までに）〜したことになるだろう」という**未来のある時点までの経験**を表す。この例文では，if I <u>see</u>［×*will see*］it again は条件を表す副詞節なので，現在形が使われている。（→ cf. p.46）

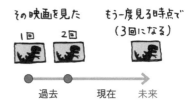

継続
8.「（未来のある時点まで）ずっと〜していることになるだろう」という**未来のある時点までの状態の継続**を表す。この用法では**状態動詞**が使われる。この例文では，「来年」という未来の時点において「結婚した状態が20年続いていることになるだろう」という予測を表している。

《参考》**動作動詞**を使った「未来のある時点までの**動作の継続**」は**未来完了進行形**〈**will have been + *doing***〉で表し、「(未来のある時点まで)ずっと〜し続けているだろう」という意味になる。ただし、このような未来完了進行形が実際に使われることは少なく、**未来完了形**で表すことが多い。

⇨ He **will have been working** for the company for 10 years next month.

= He **will have worked** for the company for 10 years next month.

(彼は来月でその会社に勤めて 10 年になる。)

〈 ═══ ⟩⟩⟩⟩⟩ **Function**(初めての経験を述べる) ⟨⟨⟨⟨⟨ ═══ 〉

1. "You play the guitar very well." 「ギター、とても上手だね。」

"Really? Thanks. Actually, I **had never played** it **until** I joined the music club."

「本当? ありがとう。実は音楽部に入るまでギターを弾いたことがなかったんだ。」

2. "Wow! You look excited in this picture."「おお! この写真のあなたはとても興奮している感じだね。」

"Yes, **it was my first experience** at a live concert." 「そう、ライブは初めての経験だったの。」

3. "I tried *natto* **for the first time** yesterday." "Did you like it?"

「昨日、初めて納豆に挑戦したよ。」「どうだった?」

📢 **解説**

1. ・actually(実は)は意外な事実や正直な気持ちなどを述べるときに使う。

・〈**I had never +過去分詞+ until 〜**〉で「**私は〜まで一度も…したことがなかった**」という意味。〈had +過去分詞〉は過去完了形で、ここでは「経験」を表す。

2. **my first experience** は「**私の初めての経験**」という意味。

3. **for the first time** は「**初めて**」という意味。

‖ **語句と語法のガイド** ‖

live [laɪv]　　　　　　　　形 生の、ライブの

- -

〈 ═══ ⟩⟩⟩⟩⟩⟩⟩⟩⟩ **Try it out!** ⟨⟨⟨⟨⟨⟨⟨⟨⟨ ═══ 〉

① ( )内の語句を並べかえて、英文を完成させましょう。

(!ヒント)

1. ・already「すでに」があるので、完了・結果を表す過去完了形。

・「父が私に焼き鳥を買ってきてくれましたが、父が家に帰ってきたとき、私はすでに夕飯を終えていました。」

2. ・until「〜まで」があるので、継続を表す過去完了形。

・「彼が現れるまで、私たちは彼のことを心配していました。彼は電車が出る 3 分前にやっと到着しました。」

3. ・「彼に手紙を書くまで」は過去のある時点を表し、「手紙を送ったことがない」は過去のある時点までの経験を表す。過去完了形。

・「彼に手紙を書くまでは、私は外国に手紙を送ったことがありませんでした。」

4. ・「山頂に着いたとき」は過去のある時点を表し，「4 時間歩き続けていた」は過去の
　　 ある時点までずっと同じ動作を続けていたことを表す。過去完了進行形。
　　 ・「ようやく山頂に着いたとき，私たちは 4 時間歩き続けていました。」
5. ・「知らなかった」は過去のある時点を表している。「彼女が家に帰った」は過去のあ
　　 る時点で動作が完了したことを表すので，過去完了形を用いる。大過去。
　　 ・「私は彼女が家に帰ったことを知りませんでした。私は彼女がまだここにいると思っていました。」
6. ・by the time ～「～するまでに」。未来のある時点までの完了・結果を表す未来完了形。
　　 ・「弟は私が家に帰るころには眠ってしまっているでしょう。」

（練習問題①）　（　　）内の語句を並べかえて，英文を完成させましょう。

1. I got up late this morning. When I arrived at the station, (had / left / already / the train).
2. I (for / had / sick / been / in bed) a week when Lisa called me. She was very worried.
3. I (a panda / never / seen / had) until I went to Ueno Zoo.
4. Riku (to / for / listening / had / music / been) three hours when I went to see him.
5. I (to / heard / returned / had / Mary / that) Canada. I was surprised to hear that.
6. (will / they / have / lunch / finished) by the time I get home.

2　[　　]に与えられた語を適切な形に変えて英文を完成させましょう。

（！ヒント）

1. ・「客が来たとき」は過去のある時点を表し，「ちょうど料理を終えたところだった」
　　 は過去のある時点で動作が完了したことを表す。完了・結果を表す過去完了形。
　　 ・「客が来たとき，彼女はちょうど料理を終えたところでした。」
2. ・by the end of the year「年末までに」。未来のある時点までの経験を表す未来完了形。
　　 ・「私は毎月博物館に行くつもりです。年末までには，そこに 10 回以上行くことになります。」
3. ・「結婚したとき」は過去のある時点を表し，「知り合いの状態が 5 年続いていた」は
　　 過去のある時点まで状態が継続していたことを表す。継続を表す過去完了形。
　　 ・「結婚したとき，彼らは知り合って 5 年になっていました。」

（練習問題②）　[　　]に与えられた語を適切な形に変えて英文を完成させましょう。

1. When I called her, she _____ her homework. [just / finish]
2. I like the movie very much. I _____ it four times if I see it again. [see]
3. He _____ in China for six months before he came to Japan. [live]

3　ペアになって，次の質問をお互いに尋ね合いましょう。追加の質問をして会話を続け
　 てみよう。

（！ヒント）

過去完了や未来完了を使って会話する。与えられた質問に対して答える。追加の質問をし
て会話を続ける。

1. Had you studied English before you studied it in elementary school?
 （あなたは小学校で英語を勉強する前にそれを勉強したことがありましたか。）
 （例）Yes, I had. I had English lessons near my house.
 　（はい。私は家の近くで英語のレッスンを受けました。）
2. What will you have achieved by the time you finish high school?
 （あなたは高校を卒業するまでに何を成し遂げているでしょうか。）
 （例）I will have passed a university entrance exam.
 　（私は大学入学試験に合格しているでしょう。）

会話例
1. Had you studied English before you studied it in elementary school?
 ― No, I hadn't.
 （+1）How many English classes did you have in elementary school?
2. What will you have achieved by the time you finish high school?
 ― I will have won the tennis tournament.
 （+1）How will you achieve that?

< ════════ >>>>>>>>> **Use it** <<<<<<<<< ════════ >

あなたが初めて何かを体験した時のことについて，3つの文を書いてみよう。

（例）説明　主題：　I had never played the trumpet until I entered high school.
　　　　　　　　（私は高校に入学するまでトランペットを吹いたことがありませんでした。）
　　　　詳述：　It is totally different from the recorder.
　　　　　　　　（リコーダーとはまったく異なります。）
　　　コメント：I need to send much more air to make sounds.
　　　　　　　　（私は音を出すためにずっとたくさんの空気を送る必要があります。）

！ヒント
例文のように,過去完了形と until「〜まで」を使って「〜のときまで…したことがなかった」と表現すると書きやすい。
〔盛り込む観点の例〕
・初めて人前に出て何かをしたこと
・初めて挑戦したスポーツのこと　など

作文例
主題：　I had never traveled by myself until I was ten years old.
詳述：　When I was ten, I had to go to my grandmother's house by train alone.
コメント：On the way, I was really nervous, but I was so happy when I got there safely.

＜ ══════ >>>>>>>>> Expressing <<<<<<<<<< ══════ >

▌ STEP 1 ▌

(問題文の訳)

ジョンと陸は映画について話しています。会話を聞いて，正しい答えに印(☑)をつけなさい。

(！ヒント)

それぞれの人物が見たことのある映画，いつ映画を見るのかを聞き取る。

▌ STEP 2 ▌

(問題文の訳)

パートナーと一緒に，下の質問に答えなさい。No.6 については，あなた自身で質問を作り，パートナーに質問しなさい。

(！ヒント)

1，2は楽器，3，4はスポーツ，5はアウトドアに関する経験についての質問に Yes か No で答える。6はこれまでの経験について尋ねる文を作る。

(例)

Have you ever played the violin?(バイオリンを弾いたことがありますか。)
— Yes, I have.(はい，あります。)
Have you ever seen Korean movies?(韓国映画を見たことがありますか。)
— No, I haven't.(いいえ，ありません。)
Have you ever played cricket?(あなたはクリケットをしたことがありますか。)
— Yes, I have.(はい，あります。)

▌ STEP 3 ▌

(問題文の訳)

自分自身の経験について書き，その話をパートナーにしなさい。

(！ヒント)

STEP 2 で「はい」と答えたことについて，その経験を詳しく述べる。

(作文例)

　I have played cricket several times.　Cricket is a sport which originated in England.　When I stayed with a host family in England, my host father taught me how to play it.　I thought it was like baseball.　At first, I couldn't play it well, but soon I was able to hit the ball.　I really enjoyed it in England.

‹ ═══ ››››››› Words & Phrases ‹‹‹‹‹‹‹ ═══ ›

次の表の＿＿に適切な英語を書きなさい。

アウトドア（Outdoor）	音楽（Music）	美術（Art）
□ ピクニックに行く 　have［go on］a picnic	□ 音楽を聴く　listen to music □ クラシック音楽	□ 美術館　museum □ 展示会　exhibition
□ ハイキングに行く 　go hiking / go on a hike	②＿＿＿＿＿＿＿＿＿＿ □ ギター　guitar	□ （ペンで）描く　draw □ （絵具で）描く　paint
□ キャンプに行く　go camping	□ ドラム　drum	□ 絵画
□ 山登りに行く　go climbing	□ バイオリン　violin	④＿＿＿＿＿＿＿＿＿＿
□ 釣りに行く	□ トランペット　trumpet	□ 絵筆　paintbrush
①＿＿＿＿＿＿＿＿＿＿	□ フルート　flute	□ 水彩画　watercolor painting
□ 海水浴に行く 　go swimming in the sea	□ 楽器　(musical) instrument □ 練習する	□ 油絵　oil painting □ 肖像画　portrait
	③＿＿＿＿＿＿＿＿＿＿	□ 風景画　landscape □ 彫刻　sculpture

映画（Movies）		テレビ（TV）
□ 映画　movie / film □ 映画を見に行く 　go to (see) a movie / go to 　the movies	□ ファンタジー映画 　fantasy movie □ SF映画 　science fiction movie	□ バラエティー番組 　variety show □ 音楽番組　music show □ トーク番組　talk show
□ 前売り券　advance ticket □ チケット売り場	□ パニック映画 　disaster movie	□ クイズ番組 ⑨＿＿＿＿＿＿＿＿＿＿
⑤＿＿＿＿＿＿＿＿＿＿ □ 上映時間　running time	□ 恋愛映画 ⑦＿＿＿＿＿＿＿＿＿＿	□ スポーツ番組 　sports program
□ 主演俳優　leading actor □ 字幕	□ コメディー映画 　comedy movie	□ テレビドラマ　TV drama □ 再放送番組
⑥＿＿＿＿＿＿＿＿＿＿ □ 吹き替え映画　dubbed movie	□ ミステリー映画 ⑧＿＿＿＿＿＿＿＿＿＿	⑩＿＿＿＿＿＿＿＿＿＿ □ テレビ番組を録画する
□ アクション映画 　action movie	□ サスペンス映画 　suspense movie	record a TV program □ テレビをつける［消す］
□ 冒険映画　adventure movie	□ アニメ映画　animated movie	turn on［off］the TV

解答
① go fishing　② classical music　③ practice　④ painting　⑤ box office
⑥ subtitle　⑦ romance movie　⑧ mystery movie　⑨ quiz show　⑩ rerun

Lesson 5 　What do you want to do after high school?

Model Conversation

ウィリアム先生が美咲に，高校卒業後に何を
したいか尋ねています。

W1: ①Misaki, **can I** ask you a question**?**
②What do you want to do after high
school?

M1: ③I want to study abroad. ④I've found
a study abroad program.

W2: ⑤What do you **have to** do to apply?

M2: ⑥I have to write an essay. ⑦I'm going
to write a practice essay this weekend.
⑧**Could you** check it for me**?**

W3: ⑨Of course. ⑩We **can** meet next
week.

M3: ⑪Thank you. ⑫That would be great.

W1:①美咲さん，質問してもいいですか。
②卒業後は何がしたいですか。

M1:③海外で勉強したいと思っています。
④留学プログラムを見つけたんです。

W2:⑤応募するのに何をしなければなり
ませんか。

M2:⑥作文を書かなければなりません。⑦
今週末，練習の作文を書いてみようと
思っています。⑧チェックして頂けますか。

W3:⑨もちろんです。⑩来週，会えますよ。

M3:⑪ありがとうございます。⑫それは
助かります。

語句と語法のガイド

abroad [əbrɔ́ːd]　　副 海外に〔で〕，外国に〔で〕

apply [əplái]　　動 申し込む，応募する　▶ application 名 申し込み

check [tʃek]　　動 ～をチェックする，確認する

解説

① Misaki, can I ask you a question?

Can I ～ ? で「～してもいいですか」と許可を求める表現。 **EB2** 　SVOO の文型。

⑤ What do you have to do to apply?

have to *do*「～しなければならない」は「(状況として)～する必要がある」という意味。
疑問文は〈Do[Does]＋主語＋ have to *do* ～?〉になる。 **EB6** 　to apply は目的を表
す不定詞の副詞的用法。

⑥ I have to write an essay.

have to *do* は義務・必要を表す。 **EB6**

⑧ Could you check it for me?

Can[Could] you ～ ? で「～してもらえ〔いただけ〕ませんか」と依頼する表現。
Could you ～ ? は Can you ～ ? よりも丁寧な言い方。

⑩ We can meet next week.

can は「～することができる」という意味の助動詞で，能力・可能を表す。 **EB1**

‖ Listening Task ‖

Circle T for True or F for False. （正しければ T，間違っていれば F に○をつけなさい。）

（！ヒント）

1. 美咲はウィリアム先生の質問にはっきりと答えたか。（→②③）

2. 作文を書くのは誰か。（→⑦⑧⑨）

3. ウィリアム先生と美咲は来週会う予定があるか。（→⑩⑪）

◁ ══════ ▷▷▷▷▷▷▷▷▷▷ **Example Bank** ◁◁◁◁◁◁◁◁◁ ══════ ▷

A　can / could

1. She **can** play the piano.　彼女はピアノが弾ける。

2. You **can** use my cell phone.　私の携帯電話を使ってもいいですよ。

3. An accident **can**[**could**] happen at any time.　事故はいつでも起こり得る。

📢 解説

（助動詞）

　　can「〜できる，〜はあり得る」，**may**「〜してもよい，〜かもしれない」，**must**「〜しなければならない，〜に違いない」など，話し手の気持ちや判断を表すために動詞に添える語を**助動詞**と呼ぶ。助動詞は動詞の前に置かれる。

〔●基本的な助動詞と意味〕

助動詞	意味①	意味②
can / could	**能力・可能**（= be able to）〜することができる	**推量（可能性）**　〜はあり得る
may / might	**許可**　〜してもよい	**推量**　〜かもしれない
must	**義務・必要**（= have to）〜しなければならない	**推量（確信）**　〜に違いない
should	**義務・助言**（= ought to）〜すべきだ，〜したほうがよい	**推量**　〜するはずだ
will / would	**意志**　〜するつもりだ	**推量**　〜だろう

〔●助動詞の基本的なルール〕

ルール①　助動詞のあとには動詞の原形がくる。
　　　　Tony **can swim**[×*swims*] fast.（トニーは速く泳げます。）

ルール②　主語の人称や数によって変化しない。
　　　　Tony **can**[×*cans*] swim fast.

ルール③　否定文は助動詞のあとに not を付ける。
　　　　Tony **can't**[**cannot**] swim fast.（トニーは速く泳げません。）

ルール④　疑問文は主語の前に助動詞を置く。
　　　　Can Tony swim fast?（トニーは速く泳げますか。）

ルール⑤　2つの助動詞を並べることはできない。

　　　　Tony ×*will can swim fast.*

能力・可能

1. can は「**〜することができる（能力がある）**」を表す。can の否定形は普通 **can't** か **cannot** を使う。過去形は **could**「〜することができた」。can は特に強調する場合以外は，[kæn] ではなく [kən] と弱く発音される。

許可

2. can は「**〜してもよい**」という**許可**を表す。

　　can't〔cannot〕〜は「**〜してはいけない**」という**不許可・禁止**を表す。

⇨ You **can't〔cannot〕** use your cell phone here.(ここで携帯電話を使ってはいけません。)

　　Can〔Could〕I 〜? は「**〜してもよいですか〔よろしいですか〕**」と**許可を求める表現**。Could I 〜? は Can I 〜? よりも丁寧な言い方になる。

⇨ **Can〔Could〕I** use your cell phone**?**

　　(あなたの携帯電話を借りてもいいですか〔よろしいですか〕。)

依頼

　　can〔could〕は相手に可能かどうか尋ねることで「**〜してくれますか〔いただけますか〕**」という**依頼**を表す。Could you 〜? は Can you 〜? よりも丁寧な言い方になる。

⇨ "**Can〔Could〕you** open the door**?**" "All right."

　　(「ドアを開けてくれますか〔いただけますか〕。」「わかりました。」)

推量（可能性）

3. can / could は「**〜はあり得る**」という**可能性**を表す。could のほうが確信度は低い。

　　疑問文で「**〜はあり得るだろうか**」という**強い疑い**を表す。could のほうが確信度は低い。

⇨ **Can〔Could〕** the rumor be true?(そのうわさは本当だろうか。)

　　否定文で「**〜のはずがない**」という**不可能性**を表す。couldn't のほうが確信度は低い。

⇨ It **can't〔couldn't〕** be true.(本当であるはずがない。)

　　《注意》can't は must「〜に違いない」の反対の意味で，強い打ち消しの推量を表す。

　　　　　⇔ The rumor **must** be true.(そのうわさは本当に違いない。)

B　may / might

4. "**May** I ask you a question?" "Sure."

　　「質問してもよろしいですか。」「もちろんです。」

5. He **may〔might〕** be at home.　彼は家にいるかもしれない。

解説

許可

　　肯定文は「**〜してもよい**」という**許可**を，否定文は「**〜してはいけない**」という**不許可・禁止**を表す。

4. 疑問文 **May I 〜?** は「**〜してもよろしいですか**」と**相手に許可を求める**表現になる。

〔● May I 〜? / Can I 〜? に対する返答例〕

いいですよ。		いいえ，だめです。
・Yes, of course.	・Yes, you can.	・I'm sorry you can't.
・Sure.	・All right.	・I'm afraid you can't.
・Certainly.	・Go ahead.	・I'm afraid not.
・Why not?		・No, you can't.

《参考》can は may よりも口語的で日常的によく使われる。may は堅い表現で，目上の者が目下の者に許可を与えたり，目下の者が目上の者に許可を求めるときに使うことが多い。

推量

5. 肯定文は「〜かもしれない」という**現在の推量**を表す。「（ひょっとすると）**〜かもしれない**」という**確信度が低い推量**は might を用いる。

否定形 **may[might] not** は「**〜でないかもしれない**」という**否定の推量**を表す。

⇨ He **may[might] not** be at home.（彼は家にいないかもしれない。）

C　must / have to *do*

6. You **must** get some sleep. / I **have to** go to the dentist today.
　あなたは少し寝ないといけません。/ 今日，私は歯医者に行かなければなりません。

7. You **must not** take pictures here.　ここで写真を撮ってはいけません。

8. You **don't have to** take off your shoes.　靴を脱ぐ必要はありません。

9. He **must** be tired.　彼は疲れているに違いない。

▶◀ 解説

義務・必要

6. must は「**〜しなければならない**」という**義務・必要**を表す。「（話し手が主観的に）〜しなければならない」と感じている場合に使われる表現。

have to *do*「〜しなければならない」 は「（状況として）〜する必要がある」という意味で，客観的に見て，行う必要がある場合に用いられる。特に口語では must よりも好まれる。主語が 3 人称単数の場合は **has to *do***，疑問文は〈Do[Does]＋主語＋have to *do* 〜?〉になる。

《注意》must は**話し手が主観的に感じている**義務・必要を，have to は**状況から客観的に判断した**義務・必要を表す。

禁止

7. **must not** は「**〜してはいけない**」という**強い禁止**を表す。短縮形は mustn't[mʌ́snt]。

不必要

8. have to *do* の否定文 **don't[doesn't] have to *do*** は「**〜する必要はない，〜しなくてもよい**」という**不必要**を表す。

　《注意》must「〜しなければならない」の反意表現は don't have to *do*「〜する必要はない」。must not「〜してはいけない」ではない。

推量（確信）

9. 「**〜に違いない**」という**確信**を表す must。「（周りの状況から判断すると）間違いなく〜だ」という断定的な推量を表す。

　《注意》must「〜に違いない」の反意表現は can't[cannot]「〜のはずがない」。must not「〜してはいけない」ではない。

〔●反意表現のまとめ〕

肯定形		否定形
「〜してもよい」 You **may** take pictures. You **can** take pictures.	⇔	「〜してはいけない」 You **may not** take pictures.〔不許可〕 You **can't[cannot]** take pictures.〔不許可〕 You **must not** take pictures.〔禁止〕
「〜しなければならない」 You **must** wait here. You **have to** wait here.	⇔	「〜する必要がない」 You **don't have to** wait here. You **need not** wait here.
「〜に違いない」 They **must** be tired.	⇔	「〜であるはずがない」 They **can't[cannot]** be tired.

‹ ═══ ››››› **Function**（許可を求める・依頼する）‹‹‹‹‹ ═══ ›

1. "**Can[May] I** ask you a personal question?" "OK. / Sure."
「個人的な質問をしてもいいですか。」「いいですよ。/ もちろん。」

2. "**Can[Could] you** help me with my homework tonight?"
「今晩，宿題を手伝ってくれませんか。」
"Sorry, I already have plans." 「ごめんなさい，すでに予定があります。」

3. "**Do you mind if** I take a picture?" "Not at all. Go ahead."
「写真を撮っても構いませんか。」「構いませんよ。どうぞ。」

◀ 解説

1. ・Can[May] I 〜? で「〜してもいいですか」と許可を求める表現。I の後ろには動詞の原形を続ける。
・許可の意味を表す場合は，Sure. / Certainly. / All right. / Yes, of course[you can]. / Why not? などを使う。
・不許可の意味を表す場合は，I'm afraid[I'm sorry] you can't. / I'm afraid not. などを使う。Yes, you may. や No, you may not. はやや高圧的なイメージがある

ので，子どもや目下の人以外には使わないほうがよい。

2. ・**Can[Could] you 〜？**で「**〜してもらえ[いただけ]ませんか**」と依頼する表現。
 ・承諾する場合は，Sure. / Certainly. / That's OK. / No problem. などを使う。
 ・断る場合は，I'm sorry[I'm afraid] 〜 . などを使う。断る理由を添えるのがよい。

3. ・mind は「〜を嫌がる，気にする」という意味の動詞。**Do you mind if 〜？**で「**〜しても構いませんか**」と許可を求める表現。元の意味は「あなたは〜かどうか気にしますか」なので，No, not at all.（全然構いません。），Of course not. / Certainly not.（もちろん構いません。）など，否定で答えるのが原則。
 ・不許可の意味を表す場合は，I'm sorry, but 〜 .「すみませんが，〜。」など，理由を添えるのがよい。

┃ 語句と語法のガイド ┃

personal [pə́:rsənəl]	形 個人的な　▶名 person 人，personality 個性
help 〜 with ...	熟 〜の…を手伝う
Go ahead.	熟 〈許可を与えて〉どうぞ。

>>>>>>>>>> **Try it out!** <<<<<<<<<<

① （　　）内のどちらの語句が最も適切かを選び，会話を完成させましょう。

（！ヒント）

1. ・「〜してはいけない」は must not を使う。
 ・「あなたはこの話を誰にも話してはいけません。それは秘密です。」「わかりました。」
2. ・「〜する必要がない」は don't have to do を使う。
 ・「とてもカジュアルなイベントです。あなたはネクタイをしめる必要はありません。」
3. ・「〜かもしれない」は may を使う。
 ・「彼女は昨日顔色が悪かったので，病気で寝ているかもしれません。」
4. ・「〜してもらえますか」は Can you 〜？を使う。
 ・「こんにちは，私たちは今話せますか。」「私は今忙しいです。あとでかけ直してもらえますか。」
5. ・「あまり時間がない」のは「6時までに家に帰らなければならない」から。
 ・「私はあまり時間がありません。私は6時までに家に帰らなければなりません。」
6. ・「〜してもいいですか」は May I 〜？を使う。
 ・「犬を一緒に連れて行ってもいいですか。」「ごめんなさい。ペットは許可されていません。」

(練習問題①)　(　)内のどちらの語句が最も適切かを選び，会話を完成させましょう。

1. "You (must / must not) open the window.　It's raining very hard."　"OK."
2. "You (have to / don't have to) worry about me.　I can go alone."
3. "He has been swimming for one hour, so he (may / may not) be tired."
4. "(Can / May) you help me with my homework?"　"All right."
5. "It's getting dark.　I (have to / don't have to) go home now."
6. "(May / Must) I take a picture here?"　"I'm sorry.　You are not allowed to."

2　学校のホームルームで良いクラスリーダーについて話しています。どのような資質が
　必要ですか。下線部の語句を自分の言葉で言いかえて伝え合ってみよう。下のボックス
　の語句を使ってもかまいません。答えるときは理由や具体例も加えてみましょう。

(!ヒント)

クラスリーダーの資質について，「〜しなければならない」という意味の must や have
to *do* を使って述べるとよい。

(例)

A: I think a class leader **has to** be kind to everyone.
　　(私はクラスリーダーはみんなにやさしくなければいけないと思います。)
B: I think so, too.　They **must** be responsible because it's an important quality
　　of good leaders.
　　(私もそう思います。よいリーダーの重要な資質なので，彼らは責任感がなければいけ
　　ません。)
A: That's right.　But they **don't have to** take full responsibility.
　　(そのとおり。しかし彼らは全責任を負う必要はありません。)

(会話例)

A: I think a class leader has to have good communication skills.
B: I think so, too.　They must be confident because it's an important quality of
　　good leaders.
A: That's right.　But they don't have to do everything by themselves.

3　ペアになって，理由や具体例を交えながら，自分のことについて話しましょう。追加
　の質問をして会話を続けてみよう。

(!ヒント)

演奏できる楽器や週末の予定について会話する。与えられた質問に対して答える。追加の
質問をして会話を続ける。

1. **Can** you play any musical instruments?(あなたは楽器を演奏することができますか。)
　　(例)Yes, I **can** play the harmonica.　I have played it for five years.
　　　　(はい，私はハーモニカを吹くことができます。私は5年間それを吹いています。)

2. Do you have any plans for the weekend?（あなたは週末に予定がありますか。）

(例)Yes, I **have to** go shopping with my family, and I **might** see some friends.

（はい，私は家族と買い物に行かなければなりませんし，友だちに会うかもしれません。）

(会話例)

1. Can you play any musical instruments?

— Yes, I can play the guitar.

(+1) How long have you been playing it?

2. Do you have any plans for the weekend?

— Yes, I'm going to play basketball with my friends.

(+1) What are you going to do after that?

>>>>>>>>>> **Use it** <<<<<<<<<<

留学生があなたの家に一ヶ月滞在することになりました。家のルールを3つ伝えてみましょう。

(例) 列挙　項目①：We have to come home by 8 o'clock.

（私たちは8時までに帰宅しなければならない。）

項目②：We cannot use smartphones after 9 p.m.

（私たちは午後9時以降スマートフォンを使うことはできない。）

項目③：We must go to bed before midnight.

（私たちは深夜前に寝なければならない。）

(！ヒント)

・主語は We を使って一般的な言い方にする。

・ルールなので，have to *do*「〜しなければならない」(客観的状況による義務)，must not「〜してはいけない」(禁止)，cannot「〜することはできない」(不可能)などを使う。

〔盛り込む観点の例〕

・帰宅後しなければならないこと

・食事中してはいけないこと　など

(作文例)

項目①：We have to get up before 7 o'clock.

項目②：We must take a bath just after we come back home.

項目③：We cannot watch TV while we eat dinner.

Model Conversation

美咲とジョンが高校卒業後に何をしたいか話
しています。

M1: ①John, what do you want to do after
high school?

J1: ②I want to go to university. ③I'm
interested in sports science.

M2: ④Do you like playing sports?

J2: ⑤Yes. ⑥I'm busy with my studies
now, but I **used to** play soccer with my
friends all day. ⑦I want to study in
England because soccer was born there.

M3: ⑧Then, you **should** talk to Mr.
William. ⑨He is from England. ⑩He
knows some universities with good
sports science programs in England.

M1:①ジョン，高校卒業後は何をしたい？

J1: ②僕は大学に行きたいよ。③スポー
ツ科学に興味があるんだ。

M2:④スポーツをするのが好きなの？

J2: ⑤うん。⑥今は勉強で忙しいけれど，
以前は一日中，友だちとサッカーを
したものだよ。⑦サッカーはイング
ランドで生まれたから，イングラン
ドで勉強したいんだ。

M3:⑧それなら，ウィリアム先生に話すと
良いわ。⑨イングランド出身だから。
⑩良いスポーツ科学プログラムのある
イングランドの大学を知っているわよ。

語句と語法のガイド

sports science　　　　　　　　名 スポーツ科学

解説

⑥ **I'm busy with my studies now, but I used to play soccer with my friends all day.**
study はここでは名詞。used to *do* は「（以前は）〜したものだ」という過去の習慣を
表す。「過去には〜だったが今はしていない」という意味が含まれる。used to は[júːstə]
と発音される。 **EB8**

⑧ **Then, you should talk to Mr. William.**
then は「それなら」という意味の副詞。should は「〜すべきだ，〜したほうがよい」
という意味の助動詞で，義務・助言を表す。 **EB1**

⑩ **He knows some universities with good sports science programs in England.**
with は「〜を持っている，〜のある」という意味の前置詞で，付属・所有を表す。

Listening Task

Circle T for True or F for False. （正しければ T，間違っていれば F に○をつけなさい。）

!ヒント

1. ジョンは高校卒業後に何をしたいのか。（→①②）

2. ジョンは現在よくサッカーをするか。（→⑥）

3. 美咲はジョンが何をすべきだと思っているか。（→⑧）

Example Bank

A should / ought to *do*, had better *do*

1. You **should**[**ought to**] be more careful. 君はもっと気を付けるべきだ。
2. They **should**[**ought to**] arrive here soon. 彼らはもうすぐここに着くはずだ。
3. You **had better** see a doctor. 医者に診てもらいなさい。

   cf. You **had better not** go to school today. あなたは今日学校に行ってはいけません。

 解説

義務・助言

1. **should** は「**〜すべきだ, 〜したほうがよい**」という**義務・助言**を表す。should は「〜すべき」という日本語が表すほど強い意味はなく，must のような強制的な意味合いもない。「〜したほうがよいと思う」くらいの意味を表す。

   should の否定文は **should not**[**shouldn't**]で「**〜すべきではない，〜しないほうがよい**」の意味になる。

   ought to *do* の意味は should とほとんど変わらないが，やや堅い表現で，should を使うことのほうが多い。ought to は[ɔːtə]と発音される。

   《注意》ought to *do* の否定形は，**ought not to *do***。not の位置に注意。

   ⇨You **ought not to** park your bike here.（ここに自転車を止めてはいけません。）

推量

2. 「**〜のはずだ，〜するはずだ**」という**推量**を表す should[ought to]。話し手が「そうあるべきだ〔そうあってほしい〕」と期待することについての推量。must や will よりも確信度は低い。

命令・忠告

3. **had better *do*** は「**〜しなさい**」「**〜するのがよい**」という**命令・忠告**を表す。短縮形で使われることも多い。= You**'d better** see a doctor.

   《注意》You を主語にすると命令口調になるため，子どもや親しい人以外には使わないほうがよい。

   《参考》否定形は **had better not *do*** で，「**〜してはいけない，〜するのはよくない**」という意味を表す。not が had better のあとにくることに注意。

   ⇨ You **had better not** go to school today.

       ×*had not better*

強制の度合い

You ☐ see a doctor.（医者に見てもら☐。）

must	～しなければならない	
have to		
had better	～しなさい	
should	～するほうがいい	

B　will / would

4. **I'll** do my homework after dinner.　私は夕食後に宿題をするつもりです。
5. My little sister **won't** eat vegetables.　私の妹はどうしても野菜を食べようとしない。
6. The door **wouldn't** open.　そのドアはどうしても開かなかった。
7. We **would** *often* go to the movies.　私たちはよく映画を見に行ったものだ。

◀◀ 解説

未来の予測

　「(未来において)**〜だろう**」という**未来の予測**を表し、**単純未来**と呼ばれる(→ cf. p.44)。話し手の意志にかかわらず、これから「自然の成りゆき」で起こりそうな事柄を表す。未来を表す副詞(句)を伴うことが多い。

⇨ It **will** rain this afternoon.(今日の午後は雨が降るだろう。)

現在の意志

4.「**〜するつもりだ**」という**現在の意志**を表し、**意志未来**と呼ばれる。

拒絶

5. 6. 否定形 **will not**, **won't** は「**どうしても〜しようとしない**」という**現在の拒絶**を、過去形の **would not**, **wouldn't** は「**どうしても〜しようとしなかった**」という**過去における拒絶**を表す。人だけでなく物や事柄も主語になる。

現在における推量

　will は「**(今)〜だろう**」という**現在における推量**を表す。確信度は高く、ほぼ確実だと思えるときに使う。would は will よりも確信度が低い。

⇨ They **will** be on the island by now.(彼らは今ごろその島に着いているだろう。)

⇨ She **would** be in bed by now.(彼女はおそらく今ごろ寝ているだろう。)

過去の習慣

7.「**(よく)〜したものだ**」という**過去の習慣**を表す。often などの頻度を表す副詞や、when I was a child(子どものとき)などのような過去を表す語句を伴うことが多い。would のあとには**動作動詞**が続く。

《注意》used to *do* も過去の習慣を表す。

C　used to *do*

8. I **used to** walk to school with my friends.
　私は(以前は)友だちと歩いて登校したものだ。
9. There **used to** be a theater in the town.
　以前は町に劇場があった。

◀◀ 解説

過去の習慣

8.「**(以前は)〜したものだ**」という**過去の習慣**を表す。「過去には〜だったが今はしていない」という意味が含まれる。後に**動作動詞**が続く。used to は[júːstə]と発音される。

過去の状態

9. 「(以前は)〜だった」という**過去の状態**を表す。「過去には〜だったが今はそうではない」
という意味が含まれる。後に**状態動詞**が続く。

《注意》過去の習慣を表す would との違いは次のとおり。

① would は状態動詞を使って過去の状態を表すことができない。**状態を表す**
場合は used to *do* を使う。
⇨ I **used to** live in Tokyo.　×*I would live in Tokyo.*
(私は以前，東京に住んでいました。)

② 動作動詞の場合は used to *do* も would も使えるが，used to *do* は「**かつ**
てはよく〜したが今はそうではない」という**現在との対比**を含む表現なのに
対し，would は過去のことを**回想的に述べる**表現。
⇨ I **used to** visit my grandmother every week.
(毎週，祖母を訪れたものでした〔が，今はしない〕。)
⇨ I **would** often go to London by bus when I was in the U.K.
(イギリスにいたときにはバスでよくロンドンに行ったものでした。)

	used to *do*	would
過去の状態(状態動詞)	○	×
過去の習慣(動作動詞)	○	○
ニュアンス	現在との対比	回想的

‹ ═══ ››››››› **Function(義務・必要を表す)** ‹‹‹‹‹‹‹ ═══ ›

1. "This book is overdue. You **had better** return it today."
「この本は返却期限を過ぎています。今日返したほうがいいですよ。」
"OK, I will." 「はい，そうします。」

2. "We **should** take a taxi. It's raining." "Good idea."
「タクシーに乗ったほうがいいですね。雨です。」「良い考えです。」

3. "I think students **need to** use smartphones." "I'm not sure about that."
「学生はスマートフォンを使う必要があると思います。」「それはどうでしょうか。」

◀ 解説

1. **had better** は「〜しなさい」「〜するのがよい」という意味の助動詞で，**命令・忠告**を表す。
You を主語にすると命令口調になるため，子どもや親しい人以外には使わないほうがよい。

2. **should** は「**〜すべきだ，〜したほうがよい**」という意味の助動詞で，**義務・助言**を表す。
should は「〜すべき」という日本語が表すほど強い意味はなく，「〜したほうがよい，
〜と思う」くらいの意味を表す。

3. ・**need to *do*** は「**〜する必要がある**」という意味で，have to *do* とほぼ同じ意味。
・I'm not sure about that.(それはどうでしょうか。)は賛成ではないことを遠回しに
伝える表現。

語句と語法のガイド

overdue [ÒUvərdjúː]　　　形 返却期限の過ぎた

smartphone [smáːrtfòUn]　　名 スマートフォン

< ═══ >>>>>>>>> **Try it out!** <<<<<<<<< ═══ >

① （　）内のどちらの語句が最も適切か考えてみましょう。

!ヒント

1. ・「～してはいけません」は had better *do* の否定形を用いるが，not の位置を間違えやすいので注意する。
   ・「今日は風が強いです。あなたは出かけてはいけません。」「それはとても残念です。」
2. ・「どうしても～しようとしなかった」を表す。
   ・「私は彼に来てくれるように何度も頼んだのですが，どうしても来ようとしませんでした。」
3. ・「どうしても～しようとしない」を表す。
   ・「手伝ってもらえますか。一番下の引き出しがどうしても開かないのです。」「私がやってみましょう。」
4. ・「～するはずだ」を表す。
   ・「今 10 時です。電車はもうすぐ来るはずです。」
5. ・「～するつもりだ」と主語の意志を表す。
   ・「私は明日マイクを訪ねます。」「彼によろしく言っておいてください。」
6. ・「(以前は)～したものだ」を表す。
   ・「私は以前ギターを弾いていましたが，今は弾いていません。」
7. ・「～すべきだ」と義務・助言を表す。
   ・「彼は何が起こったか知りません。彼に今事実を教えるべきです。」

練習問題① （　）内のどちらの語句が最も適切か考えてみましょう。

1. "A typhoon is coming. You (had not better / had better not) go swimming."
   "OK. I won't."
2. "His mother wanted him to clean his room, but he (wouldn't / shouldn't) do it."
3. "I've been trying again and again, but the door (won't / can't) close." "Let me try it."
4. "Ann's house is not so far from here. She (should / shouldn't) arrive here soon."
5. "I (would / will) go shopping tomorrow. Do you want to come?" "Sure."
6. "I (ought to / used to) visit my grandparents every week, but now I don't."
7. "That's a difficult problem. You (should / would) talk with your parents about it."

② （　）に入る最も適切な語を考えましょう。

!ヒント

1. ・when my mother was out「母が外出していたとき」があることに注目。
   ・often を伴って，「～したものだ」と過去の習慣的動作を表す。

・「母が外出しているときに，父と私はよくレストランに行ったものだ。」

2. ・「〜すべきだ，〜したほうがよい」と義務・助言を表す。

・「私たちは他人に優しくするべきだと思います。」

3. ・「〜するつもりだ」と主語の意志を表す。

・「あなたは何が食べたいですか。」「私はチーズバーガーを食べます。」

練習問題② （　　）に入る最も適切な語を考えましょう。

1. I (　　　　　　) often play the piano when I was a child.

2. I think you (　　　　　　) listen more to other people.

3. "What do you want to order?" "I (　　　　　) have chicken curry."

should / will / would

---

3 **ペアになって，次の質問をお互いに尋ね合いましょう。追加の質問をして会話を続けてみよう。**

！ヒント

さまざまな助動詞を使って会話する。与えられた質問に対して答える。追加の質問をして会話を続ける。

1. What should you do when your friend seems in trouble?

（友だちが困っているように見えたら，あなたは何をするべきですか。）

(例) I should listen to them and try to help them.

（私は彼 / 彼女の話を聞いて助けようとするべきです。）

2. What will you do after school today?

（あなたは今日の放課後に何をする予定ですか。）

(例) I will go shopping.　（私は買い物に行くつもりです。）

3. I used to hate math, but I like it now. How about you?

（私は数学が嫌いでしたが，今はそれが好きです。あなたはどうですか。）

(例) I used to hate swimming, but I'm good at it now.

（私は水泳が嫌いでしたが，今はそれが得意です。）

会話例

1. What should you do when your friend seems in trouble?

— I should offer to help them.

(+1) What should you say to them first?

2. What will you do after school today?

— I will do my homework.

(+1) What will you do after that?

3. I used to hate math, but I like it now. How about you?

— I used to hate running long distances, but I'm good at it now.

(+1) Why did you hate it?

〉〉〉〉〉〉〉〉〉 **Use it** 〈〈〈〈〈〈〈〈〈

小学生だった時，よく何をしていたかをクラスメートに伝えてみましょう。

(例) 説明　主題：　I would often play catch with my father when I was in elementary school.
(小学生の時，私はよく父とキャッチボールをしたものでした。)

詳述：　We played it in a park near our house.
(私たちは家の近くの公園でそれをしました。)

コメント：I enjoyed it very much.
(私はそれをとても楽しみました。)

[！ヒント]

・would や used to *do* を使う。would は「昔は〜したものだった」という意味で，used to *do* は「(以前は)〜したものだが，今はしていない」という意味。

・過去のエピソードなどを書く場合には，過去形で表せばよい。

〔盛り込む観点の例〕

・クラブ活動など，放課後いつもしたこと

・夏休みなどの休暇中によくしたこと　など

[作文例]

主題：　When I was an elementary school student, I would often play the trumpet.

詳述：　I used to practice for the summer concert during the summer vacation.

コメント：It was very hard, but I had a really good time.

Model Conversation

美咲とウィリアム先生は美咲の作文について
議論しています。

M1: ①What do you think of my essay, Mr. William?

W1: ②It looks good.　③You **must have worked** hard on it.

M2: ④Thank you.　⑤I wonder what else I should include.

W2: ⑥Didn't you win that speech contest this summer?

M3: ⑦Actually, I came second.　⑧I **should have practiced** more.

W3: ⑨I think you did your best.　⑩Why don't you write about that in your essay?

M1:①私の作文はいかがでしょうか，ウィリアム先生。

W1:②良さそうですよ。③頑張ったに違いありませんね。

M2:④ありがとうございます。⑤ほかに何を入れるべきか考えています。

W2:⑥今年の夏，あのスピーチコンテストで優勝していませんでしたか。

M3:⑦実は，準優勝だったんです。⑧もっと練習すべきでした。

W3:⑨全力を尽くしたと思いますよ。⑩そのことを作文に書いてはどうですか。

語句と語法のガイド

work on 〜	熟	〜に取り組む
else [els]	形	ほかの
include [ɪnklúːd]	動	〜を含める
come second	熟	2位になる
do one's best	熟	全力を尽くす

解説

③ **You must have worked hard on it.**

〈must have ＋過去分詞〉は「〜したに違いない，〜だったに違いない」という意味で，過去のことについての現在の確信を表す。 **EB1**

⑧ **I should have practiced more.**

〈should have ＋過去分詞〉は「〜すべきだったのに（しなかった）」という意味を表す。主語が I と we のときには後悔を表すことが多い。 **EB5**

Listening Task

Circle T for True or F for False. （正しければ T，間違っていれば F に○をつけなさい。）

(!ヒント)

「主語」「動詞」「目的語」の部分に特に注意して聞き取ろう。

1. ウィリアム先生は美咲の作文についてどう思ったか。（→①②③）

2. 美咲は今年の夏，スピーチコンテストに参加したか。（→⑥⑦）

3. ウィリアム先生は美咲は何について作文を書くべきだと思ったか。（→⑩）

⟨ ══ ⟩⟩⟩⟩⟩⟩⟩⟩ Example Bank ⟨⟨⟨⟨⟨⟨⟨⟨⟨ ══ ⟩

A　助動詞＋have ＋過去分詞

1. He **must have had** a good rest.　彼は十分休息したに違いない。
2. I **may**[**might**] **have left** the key at home.　私は家に鍵を置き忘れたのかもしれない。
3. She **can't**[**couldn't**] **have made** such a mistake.
　　彼女がそんな間違いをしたはずがない。
4. He **should**[**ought to**] **have arrived** home by now.
　　彼は今ごろもう家に着いているはずだ。
5. I **should**[**ought to**] **have taken** his advice.
　　私は彼の忠告を聞くべきだったのに(聞かなかった)。
6. We **needn't have hurried**.　私たちは急ぐ必要はなかったのに(急いだ)。

◀ 解説

⟨must have ＋過去分詞⟩

1. 「〜したに違いない，〜だったに違いない」という意味で，過去のことについての現在
　の確信を表す。

⟨may[might] have ＋過去分詞⟩

2. 「〜したかもしれない，〜だったかもしれない」という意味で，過去のことについての
　現在の推量を表す。might のほうが確信度は低い。
　　「〜しなかったかもしれない，〜でなかったかもしれない」は助動詞 may[might]の
　あとに not を置いて⟨**may**[**might**] **not have** ＋**過去分詞**⟩となる。
⇨ He **might not have known** about it.
　　(ひょっとすると彼はそのことを知らなかったのかもしれません。)

⟨can't[couldn't] have ＋過去分詞⟩

3. 「〜したはずがない，〜だったはずがない」という過去のことについての現在の推量を
　表す。couldn't のほうが確信度は低い。

⟨should[ought to] have ＋過去分詞⟩

4. 「〜したはずだ，〜だったはずだ」という過去のことについての現在の推量を表す。
5. 「〜すべきだったのに(しなかった)」という意味を表す。主語がⅠ と we のときには**後
　悔**を，それ以外のときには**非難**の気持ちを表すことが多い。
　　否定文は「〜すべきではなかったのに(した)」の意味になる。
⇨ They **should** <u>**not**</u> **have bought** that house.
= They **ought** <u>**not**</u> **to have bought** that house.〔not の位置に注意〕
　　(彼らはあの家を買うべきではなかったのに(買った)。)

⟨needn't have ＋過去分詞⟩

6. 「〜する必要はなかったのに(した)」という意味を表す。

B　would を含む慣用表現

7. I **would like** two tickets.　チケットを2枚欲しいのですが。

8. I **would like to** make a reservation.　予約をしたいのですが。

9. I **would rather** *stay home* **than** *go out*.　私は外出するよりもむしろ家にいたい。

◀ 解説

would like ～

7. would like ～は want「～が欲しい」よりも控えめで丁寧な言い方。あまり親しくない人や目上の人には would like ～を使う。

《注意》〈主語＋ would〉は短縮形になることも多い。

　　　　I would like two tickets. = **I'd** like two tickets.

《参考》**Would you like ～?** は「**～はいかがですか**」という意味を表す。相手に何かを勧めたり希望を尋ねたりするときの丁寧な表現。

　　⇨ "**Would you like** a drink?" "Yes, please. / No, thanks."

　　　（「飲み物はいかがですか。」「はい，お願いします。/いいえ，結構です。」）

would like to *do*

8. would like to *do* は want to *do*(～したい)よりも控えめで丁寧な言い方。あまり親しくない人や目上の人には would like to *do* を使う。

《注意》〈主語＋ would〉は短縮形になることも多い。

　　　　I would like to make a reservation.

　　　　= **I'd** like to make a reservation.

《参考》**Would you like to *do* ～?** は「**～しませんか**」という意味を表す。相手を誘ったり，何かを勧めたりするときの丁寧な表現。

　　⇨ "**Would you like to** join us?" "Yes, I'd like that. / Sorry, I can't."

　　　（「一緒にどうですか。」「ええ，喜んで。/すみません，ご一緒できません。」）

would rather *do* ～ (than *do* ...)

9. 「(…するよりも)むしろ～したい」と希望を控えめに述べる表現。rather や than のあとには**動詞の原形**がくる。than 以下が省略されることもある。

《参考》**would rather not *do* ～は「どちらかと言えば～したくない」** という意味で，気が進まないことを控えめに伝える表現。not の位置に注意する。

　　⇨ I **would rather <u>not</u>** go out today.(私は今日，どちらかと言えば外出したくない。)

《 ══════ ⟫⟫⟫⟫⟫⟫ **Function**(回想する・自省する) ⟨⟨⟨⟨⟨⟨ ══════ 》

1. "Saki's birthday party was a lot of fun." "You **must have had** a good time there."
「サキの誕生日会はとても楽しかったよ。」「そこで楽しい時間を過ごしたに違いないね。」

2. "I **shouldn't have stayed** up all night." "That's why you look so sleepy today."
「一晩中，起きているべきではなかったよ。」「だから今日とても眠たそうなのね。」

3. "How was your volunteer work?" "**When I look back**, it was a good experience."
　「ボランティア活動はどうだった？」「振り返ってみたら，良い経験だったよ。」

▶〈解説

1. 〈**must have ＋過去分詞**〉は「**～したに違いない，～だったに違いない**」という意味で，過去のことについての現在の確信を表す。

2. ・〈**should not have ＋過去分詞**〉は「**～すべきではなかったのに（した）**」の意味になる。
　　自分のことについては「後悔」を，相手や第三者のことについては「非難」を表す。
　　・That's why ～は「そういうわけで～」という意味。（⇒ cf. 関係副詞 p.185）

3. **When I look back, ～**は「**振り返ってみたら，～**」という意味。

┃ 語句と語法のガイド ┃

have a good time	熟 楽しい時間を過ごす
stay up	熟 （寝ないで）起きている
look back	熟 振り返る

《 ＝＝＝＝＝ ＞＞＞＞＞＞＞＞＞ **Try it out!** ＜＜＜＜＜＜＜＜＜ ＝＝＝＝＝ 》

① ［　］に与えられた語を適切な形に変えて，会話を完成させましょう。

（！ヒント）
〈助動詞＋ have ＋過去分詞〉の使い方に注意する。

1. ・「～したはずがない」は過去のことについての現在の推量を表す。
　・「トムは本当にそう言ったのですか。彼がそんなばかなことを言ったはずがありません。」「私もそれが信じられません。」

2. ・「～したかもしれない」は過去のことについての現在の推量を表す。
　・「彼女はまだ着いていませんか。何が起こったのですか。」「わかりません。彼女は電車に乗り遅れたのかもしれません。」

3. ・「～すべきだったのに（しなかった）」という後悔を表す。
　・「試合の写真を何枚か見てもいいですか。」「残念ながら，私たちは1枚も持っていません。私たちは何枚か撮るべきでした。」

4. ・「～したに違いない」は過去のことについての現在の確信を表す。
　・「彼女は幸せそうです。彼女は古い友だちとよい時間を過ごしたに違いないです。」

（練習問題①）［　］に与えられた語を適切な形に変えて，会話を完成させましょう。

1. "Jane is an honest girl." "Yes. She ＿＿＿＿＿＿ a lie." ［cannot / tell］
2. "Mike hasn't come yet."
　"He's always on time. He ＿＿＿＿＿＿ a wrong bus." ［may / take］
3. "Your favorite actor has already gone away."
　"Oh, no. I ＿＿＿＿＿＿ earlier." ［should / come］
4. "I fell asleep at nine p.m. I wanted to play the game more."
　"You ＿＿＿＿＿＿ tired." ［must / be］

2 （　　）に入る最も適切な語を考えましょう。

(！ヒント)

1. ・「〜はいかがですか」と相手に何かを勧めるときの丁寧な表現。
   ・「コーヒーはいかがですか。」「はい，お願いします。」
2. ・「…するよりもむしろ〜したい」と希望を控えめに述べる表現。
   ・「今日は何をしたいですか。ゲームをしますか。」「今日はゲームをするより映画を見たいです。」

(練習問題②) （　　）に入る最も適切な語を考えましょう。

1. "(　　　) you (　　　) some more rice?" "No, thank you."
2. "Shall we go shopping today?"
   "No, let's not. I (　　　) (　　　) stay home (　　　) go out."

3 ペアになって，次の質問をお互いに尋ね合いましょう。追加の質問をして会話を続けてみよう。

(！ヒント)

過去にするべきだったことや，するべきでなかったことについて会話する。与えられた質問に対して答える。追加の質問をして会話を続ける。

1. What is something you should have done in the past?
   （あなたが過去にするべきだったことは何ですか。）
   （例）I should have studied more before the exam. My score was terrible.
   　　（私はテスト前にもっと勉強するべきでした。私の点数はひどかったです。）
2. What is something you shouldn't have done in the past?
   （あなたが過去にするべきでなかったことは何ですか。）
   （例）I shouldn't have quit piano lessons.
   　　（私はピアノのレッスンをやめるべきではなかったです。）

(会話例)

1. What is something you should have done in the past?
   ― I should have eaten breakfast today.
   (+1) Why didn't you do it?
2. What is something you shouldn't have done in the past?
   ― I shouldn't have bought this notebook.
   (+1) Why do you think that?

< ━━━━━━ >>>>>>>>> **Use it** <<<<<<<<< ━━━━━━ >

クラスメートに，いつかしてみたいことを3文で伝えてみましょう。

(例) 主張　主張：I'd like to visit the African Savanna someday.
　　　　　　　（私はいつかアフリカのサバンナを訪れたいです。）
　　　　理由：I'm interested in wild animals.
　　　　　　　（私は野生動物に興味があります。）
　　　　例：　I want to see wild lions for myself.
　　　　　　　（私は自分で野生のライオンを見たいです。）

!ヒント

・いつかしてみたいことを，would like to *do* で書くと，want to *do* よりも丁寧な表現になる。
・理由は，I'm interested in ～.「～に興味がある」，I heard (that) it is ～.「～と聞いた」，I think (that) it is ～.「～と思う」などの表現を使うとよい。

〔盛り込む観点の例〕

・子どものころからの夢
・会ってみたい人　など

作文例

主張：I'd like to go to Easter Island someday.

理由：I have wanted to see Moai statues since I was a child.

例：　If I have a chance to go there, I'd like to find out why they were made.

< ━━━━━ >>>>>>>>>> **Expressing** <<<<<<<<<< ━━━━━ >

▌STEP 1▐

問題文の訳

それぞれの人物が将来何になりたいかについて話している①～③の３つの話を聞きなさい。空欄に a.～c. を書きなさい。それぞれの人物が夢を叶えるためにする必要があることを書きなさい。

!ヒント

それぞれの人物の将来の夢とその実現のために必要なことを聞き取る。

▌STEP 2▐

問題文の訳

あなたの将来の夢について交代で話しなさい。

!ヒント

１つ目の空所に合わせて自分の将来の夢を述べ，２つ目の空所に合わせてその夢の実現に必要な行為を述べる。

例

A: Do you have any dreams for the future?(将来の夢はありますか。)

B: Yes, I want to be a hotel concierge.

　(はい，私はホテルコンシェルジュになりたいです。)

A: What do you have to do for your dreams to come true?

　(夢を実現するために何をしなければなりませんか。)

B: I have to study hospitality and learn foreign languages.

　(私はホスピタリティについて勉強し，外国語を学ばなければなりません。)

▌STEP 3▐

問題文の訳

あなたの将来の夢と，その実現のために今あなたが何をするべきかについて書きなさい。

!ヒント

STEP 2 で書いたことをもとに，考えをまとめる。

作文例

　I want to be a hotel concierge.　I really enjoy talking with other people. To become a hotel concierge, I have to study hospitality and learn foreign languages.

Words & Phrases

次の表の＿＿＿に適切な英語を書きなさい。

仕事（Employment）	高等教育 （Higher education）	学問分野 （Academic fields）
□ 仕事に応募する 　apply for a job □ 就職する　get a job □ 仕事をやめる　quit a job □ 臨時の仕事　temporary job □ 給料のよい仕事　well-paid job □ 夢の仕事　one's dream job □ やりがいのある仕事 ① ＿＿＿＿＿＿＿＿＿＿	□ 大学　university / college □ 短大　junior college □ 大学院　graduate school □ 高等専門学校 　technical college □ 専門学校　vocational school □ 看護学校　nursing school □ 学部　faculty □ 学科 ② ＿＿＿＿＿＿＿＿＿＿ □ 必修科目 　compulsory subject	□ 文学 ③ ＿＿＿＿＿＿＿＿＿＿ □ 経済学　economics □ 心理学 ④ ＿＿＿＿＿＿＿＿＿＿ □ 法学　law □ 社会学　sociology □ 工学　engineering □ 薬学　pharmacy □ 医学　medicine □ 情報科学 　information science

職業（Occupations）		
□ 警官　（police) officer □ 外交官　diplomat □ 裁判官　judge □ 公務員　public employee / 　public [civil] servant □ 医師　doctor □ 看護師　nurse □ 薬剤師 ⑤ ＿＿＿＿＿＿＿＿＿＿ □ 歯科医 ⑥ ＿＿＿＿＿＿＿＿＿＿ □ 獣医　veterinarian / vet	□ 介護福祉士 ⑦ ＿＿＿＿＿＿＿＿＿＿ □ 美容師 　hairstylist / hairdresser □ 理容師　barber □ 漫画家 ⑧ ＿＿＿＿＿＿＿＿＿＿ □ 写真家　photographer □ タレント　TV personality □ 俳優　actor □ 映画監督　film director □ 記者　reporter / journalist	□ 弁護士　lawyer □ 宇宙飛行士 ⑨ ＿＿＿＿＿＿＿＿＿＿ □ 大工　carpenter □ 建築家　architect □ 会社員　office worker □ 秘書 ⑩ ＿＿＿＿＿＿＿＿＿＿ □ 司書　librarian □ 通訳　interpreter □ 客室乗務員　flight attendant

解答
① rewarding job　② department　③ literature　④ psychology　⑤ pharmacist
⑥ dentist　⑦ care worker　⑧ cartoonist　⑨ astronaut　⑩ secretary

Lesson 6 　Did you hear about the new shop?

Model Conversation

海斗とジョンは駅の近くの新しいお店について話しています。

K1: ①Did you hear about the new store near the station? ②It is opening next week.

J1: ③No, what kind of store?

K2: ④A clothes store. ⑤The clothing designs **are influenced by** the latest trends from America. ⑥The clothes **are** also **sold** online.

J2: ⑦It sounds good. ⑧I need a new shirt now. ⑨I want to try some on in the store.

K3: ⑩There is an opening sale next week.

J3: ⑪Let's go after school then.

K1: ①駅の近くの新しい店のこと聞いた？②来週開店するんだって。

J1: ③いや，どんな店？

K2: ④洋服の店だよ。⑤洋服のデザインはアメリカの最新の流行の影響を受けているんだ。⑥オンラインでも売られているよ。

J2: ⑦良さそうだね。⑧今，新しいシャツが必要なんだ。⑨その店でいくつか試着したいな。

K3: ⑩来週，開店セールがあるよ。

J3: ⑪じゃあ，放課後に行こう。

語句と語法のガイド

clothing [klóuðiŋ]	名 衣服，衣類（＝ clothes）
design [dizáin]	名 デザイン　▶動 ～をデザインする
influence [ínfluəns]	動 ～に影響を与える　▶名 影響
latest [léitist]	形 最新の
trend [trend]	名 流行　▶trendy 形 流行の
online [ánláin]	副 オンラインで　▶形 オンラインの
try on ～	熟 ～を試着する
sale [seil]	名 セール，特売　▶sell 動 ～を売る

🔊 解説

⑤ **The clothing designs are influenced by the latest trends from America.**

〈be 動詞＋過去分詞〉は「S は～される」という受け身の意味を表す。動作主は by ～で表す。　**EB1**

⑥ **The clothes are also sold online.**

受動態の文では，動作主が明らかな場合，by ～は示さない。　**EB2**

⑨ **I want to try some on in the store.**

try on ～は「～を試着する」という意味の群動詞。目的語が代名詞の場合は，副詞の前に置く（⇒ cf. p.60）。

║ **Listening Task** ║

Circle T for True or F for False. （正しければT，間違っていればFに○をつけなさい。）

（！ヒント）

1. 新しい洋服店はいつ開店するのか。（→①②）

2. 洋服はオンラインで買うことができるのか。（→⑥）

3. 海斗とジョンはいつ開店セールに行くのか。（→⑩⑪）

‹ ══ ›››››››››› **Example Bank** ‹‹‹‹‹‹‹‹‹ ══ ›

A　基本的な受動態

1. She **is loved** *by the kids*.　彼女は子どもたちに愛されている。

2. German **is spoken** in Austria.　オーストリアではドイツ語が話されている。

3. We **were not invited** to the party.　私たちはパーティーに招待されなかった。

4. **Were** you **invited** to the party?　あなたはパーティーに招待されましたか。

5. Who **was invited** to the party?　誰がパーティーに招待されましたか。

◤◢ 解説

（能動態と受動態）

1. 受動態は〈**be動詞＋過去分詞**〉の形で「**Sは〜される**」という受け身の意味を表す。能動態の目的語(O)が受動態では主語(S)になり，動作主は by 〜で表す。下の例文では能動態の文では「子どもたち」が話題の中心に，受動態の文では「彼女」が話題の中心になっている。

〔能動態〕　The kids love her.（子どもたちは彼女を愛しています。）
　　　　　　S　　　　V　　O

〔受動態〕　She is loved *by the kids*.
　　　　　　S　　　　　　　 by＋動作主

be動詞は主語に合わせる。

⇨These cats **are kept** by Ms. White.（これらの猫はホワイトさんに飼われています。）

過去形の受動態は〈**was[were]＋過去分詞**〉の形で「**〜された[〜されていた]**」という意味を表す。

⇨ *Imagine* **was composed** by John Lennon.

　（『イマジン』はジョン・レノンによって作曲されました。）

（能動態と受動態）

2. 受動態の文では，次のように動作主が重要でない場合，by 〜は示さない。

　①動作主が we, you, they, people など「一般の人々」

　German **is spoken** in Austria.　← *They* **speak** German in Austria.

　動作主（ドイツ語を話す人）は「オーストリアの人々」(They)である。

　②動作主が明らか

　⇨ Mail **is delivered** every day.（郵便は毎日配達されます。）

動作主が郵便配達人(mailperson)であることは明らかである。

③動作主がわからない，あるいは表しづらい

⇨ This bridge **was built** in 1988.(この橋は 1988 年に造られました。)

《参考》動作主の by ～が示されるのは，その動作主に重点を置いたり注目させたりする場合である。

受動態の否定文

3. be 動詞のあとに not を置いて，〈**be 動詞＋ not ＋過去分詞**〉の語順になる。

We **were** **invited** to the party.(私たちはパーティーに招待されました。)

➡ We were <u>not</u> invited to the party.

受動態の Yes / No 疑問文

4. be 動詞を主語の前に出して，〈**be 動詞＋主語＋過去分詞 ～?**〉の語順になる。

You **were invited** to the party.(あなたはパーティーに招待されました。)

➡ <u>Were</u> you **invited** to the party**?**

疑問詞で始まる疑問文

疑問詞が文の主語でない場合の受動態は〈**疑問詞＋ be 動詞＋主語＋過去分詞 ～?**〉の語順になる。

⇨ The party **was held** <u>at the hall</u>.(パーティーは講堂で開かれました。)

➡ <u>Where</u> was the party **held?**

5. 疑問詞が文の主語の場合の受動態は，主語を疑問詞に置きかえた〈**疑問詞(主語)＋ be 動詞＋過去分詞 ～?**〉の語順になる。

⇨ <u>Tom</u> **was invited** to the party.(トムはパーティーに招待されました。)

➡ <u>Who</u> was invited to the party**?**

《参考》〈**Who ＋ be 動詞＋主語＋過去分詞＋ by?**〉「誰によって～されたのか」

⇨ *Norwegian Wood* **was written by** <u>Murakami Haruki</u>.

➡ <u>Who</u> **was** *Norwegian Wood* **written by?**

(『ノルウェイの森』は誰によって書かれましたか。)

by を文頭に出す場合は whom が用いられる。

➡ **By whom** was *Norwegian Wood* written**?**〔書き言葉〕

B さまざまな受動態

6. This essay **must be finished** by tomorrow.

この作文は明日までに仕上げなければならない。

7. The fireworks **can't be seen** from my house.　私の家から花火は見えない。

8. A new building **is being built** on the corner.　新しい建物が角のところで建設中だ。

9. The wall **has** just **been painted**.　壁はペンキが塗られたばかりだ。

◀️ 解説

助動詞を含む受動態

6. 助動詞を含む受動態は〈**助動詞＋** be **動詞＋過去分詞**〉の形になる。
                                                              受動態

〔●助動詞を含む受動態〕

・will be ＋過去分詞	〜されるだろう
・can be ＋過去分詞	〜されることができる
・may be ＋過去分詞	〜されるかもしれない
・must be ＋過去分詞	①〜されなければならない ②〜されるに違いない
・should be ＋過去分詞	①〜されるべきだ ②〜されるはずだ

⇨ His new movie **will be released** in May.(彼の新しい映画は 5 月に公開されるだろう。)

助動詞を含む受動態の否定文・疑問文

7. 助動詞を含む受動態の否定文は〈**助動詞＋ not ＋ be 動詞＋過去分詞**〉。疑問文は〈**助動詞＋主語＋ be 動詞＋過去分詞 〜?**〉になる。

The fireworks **can be seen** from my house.（私の家から花火が見えます。）

〔否定文〕➡ The fireworks **can't be seen** from my house.
（花火は私の家から見えません。）

〔疑問文〕➡ **Can** the fireworks **be seen** from your house**?**
（あなたの家から花火は見えますか。）

進行形の受動態

8. 進行形の受動態は，主語が何らかの動作を受けている最中であることを表す。〈**be 動詞＋ being ＋過去分詞**〉の形で，「**〜されているところだ（った）**」という意味。
      進行形   受動態

完了形の受動態

9. 現在完了形の受動態は，〈**have**[**has**]**＋ been ＋過去分詞**〉。
                            完了形   受動態

⇨ Winners **have been selected**.(受賞者が選ばれました。)

《参考》過去完了形の受動態：〈**had been ＋過去分詞**〉

⇨ The picture **had** already **been stolen** when he reached the museum.
（彼が美術館に到着したとき，その絵はすでに盗まれていました。）

《参考》未来完了形の受動態：〈**will have been ＋過去分詞**〉

⇨ The goods **will have been sent** to you by next week.
（商品は来週までにあなたのところへ送られているでしょう。）

《参考》助動詞を使った完了形の受動態：〈**助動詞＋ have been ＋過去分詞**〉(cf. Lesson 5)

⇨ The job **should have been finished** yesterday.
（その仕事は昨日終えられるべきでした。）

〔●時制と受動態のまとめ〕

基本形	現在	She	**is loved**	by the kids.
	過去	"Imagine"	**was composed**	by John Lennon.
	未来	The shop	**will be closed**	on Christmas Day.
進行形	現在	A new building	**is being built**	on the corner.
	過去	The robot	**was being made**	at that time.
	未来	This room	**will be being used**	at this time tomorrow.
完了形	現在	The wall	**has** just **been painted.**	
	過去	The TV	**had been repaired**	when I came home.
	未来	The tickets	**will have been sold out**	by the time I get there.

‹ ════ ››››››› **Function（原因・影響を表す）** ‹‹‹‹‹‹‹ ════ ›

1. "I waited for the bus for an hour."「1時間バスを待ちましたよ。」
   "I heard that the delay **was caused by** heavy traffic."
   「交通渋滞が遅れの原因となったと聞きました。」
2. "I **was inspired by** the story of his success."「彼の成功話に刺激を受けました。」
   "So was I. It gave me a lot of courage."　　「私もです。たくさん勇気をもらいました。」
3. Modern Japanese culture **has been influenced by** Western cultures.
   現代日本文化は西洋文化の影響を受けている。

📣 解説

1. **be caused by ～**は「**～によって引き起こされる**」という意味。A was caused by B. は
   「A は B によって引き起こされた」という意味で，A の原因が B であることを表す。
2. ・**be inspired by ～**は「**～に刺激を受ける**」という意味。
   ・**So was I.** は「私もです。」と相手に同調する表現。〈so ＋疑問文の語順〉で「～もそ
   うだ」という意味を表す。
3. 〈**have[has] ＋ been ＋過去分詞**〉は現在完了形の受動態。**have been influenced
   by ～**は「**～によって影響を受けている**」という意味。

┃ 語句と語法のガイド ┃

delay [dɪléɪ]	名 遅れ ▶動 ～を遅らせる	
heavy traffic	名 交通渋滞（＝ traffic jam）	
inspire [ɪnspáɪər]	動 ～に刺激を与える	
courage [kə́ːrɪdʒ]	名 勇気	
modern [má(ː)dərn]	形 現代の	

⟨ ══════ ⟩⟩⟩⟩⟩⟩⟩⟩⟩ **Try it out!** ⟨⟨⟨⟨⟨⟨⟨⟨ ══════ ⟩

① [　　]内の語を適切な形に変えて，会話を完成させましょう。

（！ヒント）

1. ・「～される側」の it (= that picture)が主語となる受動態。
　・動作主は by の後ろの my brother。
　・「あの絵は美しいです。」「それは私の兄〔弟〕によって描かれました。」

2. ・「～される側」の they (= these flights)が主語となる受動態。
　・助動詞を含む受動態は〈助動詞＋ be 動詞＋過去分詞〉で表す。
　・「もし私たちの予定が変わったら，これらのフライトを変更できますか。」「はい。出発の 1 時間前までそれらは無料で変更できます。」

3. ・「～される側」の it (=the missing cat, Mugi)が主語となる受動態。
　・助動詞を含む受動態は〈助動詞＋ be 動詞＋過去分詞〉で表す。
　・「私は彼らが行方不明の猫ムギを見つけることを願います。」「心配しないで。それはすぐ見つかるでしょう。」

（練習問題①）[　　]内の語を適切な形に変えて，会話を完成させましょう。

1. "Those pictures on the wall are beautiful."
　"They were (　　　　　　) by my sister." [take]
2. "I want to go to see the fireworks. Do you know where I should go?"
　"They can (　　　　　) (　　　　　　　) from my house." [see]
3. "I can't wait for his new movie."
　"It will (　　　　　) (　　　　　　) next month." [release]

② (　　　)内の語句を並べかえて，会話を完成させましょう。

（！ヒント）

1. ・疑問詞で始まる受動態の文は〈疑問詞＋ be 動詞＋主語＋過去分詞 ～?〉の語順になる。
　・「そのロックコンサートはどこで開催されましたか。」「それはコンサートホールで開催されました。」

2. ・現在進行形の受動態は〈be 動詞＋ being ＋過去分詞〉で表す。
　・「私の家は今ペンキが塗られています。」「それはいつ終わるのですか。」

3. ・助動詞を含む受動態の否定文は〈助動詞＋ not ＋ be 動詞＋過去分詞〉で表す。
　・「すみません，ここでは携帯電話は使えません。」「ごめんなさい。」

4. ・be going to を含む受動態は〈be going to ＋ be 動詞＋過去分詞〉で表す。
　・「彼女の 2 作目の小説がもうすぐ出版されます。」「私はそれを読むのが待ち遠しいです。」

5. ・現在完了形の受動態は〈have[has] been ＋過去分詞〉で表す。
　・「この曲はたくさんの結婚式で演奏されています。」「それはとてもロマンチックです。」

(練習問題②) (　)内の語句を並べかえて，会話を完成させましょう。

1. "Where (found / your wallet / was)?" "It was found in the library."
2. "A bridge (being / built / is) on the corner." "When will it be finished?"
3. "Can I sit here?" "No. It (be / as / used / cannot) a chair."
4. "The festival (held / be / is / to / going) next week." "I'm looking forward to it."
5. "Don't touch the bench. It (painted / been / just / has)." "I see."

③　ペアになって，次の質問をお互いに尋ね合いましょう。追加の質問をして会話を続け
　　てみよう。

(！ヒント)
受動態を使って会話する。与えられた質問に対して答える。追加の質問をして会話を続ける。

1. What kinds of things are sold in a convenience store?
　(コンビニエンスストアではどんな種類のものが売られていますか。)
　(例)Sandwiches and rice balls.
　　(サンドイッチやおにぎりです。)
2. Who were you inspired by when you were a child?
　(子どものときにあなたは誰に刺激を受けましたか。)
　(例)I was inspired by the Japanese soccer player Honda Keisuke.
　　(私は日本人サッカー選手の本田圭佑に刺激を受けました。)
3. How many times have you been asked for directions by people from overseas?
　(あなたは何回海外から来た人に道を尋ねられたことがありますか。)
　(例)None. I have never been asked.
　　(一度もないです。私は一度も尋ねられたことはありません。)

(会話例)
1. What kinds of things are sold in a convenience store?
　— Many kinds of drinks.
　(+1) How often do you visit one?
2. Who were you inspired by when you were a child?
　— I was inspired by the Japanese animation director Miyazaki Hayao.
　(+1) What do you think about him now?
3. How many times have you been asked for directions by people from overseas?
　— More than ten times.
　(+1) Did you have any trouble when you answered them?

< ══════════ >>>>>>>>> **Use it** <<<<<<<<< ══════════ >

クラスメートと，お互いお薦めの小説を紹介し合っています。題名と著者を含めて，3 文
で紹介してみましょう。

(例) 説明　主題：　My favorite novel is *Ryoma ga Yuku.*

（私のお気に入りの本は『竜馬がゆく』です。）

詳述①：It was written by Shiba Ryotaro.

（それは司馬遼太郎によって書かれました。）

詳述②：It is an exciting story about Sakamoto Ryoma at the end of
the Edo period.

（それは江戸時代末期の坂本竜馬についてのわくわくする物語です。）

(！ヒント)

・好きな本を強調するため，それを主語にした受動態の文にする。

・「〜によって書かれた」は It was written by 〜と表す。

〔盛り込む観点の例〕

・好きな小説の題名と著者

・小説の内容　など

(作文例)

主題：　My favorite novel is *Harry Potter and the Philosopher's Stone.*

詳述①：It was written by J. K. Rowling, a British author.

詳述②：It is the first novel in the Harry Potter series.

Model Conversation

美咲とジョンが新しい洋服の店に行ったことについて話しています。

M1: ①Is that a new shirt?　②It looks really nice.

J1: ③Yes, I bought it yesterday.　④Kaito took me to a new clothes store.

M2: ⑤I went there this morning, actually. ⑥It **was filled with** people!

J2: ⑦It was really busy when I went there, too.　⑧And **I was amazed at** the selection of clothes.　⑨**I'm glad that** I got this.

M3: ⑩I **was surprised at** the low prices, too.　⑪Let's go together again soon.

M1:①それは新しいシャツ？②とてもすてきね。

J1:③うん，昨日買ったんだ。④海斗が新しくできた洋服の店に連れて行ってくれたんだ。

M2:⑤実は今朝，そこに行ったのよ。⑥人でいっぱいだったわ！

J2:⑦僕が行った時もすごく混んでいたよ。⑧それと洋服の品ぞろえには驚いたよ。⑨これが買えてうれしいな。

M3:⑩値段の安さにも驚いたわ。⑪近いうちに一緒にまた行きましょうね。

語句と語法のガイド

selection [səlékʃən]	名 選ばれたもの	▶ select 動 ～を選ぶ
price [praɪs]	名 値段	▶ a low[high] price 安い〔高い〕値段

解説

⑥ **It was filled with people!**

fill ～ with ... で「～を…でいっぱいにする」という意味。be filled with ～は「～でいっぱいである」という意味の受動態。by 以外の前置詞が使われる場合，前置詞のあとにくるものは，動作主というよりは「原因・理由・手段・道具・材料・適用範囲」などを表す。**EB7**

⑦ **It was really busy when I went there, too.**

busy は「(人が)忙しい」以外に，「(場所が)混雑している，にぎやかな」という意味も表す。

⑧ **And I was amazed at the selection of clothes.**

amaze は「～を驚かせる」という意味の他動詞で，受動態にすることで「S は驚かされた」→「S は驚いた」となる。be amazed at ～で「～に驚く」という意味。**EB8**

⑨ **I'm glad that I got this.**

I'm glad (that) ～は「～(ということ)がうれしい」という意味。

⑩ **I was surprised at the low prices, too.**

surprise は「～を驚かせる」という意味の他動詞。be surprised at ～で「～に驚く」という意味。be surprised が「不意の予期せぬことに驚く」ニュアンスであるのに対し，be amazed は「信じられないことに驚く」ニュアンス。**EB8**

Listening Task

Circle T for True or F for False. （正しければT，間違っていればFに○をつけなさい。）

(！ヒント)

1. 美咲は新しい洋服店に行ったことがあるか。（→④⑤）

2. ジョンが昨日洋服店に行ったとき，混んでいたか。（→⑦）

3. 美咲はなぜ洋服店が気に入ったのか。（→⑩）

< ═══════ >>>>>>>>> **Example Bank** <<<<<<<<< ═══════ >

A　SVOO, SVOC の受動態

1. Mary **was given** a gold medal.　メアリーは金メダルを授与された。

2. The gold medal **was given to** Mary.　その金メダルはメアリーに授与された。

3. The baby **was named** Catherine by her parents.
その赤ちゃんは両親にキャサリンと名付けられた。

◢◣ 解説

SVOO の〈give ＋ ○ ＋ ○〉型

　〈give ＋ O(人) ＋ O(物)〉型の動詞を使った文は，2つの目的語(O)をそれぞれ主語にした2つの受動態を作ることができる。

1. 1つ目の O(人)を主語にする場合は，〈**人＋be 動詞＋過去分詞＋物**〉の語順になる。

They 　　**gave Mary** a gold medal.

➡ **Mary was given** 　　a gold medal.

2. 2つ目の O(物)を主語にする場合は，目的語の順序を入れかえて〈SVO ＋ to ＋人〉の形にしてから，〈**物＋be 動詞＋過去分詞＋ to ＋人**〉の語順にする。

They 　　**gave** Mary **the gold medal**.

➡ They 　　**gave** 　　**the gold medal** to Mary.

➡ **The gold medal was given** 　　to Mary.

　《参考》上の文で to を省略した The gold medal was given Mary. も可能ではあるが，to を入れるほうが普通である。

SVOO の〈buy ＋ ○ ＋ ○〉型

　〈buy ＋ O(人) ＋ O(物)〉型の動詞を使った文を受動態にするときは，目的語の順序を入れかえて〈SVO ＋ for ＋人〉の形にして，〈**物＋be 動詞＋過去分詞＋ for ＋人**〉の語順にする。この場合，for は省略できない。

⇨ My aunt 　　**bought** me **this bag**.

➡ My aunt 　　**bought** 　　**this bag for** me.

➡ **This bag was bought** 　　**for** me by my aunt.(このバッグはおばが私のために買ってくれた。)

《参考》〈buy ＋ O ＋ O〉型のうち，buy だけは人を主語にした文がつくれるが，実際
にはあまり使われない。
　　⇨ I **was bought** this bag by my aunt.
　　　buy 以外の〈buy ＋ O ＋ O〉型の動詞は O(人)を主語にした受動態はつくれない。

SVOC

3. SVOC の文を受動態にするときは，目的語(O)を受動態の主語(S)にする。補語(C)
は〈be 動詞＋過去分詞〉のあとにそのまま続ける。補語(C)を主語(S)にした受動態は
つくれない。

Her parents　**named the baby** Catherine.

➡ **The baby was named**　　　　Catherine by her parents.
　×*Catherine was named the baby by her parents.*

B　say を使った受動態

4. **It is said** (**that**) he is very rich.　彼はとても金持ちだと言われている。
5. He **is said to** be very rich.　彼はとても金持ちだと言われている。

■◀ 解説

It is said (that) ... と S is said to *do*

　They[People] say that ～ （～だと言っている）は次の 2 種類の受動態に書きかえる
ことができる（この They[People]は「一般の人々」の意味）。
4. **It is said** (**that**) ～は「**～だと言われている**」という意味を表す。
　They **say that he is very rich**.

➡ **It** is said **that he is very rich**.
5. **S is said to *do* は「S は～する〔である〕と言われている**」という意味を表す。
　It **is said** that **he** is very rich.

➡ **He** is said to be　　very rich.
　think, believe, know, suppose, consider, expect, report なども同じように 2
種類の受動態に書きかえることができる。
⇨ They **thought that** the woman was a witch.
➡ **It was thought that** the woman was a witch.
➡ The woman **was thought to** be a witch.（その女性は魔女だと思われていました。）
　《参考》〈**S is said to have ＋過去分詞**〉は「**S は～した〔だった〕と言われている**」という
　　　　意味を表す。この場合，to 以下の示す事柄は「言われている」より前の事柄である。
　　　⇨ They **say** that tea originated in China.
　　　　　　現在　　　　　　　過去

→ It **is said that** tea <u>originated</u> in China.

→ Tea **is said to have originated** in China.（お茶は中国が起源だと言われている。）

C　群動詞の受動態 / by 以外が使われる受動態

6. She **was brought up** in New York.　彼女はニューヨークで育った。

7. The road **is covered with** snow.　道路は雪で覆われている。

8. We **were surprised at** the news.　私たちはその知らせに驚いた。

9. He **was injured in** last night's game.　彼は昨夜の試合でけがをした。

◀解説

群動詞

動詞に副詞・前置詞・名詞などが付いて，「1つのまとまり」で動詞のように使われる ものを**群動詞（句動詞）**という。

〔●自動詞の働きをする群動詞〕

・break down（故障する）	・break out（起こる，発生する）
・come about（起こる＝happen, occur）	・come out（現れる，出版される）
・go on（続く＝last, continue）	

〔●他動詞の働きをする群動詞〕

・bring about（〜を引き起こす＝cause）	・bring up（〜〔子ども〕を育てる＝raise）
・call off（〜を中止する＝cancel）	・carry on（〜を続ける＝continue）

群動詞の受動態

6. 群動詞は1つの動詞と考えて受動態にする。

⇨ A foreigner **spoke to** me this morning.

→　　　　I **was spoken to** *by* a foreigner this morning.

（今朝，私は外国人に話しかけられました。）

《注意》群動詞を使った文を受動態にする場合，前置詞や副詞を省いたり離したりしてはいけない。

〔●群動詞の受動態〕

・be brought up（育てられる）	・be called off（中止される）
・be laughed at（笑われる）	・be looked up to（尊敬されている）
・be put off（延期される）	・be run over（〔車に〕ひかれる）
・be spoken to（話しかけられる）	・be taken care of（世話をされる）

⇨ The game **was called off** because of the rain.（試合は雨で中止になりました。）

⇨ The athletic meeting **was put off** until next Tuesday.

（運動会は次の火曜日まで延期されました。）

by 以外の前置詞が使われる受動態

7. by 以外の前置詞が使われる場合，前置詞のあとにくるものは，動作主というよりは「原

因・理由・手段・道具・材料・適用範囲」などを表す。

〔●慣用的な表現〕

・be covered with ～（～で覆われている）	・be filled with ～（～でいっぱいである）
・be known to ～（～に知られている）	・be caught in ～（〔雨など〕にあう）

心理状態を表す受動態

8. 日本語の「驚いた」などの**感情**は，英語では受動態で表すことが多い。surprise は「～を驚かせる」という意味の他動詞で，受動態にすることで「S は驚かされた」→「S は驚いた」となる。

⇨ The news **surprised us**.（その知らせは私たちを驚かせました。）

➡ We were **surprised** *at* the news.〔受動態〕

〔●感情を表す受動態〕

・be surprised at ～（～に驚く）	・be amazed at[with] ～（～に驚く）
・be shocked at ～（～にショックを受ける）	・be pleased with[at] ～（～に喜ぶ）
・be satisfied with ～（～に満足する）	・be delighted with[at] ～（～に大喜びする）
・be disappointed at[in, with] ～（～にがっかりする）	
・be excited at[about] ～（～に興奮する）	・be frightened of ～（～を怖がる）
・be worried about ～（～を心配する）	・be interested in ～（～に興味がある）

被害を表す受動態

9. 英語では「負傷する」などの**被害**を表す表現は受動態で表すことが多い。injure は「～を傷つける」という意味の他動詞で，「S は傷つけられる→S は負傷する」となる。

〔●被害を表す受動態〕

・be hurt（傷つく）	・be injured（けがをする）
・be wounded（負傷する）	・be killed（〔戦争や事故で〕死ぬ）
・be delayed（遅れる）	

日本語では受け身の感覚がない表現

日本語と英語で，能動態・受動態の発想が異なる場合がある。これらの〈be 動詞＋過去分詞〉は〈be 動詞＋形容詞〉であると考えることもできる。

〔●英語では受動態で表される表現〕

・be married to ～（～と結婚している）	・be born（生まれる）
・be crowded with ～（～で混んでいる）	・be raised（育つ）
・be dressed in ～（～を着ている）	・be seated（座る）

⇨ He **was born** and **raised** in Osaka.（彼は生まれも育ちも大阪でした。）

⇨ Donna **was dressed in** a blue swimsuit.（ドナは青い水着を着ていました。）

< ══════ >>>>>>> **Function**（喜び・驚きを表す）<<<<<<< ══════ >

1. "Congratulations! Your coach must **be pleased with** the result."
「おめでとう！君のコーチもきっと結果に喜んでいるに違いないよ。」

2. "**We did it!**" "Yes, **I'm so glad (that)** we advanced to the final."
「やった！」「うん，決勝戦に進めてとてもうれしいよ。」

3. **I am amazed at** how intelligent dolphins are. イルカがこんなに賢いとは驚きです。

📢 解説

1. please は「〜を喜ばせる」という意味の他動詞。**be pleased with 〜**で「**〜を喜ぶ**」
という意味。with 〜の代わりに〈that + S' + V'〉でも可。

2. ・**I'm glad[happy] (that) 〜**は「〜（ということ）がうれしい」を表す。
　・We did it!（やった！）は目標を達成したときの喜びの表現。

3. **be amazed at 〜**は「**〜に驚く**」という意味。at 〜の代わりに〈that + S' + V'〉でも可。

　┃ 語句と語法のガイド ┃

congratulation [kəngrætʃuléɪʃən]	間 （Congratulations で）おめでとう
result [rizʌ́lt]	名 結果
advance [ədvǽns]	動 進む
final [fáɪnəl]	名 決勝戦　▶ 形 最終の
intelligent [ɪntélɪdʒənt]	形 賢い　▶ intelligence 名 知能
dolphin [dá(ː)lfɪn]	名 イルカ

< ══════ >>>>>>>> **Try it out!** <<<<<<<< ══════ >

① [　]内の語を適切な形に変えて，会話を完成させましょう。

（！ヒント）

1. ・My aunt gave me this beautiful necklace. という第 4 文型の文を受動態にした
ものと考える。
　・「このきれいなネックレスはおばによって私に与えられました。」「彼女が自分でそれ
を作ったのですか？」

2. ・「〜だと言われている」という意味を表す say の受動態。
　・「百聞は一見にしかずと言われています。」「私もそう思います。」

3. ・bring の過去分詞 brought を含む群動詞の受動態で表す。
　・「あなたの子ども時代はどんなでしたか。」「私は田舎で育ちました。」

4. ・injure は「〜を傷つける」という意味の他動詞。これを受動態で使うと「S は傷つ
けられる→S は負傷する」となる。
　・「その事故で 33 人が負傷しました。」

練習問題① [　]内の語を適切な形に変えて，会話を完成させましょう。

1. "This beautiful picture was (　　　　　) to me (　　　　　) Mike."
   "Did he paint it himself?" [give]
2. "It (　　　　　) (　　　　　) that practice makes perfect."
   "I think that's right." [say]
3. "The athletic meet was (　　　　　) (　　　　　) because of the rain."
   "That's too bad." [put off]
4. Thousands of people (　　　　) (　　　　) (　　　　　) the war. [kill]

2　パートナーと知っている街について話しましょう。下線部の語句を自分の言葉で言い
　かえて伝え合ってみよう。下のボックスの語句を使ってもかまいません。答えるときは
　理由や具体例も加えてみましょう。

[!ヒント]

知っている街について，It is said (that) 〜「〜だと言われている」を使って述べるとよい。
(例)
A: What is often said about Osaka?(大阪についてどのようなことがよく言われていますか。)
B: **It is** often **said that** it's the nation's kitchen.(それは国の台所とよく言われています。)
A: What can be found easily in Osaka?(大阪では何が簡単に見つけられますか。)
B: *Takoyaki*, I guess.　There are *takoyaki* vendors everywhere.
　(たこ焼きだと思います。どこにでもたこ焼きを売る人がいます。)

[会話例]

A: What is often said about Kyoto?
B: It is often said that it was the capital for a period of one thousand years.
A: What can be found easily in Kyoto?
B: Temples, I guess.　There are famous temples everywhere.

3　ペアになって，理由や具体例を交えながら，最近起こったことについて話しましょう。
　追加の質問をして会話を続けてみよう。

[!ヒント]

最近がっかりしたことや興奮したことについて会話する。与えられた質問に対して答える。
追加の質問をして会話を続ける。

1. What **were** you recently **disappointed at**?(あなたは最近何にがっかりしましたか。)
   (例)I watched the soccer game last week.　A red card was given to my favorite player.
   　(私は先週サッカーの試合を見ました。レッドカードが私のお気に入りの選手に出されました。)
2. What **were** you recently **excited about**?(あなたは最近何に興奮しましたか。)
   (例)My parents said that we are going camping next month.　I'm looking forward to it.
   　(両親が私たちは来月キャンプに行くと言いました。私はそれを楽しみにしています。)

(会話例)

1. What were you recently disappointed at?

　— I was disappointed that our team lost the game last Sunday.

　(+1) When did you start to feel better about it?

2. What were you recently excited about?

　— I heard that my favorite singer would have a concert next year.

　(+1) Did you talk with anyone about it?

< ═══════ >>>>>>>>> **Use it** <<<<<<<<< ═══════ >

クラスメートに，最近驚いたことについて，3文で伝えよう。

(例) 説明　主題：　I went to Todai-ji Temple with my family last month.

　　　　　　　　　（私は先月家族と東大寺に行きました。）

　　　　詳述：　　It was built in the 8th century and is one of the World Heritage Sites.

　　　　　　　　　（それは8世紀に建てられ，世界遺産の1つです。）

　　　コメント：I was surprised at the size of the Great Buddha.

　　　　　　　　　（私は大仏の大きさに驚きました。）

(！ヒント)

・1文目は書き〔話し〕始めとして，驚いたことが起こった状況を，I went to 〜 .「〜へ行った」，I saw 〜 .「〜を見た」などを使って表す。

・2文目に，さらに細かい情報を述べる。

・3文目に，驚いた点や理由について，I was surprised at 〜 .「〜に驚いた」，I was surprised (that) 〜 .「〜ということに驚いた」などを使って表す。

〔盛り込む観点の例〕

・具体的な名前，場所，日時，理由

・驚いた対象についての情報　など

(作文例)

主題：　I went to see a Kyogen play last Friday.

詳述：　It was performed by Nomura Mansai.

コメント：I was surprised that it was a very interesting performance.

< ──── >>>>>>>>>> **Expressing** <<<<<<<<< ──── >

▌ STEP 1 ▌

(問題文の訳)

アメリアとケン，美咲は先週の日曜日に買い物に行ったことについて話しています。下の
リストから正しい答えを選びなさい。

(！ヒント)

質問に対する答えを選ぶ。(1)はどこに行ったのか，(2)は何を買ったのか，(3)は誰のために
(2)を買ったのかをそれぞれ選ぶ。

▌ STEP 2 ▌

(問題文の訳)

パートナーと一緒に会話の練習をしなさい。

(！ヒント)

質問に対する答えを述べていく。1つ目の空所に合わせてどこに買い物に行ったのか，2
つ目の空所に合わせて何を買ったのか，そして3つ目の空所に合わせて誰のために買った
のかを述べる。

(例)

A: Did you go shopping recently?（最近買い物に行きましたか。）

B: Yes, I went to a big shopping mall near my house.
　　（はい，私は家の近くの大きなショッピングモールに行きました。）

A: What did you buy?（何を買いましたか。）

B: I bought a pair of shoes.
　　（私は靴を一足買いました。）

A: Who was it for?（それは誰のためのものでしたか。）

B: It was for my father.（それは父のためでした。）

▌ STEP 3 ▌

(問題文の訳)

STEP 2 で述べたあなたの買い物について日記を書きなさい。

(！ヒント)

STEP 2 で書いたことをもとに，＿＿＿を埋める。

(作文例)

Oct. 19

　I went to a big shopping mall near my house to do some shopping today. I
stopped by a shoe shop and bought a pair of shoes. I'll give it to my father for
his 50th birthday. He really loves shoes. I hope he will enjoy wearing it.

Words & Phrases

教科書 p.61　109

‹ ══════ ⟩⟩⟩⟩⟩⟩⟩ **Words & Phrases** ‹‹‹‹‹‹‹ ══════ ›

次の表の＿＿に適切な英語を書きなさい。

日常生活（Daily life）	家事（Housework）	感情・感覚 （Emotions, Feelings）
□ 目覚める　wake up	□ 家事を手伝う 　help with the housework	□ 怒っている　angry
□ 起きる　get up	□ 皿を洗う	□ 退屈している　bored
□ 早起きする　get up early	do[wash] the dishes	□ 心配している　worried
□ 寝過ごす　oversleep	□ 洗濯をする　do the laundry	□ 安心している
□ 歯を磨く　brush one's teeth	□ アイロンをかける　iron	④ ＿＿＿＿＿＿
□ 昼寝する	□ 掃除機をかける	□ 満足している　satisfied
① ＿＿＿＿＿＿	③ ＿＿＿＿＿＿	□ きまりが悪い　embarrassed
□ テレビをつける	□ ごみを出す	□ 恥じている　ashamed
turn on the TV	take out the garbage	□ 怖がっている　scared
□ 風呂に入る	□ 犬を散歩させる	□ 緊張している　nervous
take[have] a bath	walk one's dog /	□ 落ち着いている
□ シャワーを浴びる	take one's dog for a walk	⑤ ＿＿＿＿＿＿
take[have] a shower	□ 修理する　repair / fix	□ 誇りに思っている　proud
□ 夜更かしする		□ 疲れている　tired
② ＿＿＿＿＿＿		
□ 就寝する　go to bed		

街（Town）	買い物（Shopping）	
□ レストラン　restaurant	□ 買い物をする	□ 値札
□ パン屋	do the[one's] shopping	⑨ ＿＿＿＿＿＿
⑥ ＿＿＿＿＿＿	□ 買い物に行く　go shopping	□ 消費税
□ 家具屋　furniture store	□ お金を節約する　save money	consumption[sales] tax
□ 衣料品店　clothing store	□ 値段が高い	□ 税込みで　including tax
□ 電化製品店　electronics store	⑦ ＿＿＿＿＿＿	□ ～の代金を払う　pay for ～
□ 薬局　drugstore / pharmacy	□ 値段が手ごろな　reasonable	□ 現金で払う　pay (in) cash
□ 美容院　beauty salon[shop]	□ 値段が安い　cheap	□ クレジットカードで払う
□ 市役所　city[town] hall	□ 値引き	pay by credit card
□ 公民館　community center	⑧ ＿＿＿＿＿＿	□ 硬貨
	□ お買い得品　bargain	⑩ ＿＿＿＿＿＿
		□ 紙幣　bill / note

解答
① take a nap　② stay up late　③ vacuum　④ relieved　⑤ calm
⑥ bakery　⑦ expensive　⑧ discount　⑨ price tag　⑩ coin

Lesson 7 I'm happy to have you with us.

Model Conversation

美咲がエミリーの誕生日会にやってきたところです。

M1: ①**Thank you for** inviting me today, Emily.

E1: ②You're welcome, Misaki. ③I'm happy **to** have you with us. ④Wow, you're dressed up! ⑤You look nice in that blue dress.

M2: ⑥**It's very nice of you** to say so. ⑦This is a small present for you.

E2: ⑧Oh, really? ⑨Can I open it now?

M3: ⑩Sure.

E3: ⑪Oh, a *sensu* with my favorite color! ⑫Wasn't it difficult **to** find one like this?

M4: ⑬Not really. ⑭I wanted **to** give you something Japanese with your favorite color!

M1:①今日は招待してくれてありがとう，エミリー。

E1:②どういたしまして，美咲。③あなたが来てくれてうれしいわ。④わあ，おしゃれね！⑤その青いドレス，似合っているわ。

M2:⑥そう言ってもらえてうれしいわ。⑦これはちょっとしたプレゼントよ。

E2:⑧まあ，本当に？⑨今，開けてもいい？

M3:⑩もちろん。

E3:⑪わあ，私の好きな色の扇子ね！⑫こんな感じのものを見つけるのは大変じゃなかった？

M4:⑬そんなことないわ。⑭あなたの好きな色で和風なものをプレゼントしたかったの！

語句と語法のガイド

be dressed up	熟 おしゃれしている
small [smɔːl]	形 ささやかな，取るに足らない
present [prézənt]	名 プレゼント，贈り物

解説

③ **I'm happy to have you with us.**

to have は不定詞の副詞的用法。不定詞が感情を表す形容詞(ここでは happy)と結びついて感情の原因「〜して…」を表す。 **EB8**

⑥ **It's very nice of you to say so.**

〈It's nice[kind] of ＋人＋ to do 〜.〉で「〜していただき，ありがとうございます」という意味。〈It is ＋形容詞＋ of ＋名詞・代名詞＋ to 不定詞〉の形で「〜するなんて S' は…だ」という意味を表す(⇒ cf. 不定詞の意味上の主語 p.119)。

⑫ **Wasn't it difficult to find one like this?**

この it は形式的な主語で，真の主語は to 以下。It is 〜 to do ... で「…することは〜である」の意味を表す。 **EB1** one は代名詞で，ここでは one ＝ a *sensu* ということ。

⑭ **I wanted to give you something Japanese with your favorite color!**

to give は名詞的用法。 **EB3** something Japanese は「日本的なもの」という意味。
something は形容詞を後ろに置くので注意する。

‖ Listening Task ‖

Circle T for True or F for False. （正しければ T, 間違っていれば F に○をつけなさい。）

（！ヒント）

1. エミリーの誕生日会で, 美咲は何色のドレスを着ているか。(→⑤)

2. 美咲はエミリーにどのようなものをプレゼントしたかったのか。(→⑭)

3. 美咲はエミリーのお気に入りの色を知っているか。(→⑭)

< ══════ >>>>>>>>>> **Example Bank** <<<<<<<<< ══════ >

A 不定詞の名詞的用法

1. It's important **to get** enough sleep. 十分な睡眠を取ることが大事だ。

2. Her dream is **to be** a singer. 彼女の夢は歌手になることだ。

3. I hope **to** go to university. 私は大学にいくことを希望しています。

◀ 解説

（不定詞）

〈to ＋動詞の原形〉の形で, 文中で**名詞・形容詞・副詞**の働きをするものを**不定詞**〔to 不
定詞〕と呼ぶ。

（名詞的用法）

不定詞を含む語句が名詞の働きをして「**～すること**」という意味を表し, 文の中で主語・
補語・目的語となる。この用法を不定詞の**名詞的用法**と呼ぶ。

（主語）

1. to get enough sleep が名詞の働きをして主語(S)として使われている。不定詞が主語
になる場合, このように形式主語の it を本来の主語の位置に置き, 真主語である不定
詞は文末に置くことが多い。it は意味を持たない形式的なもので,「それは」と訳さない。

　　To get enough sleep is important.

➡　　　　　**It**　　　　is important **to get** enough sleep.
　　　　形式主語　　　　　　　　　　　　　　真主語

（補語）

2. 不定詞が主語の内容を説明する補語(C)として使われることもある。この例文では,
Her dream が主語で, to be a singer が補語である。

（目的語）

3. 他動詞 hope のあとに to go to university という不定詞が続いている。このように名
詞的用法の不定詞は目的語(O)として使われることもある。

《参考》SVOC(第5文型)の文で目的語(O)が不定詞の場合, 形式目的語の it を置

き，〈**SV + it + C + to 不定詞**〉という形になる。次の例文で，it（= to book a hotel online）が目的語（O），easy が補語（C）である。it を「それを」とは訳さない。

⇨ I found　　　**it**　　　easy **to** book a hotel online.　（私はネットでホテルを予約す
　　　　　　　形式目的語　　C　　　　真の目的語　　　　　　　　　ることが簡単だとわかった。）

×*I found **to** book a hotel online easy.*

B　不定詞の形容詞的用法

4. Luckily, he had friends **to** help him.　幸運なことに，彼には助けてくれる友人がいた。

5. I have a lot of things **to** do today.　今日，私にはするべきことがたくさんある。

6. I made a promise **to** go to the movie with her.　彼女と一緒に映画に行く約束をした。

◀ 解説

形容詞的用法

　不定詞を含む語句が直前の名詞や代名詞を後ろから修飾し，「**〜する…**」「**〜すべき…**」「**〜するための…**」という意味を表すことがある。この用法を不定詞の**形容詞的用法**と呼ぶ。不定詞の**形容詞的用法**では，修飾される名詞（不定詞の直前の名詞）が不定詞の主語の働きをする場合と，目的語の働きをする場合がある。

直前の名詞が不定詞の主語の働きをする

4. to help him が直前の名詞 friends を修飾しており，friends は help him の意味上の主語の働きをしている。

　　Luckily, he had friends **to help him**.
　　　　　　　　　　不定詞の主語

　　friends help him（友人たちが彼を助ける）という**主語と動詞の関係**。

⇨ He was the first person **to** reach the North Pole.（彼は北極に到達した最初の人だった。）

直前の名詞が不定詞の目的語の働きをする

5. to do が直前の名詞 a lot of things を修飾しており，a lot of things は do の意味上の目的語の働きをしている。

　　I have a lot of things **to do** today.
　　　　不定詞の目的語

　　do a lot of things（たくさんのことをする）という**動詞と目的語の関係**。

⇨ Would you like something cold **to** drink?（何か冷たい飲み物はいかがですか。）

直前の名詞が不定詞に続く前置詞の目的語の働きをする

　次の例文で，to write with が直前の代名詞 something を修飾している。something は前置詞 with の目的語の働きをしており，不定詞のあとの with は省略できない。

⇨ Bring a notebook and something **to write with**.
　　　　　　　　　前置詞 with の目的語　　　　　　×*to write*

　　write with something（何かを用いて書く）という**前置詞とその目的語の関係**。

⇨ Mike has many friends **to** talk *to*.（マイクには話をする友だちがたくさんいる。）

[不定詞が直前の名詞の具体的な内容を説明する]

6. to go to the movie with her は a promise の具体的な内容を説明している。不定詞
と直前の名詞のこのような関係は**同格の関係**と呼ばれる。

　a promise = to go to the movie with her 〔同格の関係〕
　(約束＝彼女と一緒に映画に行くこと)

不定詞と同格の関係で使われる名詞は限られており，多くは動詞から派生したもの，
形容詞から派生したもので，抽象名詞が多い。派生元となる動詞や形容詞で言いかえ
られる場合が多い。

　I made **a promise to** go to the movie with her.
= I **promised to** go to the movie with her.
⇨ Cats have the **ability to** see in the dark.(猫は暗闇で見る能力があります。)
= Cats **are able to** see in the dark.

〔●動詞から派生したもの〕

・attempt(試み)	・decision[determination](決心，決意)	・desire(強い願望)
・failure(失敗)	・plan(計画)	・promise(約束)
・tendency(傾向)	・wish(願望)	

⇨ Joe made **a decision to** start his own business.(ジョーは商売を始める決心をした。)

〔●形容詞から派生したもの〕

・ability(能力)	・curiosity(好奇心)	・eagerness(熱意)
・freedom(自由)	・reluctance(いやがること)	

⇨ Betty satisfied my **curiosity to** know the facts.
　(ベティーは事実を知りたいという私の好奇心を満足させました。)

C　不定詞の副詞的用法

7. I got up early **to** catch the 6:30 train.　私は6時30分の列車に乗るために早く起きた。

8. I'm *glad* **to** see you.　私はあなたに会えてうれしいです。

9. He must be *clever* **to** answer that question.　あの問題を解くなんて,彼は賢いに違いない。

◀ 解説

[副詞的用法]

　不定詞を含む語句が名詞以外の語句(動詞・形容詞・副詞など)や文全体を修飾する用法
を不定詞の**副詞的用法**と呼ぶ。

[目的]

7. 不定詞が動作や行為の**目的**「〜するために…」を表す。to catch the 6:30 train は,
早く起きたという行為の目的を表している。「目的」を表す用法は，特に強調したい場
合には文頭に置くこともできる。

　I got up early **to** catch the 6:30 train.
　　　　　　　　　　　　　　目的

感情の原因

8. 不定詞が感情を表す形容詞と結びついて**感情の原因「〜して…」**を表す。

I'm │glad│ to see you.
　　　└─────┘ 原因

〔●感情の原因を表す不定詞と共に用いられる形容詞：be □□□ to *do*〕

・glad / happy / delighted / pleased（〜してうれしい）
・sorry（〜して残念な）　　　　　　・disappointed（〜してがっかりした）
・thankful（〜して感謝している）　　・surprised（〜して驚いた）
・proud（〜して誇りに思っている）　　・upset（〜してうろたえた）

⇨ I'm *sorry* to hear that.（それを聞いて残念です。）

判断の根拠

9. 不定詞は clever「賢い」や stupid「愚かな」などの「人の性質や人柄, 能力を示す形容詞」と結びついて**判断の根拠「〜するなんて…, 〜するとは…」**を表す。must「〜に違いない」や can't「〜のはずがない」などの助動詞と共に用いられたり, 感嘆文の形で用いられることが多い。

He must be │clever│ to answer that question.
　　　　└──────┘ 判断の根拠

⇨ How *careless* he is **to** do such a thing!（そんなことをするなんて, 彼はなんて不注意なんだ!）

結果

不定詞が動作や行為の**結果「…して(その結果) 〜」**を表すことがある。次の例文は「目覚めた」結果,「自分が病院にいることに気が付いた」という関係になっている。「結果」を表す用法は, 予想外の出来事が起こったことを示す, 意志を伴わない動詞が to のあとに続くことが多い。

⇨ He **woke up to** find himself in the hospital.（彼は目覚めて病院にいることに気が付いた。）
　　　　　　　　　　　　　　　 結果

〔●結果を表す不定詞の慣用表現〕

・wake up[awake] to find 〜（目を覚ますと〜と気付く）
・grow up to be 〜（成長して〜になる）　　・live to be 〜（〜歳まで生きる）
・..., only to *do*（…したが, 結局〜するだけ）　・..., never to *do*（…して, 二度と〜しない）

◀ ══ ≫≫≫≫≫≫≫≫ **Function**(感謝する) ◀◀◀◀◀◀◀◀◀ ══ ≫

1. "**Thank you for** your help." "You're welcome. / Anytime."
   「助けてくれてありがとう。」「どういたしまして。/ いつでもどうぞ。」

2. "Can I help you with those bags?" "Thanks. **It's very nice of you.**"
   「そちらのかばんを運びましょうか。」「ありがとう。ご親切ですね。」

3. "**I am** very **grateful** (**to** you) **for** your suggestion." 「あなたのご提案に感謝します。」
   "Don't mention it. / My pleasure." 「礼には及びません。/ 光栄です。」

◢◤解説

1. ・**Thank you for ～.** は「**～をありがとう**」という意味の表現。前置詞の後ろには名詞か動名詞がくるので，Thank you for *do*ing.「～してくれてありがとう」としても良い。
   ・感謝の表現に対して「どういたしまして。」と答えるときは，You are welcome. の他に，Not at all. や Anytime.（いつでもどうぞ。）などと答えても良い。

2. ・〈**It's very nice[kind] of +人+ to *do* ～.**〉で「人が～するのは親切だ」となり，ここでは「**～していただき，ありがとうございます**」という意味で使われている。to の後ろの動詞は原形にする。
   ・Thanks. は Thank you. よりくだけた言い方。

3. ・〈**I am grateful (to +人)+ for ～.**〉は「**～に心から感謝いたします**」という表現。for の後ろには名詞を置く。相手に対して感謝の気持ちを表しているので，to you は省略しても良い。
   ・Don't mention it. は「お礼の言葉はいらない」という意味。「どういたしまして。」と答えるときは他にも My pleasure. / It's my pleasure.（光栄です。）などが使える。

▎語句と語法のガイド ▎

grateful [gréɪtfəl]	形 感謝して，ありがたく思って
suggestion [səgdʒéstʃən]	名 提案　▶ suggest 動 ～を提案する
mention [ménʃən]	動 ～に言及する
pleasure [pléʒər]	名 喜び　▶ please 動 ～を喜ばせる

‹ ════ ⟫⟫⟫⟫⟫⟫⟫⟫⟫ **Try it out!** ‹‹‹‹‹‹‹‹‹ ════ ›

① （　）内の語句を並べかえて，英文を完成させましょう。

（！ヒント）

to と動詞の原形を to 不定詞にして，その意味を考える。

1. ・感情の原因を表す不定詞の副詞的用法。
   ・「その知らせを聞いて，私は驚きました。それは本当に真実だったのですか。」
2. ・形式主語 it を使って，「～することは…だ」という意味を表す。
   ・「水なしで生きることは不可能です。それは生命に必要不可欠なものです。」
3. ・不定詞の形容詞的用法。
   ・「～はいかがですか」は〈Would you like ～ ?〉で表す。
   ・「何か飲みものはいかがですか。」「アイスティーをください。」
4. ・判断の根拠を表す不定詞の副詞的用法。
   ・「あなたは彼を信じるなんてばかです。彼はあなたをからかっていただけです。」
5. ・「～という機会」は同格を表す不定詞の形容詞的用法で表す。
   ・「私は母校を訪ねる機会がありました。幸運なことに，私の先生に会えました。」

6. ・不定詞の名詞的用法。ここでは補語として使われている。

　　・desire は動詞と名詞の両方が同じ形だが，ここでは名詞として扱う。

　　・「私の望みは俳優になることです。私はハリソン・フォードにあこがれています。」

(練習問題①) (　　)内の語を並べかえて，英文を完成させましょう。

1. You passed the entrance exam. I (the / hear / glad / to / was / news).

2. (important / it / to / is / study) English. It is used all over the world.

3. "Would (like / something / to / you) eat? " "Yes, please."

4. The question is difficult. She (clever / is / answer / it / to).

5. "What's (the / learn / best / to / way) a foreign language?" "Let's ask Mr. Brown."

6. (be / dream / is / his / to) a baseball player. He respects Shohei Ohtani.

2　高校生がするべき大切なことについて話しています。下線部の語句を自分の言葉で言いかえて伝え合ってみよう。下のボックスの語句を使ってもかまいません。答えるときは理由や具体例も加えてみましょう。

(！ヒント)

高校生がするべき大切なことを, need to *do* A to *do* B「B するために A する必要がある」や It is important for us[high school students] to *do*.「私たち〔高校生〕が～することは大切だ」を使って述べると良い。

(例)

A: Do you think high school students should study hard?

　(あなたは高校生は一生懸命に勉強するべきだと思いますか。)

B: Yes, we need to study hard to do well at school.

　(はい, 私たちは学校で良い成績をおさめるために一生懸命に勉強する必要があります。)

A: What other things are important for students to do?

　(他にどんなことをするのが生徒には大切ですか。)

B: It is important for us to have books to read because we can learn more.

　(より多くのことが学べるので, 私たちが読むべき本を持つことが大切です。)

(会話例)

A: Do you think high school students should take part in club activities?

B: Yes, we need to take part in club activities to learn more from other members.

A: What other things are important for students to do?

B: It is important for us to do volunteer work because we can help the community.

③ ペアになって，理由や具体例を交えながら，自分のことについて話しましょう。追加
　の質問をして会話を続けてみよう。

(！ヒント)

自分の高校を選んだ理由や子どものときになりたかった職業について会話する。与えられ
た質問に対して答える。追加の質問をして会話を続ける。

1. Why did you choose this high school? （あなたはなぜこの高校を選んだのですか。）

　(例) I chose this school because it's near my house. I was surprised **to** hear
　　　our school has a good reputation.

　　　（私は自宅から近いのでこの学校を選びました。私は私たちの学校の評判が良いと聞いて驚きました。）

2. What did you want **to** be when you were a child?

　（あなたは子どものとき何になりたかったのですか。）

　(例) I wanted **to** be a police officer. It would be good **to** help people in the community.

　　　（私は警察官になりたかったです。地域社会の人々を助けることは良いことでしょう。）

(会話例)

1. Why did you choose this high school?

　— Because I liked the school uniform very much.

　(+1) What do you recommend about the school?

2. What did you want to be when you were a child?

　— I wanted to be a pianist. I practiced playing the piano every day.

　(+1) What do you want to be now?

〈 ━━━━━ >>>>>>>> **Use it** <<<<<<<< ━━━━━ 〉

あなたの将来の夢について，3つの文を書いてみよう。

(例) 主張　主張：　My dream is to be a vet. （私の夢は獣医になることです。）

　　　理由①：The main reason is that I like animals very much.
　　　　　　　（主な理由は私は動物が大好きだからです。）

　　　理由②：I also hope to help sick and injured animals.
　　　　　　　（私はまた病気の動物や傷ついた動物を助けたいです。）

(！ヒント)

・書き出しは例文のように，My dream is to be ～ .「私の夢は～になることです」と不
　定詞の名詞的用法を用いて表すと良い。

・2文目で，The main reason is that ～ .「主な理由は～だからです」と具体的な理由を
　述べ，さらに3文目で，I want to ～ ., I hope to ～ .「～したい」などを使って説明する。

(作文例)

主張：　My dream is to have my own bakery in the future.

理由①：The main reason is that I like bread very much.

理由②：I want to make many kinds of delicious bread and sell them in my shop.

Model Conversation

奈美はエミリーの誕生日会に少し遅れてきます。

N1: ①Hi, Emily.　②**Sorry**, I'm a bit late.　③My dog didn't **let** me go.

E1: ④No problem, Nami.　⑤We've just started the party.

N2: ⑥Here is a present.　⑦It's something **for** you **to** use at school.

E2: ⑧Thank you so much.　⑨I'll open it in front of my friends.　⑩Nami, I **want** you **to** meet them.

N3: ⑪Oh, are other exchange students here?　⑫I hear one of them likes martial arts.

E3: ⑬Sara?　⑭She isn't here yet, but yes she is learning judo.　⑮She is a black belt.

N4: ⑯Wow.　⑰Do you think she can teach me?　⑱I'd like to learn the art of self-defense.

N1: ①こんにちは、エミリー。②ごめんなさい、少し遅れてしまって。③うちの犬が行かせてくれなかったの。

E1: ④問題ないわ、奈美。⑤ちょうど誕生日会を始めたところよ。

N2: ⑥これはプレゼント。⑦学校で使うものよ。

E2: ⑧本当にありがとう。⑨私の友達のみんなの前で開けるわね。⑩奈美、みんなに会ってほしいの。

N3: ⑪あら、他の留学生がここにいるの？⑫そのうちの1人は武術が好きだって聞いたわ。

E3: ⑬サラのこと？⑭彼女はまだ来ていないの、でも確かに柔道を習っているわ。⑮彼女は黒帯なのよ。

N4: ⑯わあ。⑰彼女、私に教えてくれると思う？⑱護身術を習ってみたいの。

語句と語法のガイド

a bit　熟 少し（= a little）

martial arts　名 武術，武道　▶ art 名 技術

black belt　名 （柔道などの）黒帯，有段者

self-defense　名 護身，自己防衛

解説

③ **My dog didn't let me go.**

let は使役動詞。〈let ＋ O ＋原形不定詞(do)〉の形で、「O に～させる，O が～することを許す」という意味。 **EB8**

⑦ **It's something for you to use at school.**

to use は形容詞的用法で，something を修飾している。for you は to use の意味上の主語。意味上の主語〈for ＋名詞・代名詞〉は不定詞の前に置く。 **EB1**

⑩ **Nami, I want you to meet them.**

〈want ＋ O ＋ to 不定詞〉で「O に～してほしい」という意味を表す。you は meet の意味上の主語である。 **EB4**

| Listening Task |

Circle T for True or F for False. （正しければ T，間違っていれば F に○をつけなさい。）

（！ヒント）

1. 奈美はペットとして何を飼っているのか。（→③）

2. 柔道を学んでいて，黒帯なのは誰か。（→⑬⑭⑮）

3. 奈美は護身術を学ぶことに興味があるか。（→⑱）

〈 ━━━━━ ＞＞＞＞＞＞＞＞＞ **Example Bank** ＜＜＜＜＜＜＜＜＜ ━━━━━ 〉

A　不定詞の意味上の主語

1. It is dangerous **for** *the children* **to** stay here.　子どもたちがここにとどまるのは危険だ。

2. It was kind **of** *you* **to** help me.

　私を助けてくれるなんてあなたは親切だった。

　→ご親切にも助けてくださり，ありがとうございました。

3. I turned on the TV **to** watch the news.　私はニュースを見るためにテレビをつけた。

📢 解説

| for で示す不定詞の意味上の主語 |

　不定詞は述語動詞ではないが，動詞の性質を持っており，その動作や状態の主語にあたるものがある。これをその文の主語と区別して，不定詞の**意味上の主語**という。意味上の主語を示す場合，〈for ＋名詞・代名詞〉を不定詞の直前に置き，〈**It is ＋形容詞＋for ＋名詞・代名詞＋ to 不定詞**〉になる。

1. the children と stay here の間には意味の上で S'V' の関係が成立している。

　It's dangerous　　　　　　　　　　**to** stay here.（ここにとどまるのは危険だ。）

　It 's dangerous ｜**for** *the children*｜ **to** stay here.
　S V　　　　　　　　　S'　　　　　V'

　（文全体の主語と動詞）　　（不定詞の主語と動詞）

　意味上の主語を〈for ＋名詞・代名詞〉で不定詞の前に置く形は，1 の例文のような名詞的用法だけではなく，形容詞的用法や副詞的用法においても用いられる。

⇨ This is a good book ｜**for** *beginners*｜ **to** read.〔形容詞的用法〕

　（これは初心者が読むには良い本だ。）

| of で示す不定詞の意味上の主語 |

　不定詞の意味上の主語は for 〜で表すのが一般的だが，〈**of ＋名詞・代名詞**〉で表す場合もある。〈**It is ＋形容詞＋ of ＋名詞・代名詞＋ to 不定詞**〉の形で「〜するなんて S' は…だ」という意味を表す。

2. of のあとの you が，help me の意味上の主語である。**人の性質や人柄，能力**などを示す形容詞はこの用法で使われることが多い。

　人の性質を表しているので，意味上の主語を文の主語にすることも可能。

　= *You were kind* **to** help me.

〔●人の性質や人柄，能力を示す形容詞〕

・kind / good / nice（親切な）	・stupid / foolish / silly（ばかな，愚かな）
・smart / wise / clever（賢明な）	・careless（不注意な）
・bad（ひどい）	・wrong（間違っている）
・polite（礼儀正しい）	・rude / impolite（無礼な，失礼な）
・brave（勇敢な）	・selfish（身勝手な）
・considerate（思慮深い）	・cruel（残酷な）

意味上の主語を示さない場合

3. 意味上の主語が文の主語(S)と同じ場合は示さない。

また，意味上の主語が一般の人々の場合であったり，文脈から明らかな場合も示さないことがある。

⇨ It's important **to** eat properly.（きちんと食べることが大切です。）

B　SVO + to 不定詞・原形不定詞

4. I want *you* **to** come to tomorrow's party.　私はあなたに明日のパーティーに来てほしい。

5. My parents won't **allow** *me* to study abroad.　両親は私が留学するのを許さないだろう。

6. My mother **made** *me* clean my room.　母は私に部屋の掃除をさせた。

7. I **had** *the porter* carry my baggage.　私はポーターに荷物を運んでもらった。

8. My father **let** *me* go to the movies.　父は私を映画に行かせてくれた。

9. I **saw** *the man* get out of the car.　私はその男が車から降りるのを見た。

◀ 解説

〈SVO + to 不定詞〉

〈**SVO + to 不定詞**〉では，O が不定詞の意味上の主語になり，「O が〜する」という関係が含まれている。

〈want + O + to *do*〉型

4. want は〈SVO + to 不定詞〉の形をとり，「**O に〜してほしい**」という**希望・願望**の意味を表す。you は come の意味上の主語である。

　　I want　　　**to** come to tomorrow's party.　〔パーティーに来るのは I〕

　　I want *you* **to** come to tomorrow's party.　〔パーティーに来るのは you〕

〔●〈**want + O + to *do***〉型の動詞（希望・願望）〕

・wish（〜を願う）	・want / would like（〜してほしい）

〈allow + O + to *do*〉型

5. allow は〈SVO + to 不定詞〉の形をとり，「**O が〜するのを許す，O に〜させる**」という**許可・使役**の意味を表す。me は study abroad の意味上の主語である。

〔●〈**allow + O + to *do***〉型の動詞（許可・使役）〕

・allow / permit（許す）	・cause（原因となる）	・encourage（促す，励ます，勧める）
・enable（可能にする）	・force / compel（強制的に〜させる）	・get（〜させる）

〔〈tell ＋ O ＋ to *do*〉型〕

　　tell は〈SVO ＋ to 不定詞〉の形をとり，「**O に〜するように言う**」という**命令・依頼**の
意味を表す。次の例文では，me は save a seat の意味上の主語である。

⇨ He **told** *me* **to** save a seat for him.（彼は私に彼の席を取っておくように言った。）

〔●〈**tell ＋ O ＋ to *do***〉型の動詞（命令・依頼）〕

・advise（勧める）	・ask（頼む）	・persuade（説得する）
・order（命じる）	・request / require（要求する）	

〔原形不定詞〕

　　to が付かずに**動詞の原形で不定詞の働きをするものを原形不定詞**という。使役動詞や
知覚動詞と共に使われて，〈**SVO ＋原形不定詞**〉の形をとり，O が原形不定詞の意味上
の主語になる。

〔使役動詞〕

6. 7. 8. make，have，let などの**使役動詞**は，〈**使役動詞＋ O ＋原形不定詞(*do*)**〉の形
で，「**O に〜させる**」という意味を表す。

〔●使役動詞：□□□ O *do*〕

強制	強	make	「（強制的に）O に〜させる」＝〈force / compel ＋ O ＋ to *do*〉
▼	have	「（O がすべきであることを）O に〜させる，〜してもらう」
	弱	let	「O が〜することを許す」＝〈allow ＋ O ＋ to *do*〉

《注意》意味上の主語が 3 人称単数の場合でも原形不定詞は原形のままである。

⇨ She made her son go to the dentist.（彼女は息子を歯医者に行かせました。）
　　　　　　意味上の主語　［× *goes*］

〔知覚動詞〕

　　see，hear，feel などの**知覚動詞**は，〈**知覚動詞＋ O ＋原形不定詞(*do*)**〉の形で，「**O
が〜するのを…する**」という意味を表す。O が原形不定詞の意味上の主語になる。

9. 〈see ＋ O ＋ *do*〉は「O が〜するのが見える」という意味を表す。

〔●知覚動詞：□□□ O *do*〕

・see（O が〜するのを目にする）	・look at（O が〜するのを見る）
・watch（O が〜するのをじっと見る）	・notice / observe（O が〜するのに気付く）
・hear（O が〜するのが聞こえる）	・listen to（O が〜するのを聞く）
・feel（O が〜するのを感じる）	

⇨ I **heard** *Ms. Kimura* <u>call</u> my name.（木村先生が私の名前を呼ぶのが聞こえた。）

⟨ ═══ ⟩⟩⟩⟩⟩⟩⟩⟩⟩ **Function（謝罪する）** ⟨⟨⟨⟨⟨⟨⟨⟨⟨ ═══ ⟩

1. "**I'm sorry to** bother you." "That's OK."
　「お手数をおかけしてすみません。」「大丈夫です。」

2. "**Sorry**, I'm late." "No problem.　Come in."
　「遅れてすみません。」「問題ありません。　お入りください。」

3. "I **apologize to** you **for** what I said yesterday." "Don't worry about it."
「昨日言ったことについて，申し訳ありませんでした。」「心配しないでください。」

◤解説

1. **I'm sorry to *do* ～.** は「**～してすみません〔申し訳ありません〕**」という表現。

2. ・**Sorry (that) ～. / I'm sorry (that) ～.** で「**～してすみません**」という意味になる。
  I'm sorry (that) I'm late. = I'm sorry to be late.
  ・謝罪の表現に対して許す場合は，That's OK. や That's all right. の他に，No problem.(問題はない。) / Never mind.(気にするな。)などと答えても良い。

3. ・**I apologize to you for ～.** は「**～について申し訳ありません**」という意味。
  ・what は「～ということ」という意味の関係代名詞。(⇒ cf. L.10 関係代名詞)

語句と語法のガイド

bother [bá(ː)ðər]　　　　　動 ～を悩ます，困らせる
apologize [əpá(ː)lədʒàɪz]　動 謝る　▶ apology 名 謝罪
worry about ～　　　　　熟 ～を心配する

《 ═══ ＞＞＞＞＞＞＞ **Try it out!** ＜＜＜＜＜＜＜ ═══ 》

① 下の語を適切な形に変えて，英文を完成させましょう。

(！ヒント)

SVO のあとに to 不定詞を続けるか，原形不定詞を続けるかは V(動詞)で判断する。

1. ・have は使役動詞。
  ・動作の意味上の主語は him。
  ・「ごめんなさい, 兄〔弟〕は今出かけています。私は彼に折り返し電話をかけさせます。」

2. ・tell を使って「O に～するように言う」という文にする。
  ・「両親はいつも私にもっと一生懸命に勉強するように言いますが, 私は勉強するのが好きではありません。」

3. ・heard は知覚動詞 hear の過去形。
  ・動作の意味上の主語は someone。
  ・「私は群衆の中で誰かが叫ぶのが聞こえました。彼らは助けを必要としていました。」

4. ・let は使役動詞。
  ・動作の意味上の主語は me。
  ・「父は私に一人で映画に行かせてくれませんでした。彼はとても厳しかったです。」

(練習問題①) 下の語を適切な形に変えて，英文を完成させましょう。

1. My bike is broken. I'll have my brother ＿＿＿＿＿＿ it.
2. He told me ＿＿＿＿＿＿ the box, but I didn't.
3. I think Emma is out. I heard her ＿＿＿＿＿＿ the room.
4. Mrs. White never lets her children ＿＿＿＿＿＿ in the park. She is too worried about them.

> leave / open / play / repair

2 （　）内の語句を並べかえて，英文を完成させましょう。

（ !ヒント ）

1. ・出だしが It is で，for が与えられていることに注目する。
   ・「私たちが世界史を学ぶことは重要です。この知識によって，私たちは世界のニュースをより深く理解できます。」

2. ・目的を表す不定詞の副詞的用法。
   ・「ケイトはテレビでサッカーの試合を見るために 3 時に起きました。私はその試合を見逃しました。」

3. ・let は使役動詞で，〈let ＋ O ＋ do（原形不定詞）〉の形で「O が〜することを許す」という意味。
   ・「両親は私が海外に行くのを許しません。私は彼らから自立したいです。」

4. ・allow と to があることに注目する。
   ・「本気ですか。私はあなたがそんなひどいことをするのを許可することはできません。」

5. ・have を使役動詞として V に置く。
   ・「あなたは歯が痛いです。あなたは歯医者に歯の検査をしてもらうべきです。」

6. ・〈would like ＋ O ＋ to do〉は〈want ＋ O ＋ to do〉の丁寧な表現。
   ・「私たちはあなたの助け全てにとても感謝しています。私たちはあなたにこの贈り物を受け取ってほしいです。」

7. ・出だしが It was nice で，of が与えられていることに注目する。
   ・「あなたがお母さんに「ありがとう」と言ったのはすばらしかったです。私は彼女はうれしいと思います。」

（ 練習問題② ）（　）内の語句を並べかえて，英文を完成させましょう。

1. There are a lot of problems. It is (for / to / difficult / carry / us) out the plan.
2. Kate arrived here first. She left home early (catch / train / to / the first).
3. You look very busy. (help / me / let / you).
4. I want to study abroad, but my parents (won't / to / me / allow / do) so.
5. It was late at night, so she (her / her father / pick / had) up at the station.
6. We would (to / to / like / you / come) the party this weekend. Do you have time?
7. It was kind (to / of / her / me / lend) the book. It was very useful.

3 ペアになって，あなたの親について話しましょう。追加の質問をして会話を続けてみよう。

（ !ヒント ）

両親について会話する。与えられた質問に対して答える。追加の質問をして会話を続ける。

1. What do your parents usually make you do?（あなたの両親は普段あなたに何をさせますか。）
   （例）My parents always make me wash the dishes after dinner.
   （私の両親はいつも私に夕食後皿を洗わせます。）

2. When did your parents first let you have a smartphone?
   （あなたの両親が最初にあなたにスマートフォンを持たせてくれたのはいつでしたか。）

（例）When I entered high school, my father bought me one.

（私が高校に入学したときに父が私に買ってくれました。）

3. What do you want your parents to do for you?

（あなたは両親にあなたのために何をしてほしいですか。）

（例）I want them to let me play video games all day on Sundays.

（私は両親に私が日曜日に一日中テレビゲームをすることを許してほしいです。）

会話例

1. What do your parents usually make you do?

　— They make me clean my room very often.

　(+1) If you don't do it, what is their reaction?

2. When did your parents first let you have a smartphone?

　— When I entered junior high school.

　(+1) What did they say when you got the first smartphone?

3. What do you want your parents to do for you?

　— I want them to let me watch TV longer on weekends.

　(+1) Have you ever asked them?

‹ ══════ >>>>>>>>> **Use it** <<<<<<<<< ══════ ›

高校生が日常生活の中で行うべき大切なことについて，3 つの文を書いてみよう。

（例）主張　主張：　I think it's important for high school students to get up early.

　　　　　　　　　（私は高校生は早起きすることが大切だと思います。）

　　　理由①：If we get up early, we can have enough time for breakfast.

　　　　　　　　　（もし早起きすれば，私たちは朝食に十分な時間があります。）

　　　理由②：We also don't have to rush to school.

　　　　　　　　　（私たちはまた学校に急いで行く必要がありません。）

！ヒント

・例文の書き出しは，形式主語を用いた it is important for high school students to ～．「高校生が～することは大切だ」の文を I think の後ろに置き，自分の意見であることを示している。

・一般的な話をする場合は we を主語にする。

〔盛り込む観点の例〕

・家の手伝いをすること

・物やお金を浪費しないこと　など

作文例

主張：　I think it's important for high school students to have the "*mottainai*" mindset.

理由①：We must not waste things in our daily lives.

理由②：We also should think about the importance of energy.

Model Conversation

誕生日会の途中, エミリーはサラから電話を
受けます。

S1: ①Hello, Emily. ②This is Sara. ③The
party sounds pretty lively.

E1: ④Everyone seems **to be enjoying** it.
⑤What's up?

S2: ⑥Sorry, Emily. ⑦I planned to join it,
but I don't think I can make it tonight.
⑧I have **too** much math homework **to**
finish. ⑨I need to learn **not to** put off
things I have to do.

E2: ⑩That's too bad. ⑪I wanted you to
meet Nami, my good friend. ⑫I told
her you are a black belt. ⑬She seems
interested in the art of self-defense.

S3: ⑭Really? ⑮Shall we all meet this
weekend?

E3: ⑯OK. ⑰I am free on Saturday. ⑱I'll
ask her if she can join us.

S1: ①もしもし, エミリー。②サラよ。③誕生
日会はとても盛り上がっているみたいね。

E1: ④みんな誕生日会を楽しんでくれて
いるみたい。⑤どうしたの?

S2: ⑥ごめんなさい, エミリー。⑦行くつもり
だったんだけど, 今夜は誕生日会に行けそ
うになくて。⑧終わらせないといけない数学
の宿題がたくさんあるの。⑨やるべきことを
先延ばしにしない習慣を身につけないと。

E2: ⑩とても残念だわ。⑪あなたに私の友
達の奈美と会って欲しかったの。⑫あ
なたが黒帯だと彼女に話したの。⑬
彼女は護身術に興味があるみたいよ。

S3: ⑭本当?⑮この週末にみんなで会わ
ない?

E3: ⑯いいわね。⑰土曜日は空いているわ。
⑱彼女が来られるか聞いてみるわね。

語句と語法のガイド

pretty [príti]	副 かなり
lively [láɪvli]	形 活気がある
make it	熟 都合がつく, 時間に間に合う
put off ~	熟 ~を延期する, 延ばす (= postpone)

解説

④ **Everyone seems to be enjoying it.**
to be enjoying は不定詞の進行形。〈seem to be + *doing*〉は「~しているようだ」という意味。 **EB4**

⑧ **I have too much math homework to finish.**
〈too +形容詞〔副詞〕+ to *do*〉は「~するには…すぎる/あまりに…なので~できない」という意味。 **EB6**

⑨ **I need to learn not to put off things I have to do.**
learn to *do* で「~するようになる, ~できるようになる」という意味。不定詞の否定形は, 不定詞の直前に not, never を置く。learn not to put off ~で「~を延ばさないようになる」という意味になる。 **EB1** things と I の間に目的格の関係代名詞が省略されている。

Listening Task

Circle T for True or F for False.　（正しければ T，間違っていれば F に○をつけなさい。）

（！ヒント）

「主語」「動詞」「目的語」の部分に特に注意して聞き取ろう。

1. サラはなぜエミリーの誕生日会に出席できないのか。（→⑧）

2. 奈美は武術に興味があって，以前にサラに会ったことがあるか。（→⑪⑬）

3. エミリーとサラはいつ奈美に会う計画をしているのか。（→⑮⑯⑰⑱）

≪ ══ ≫≫≫≫≫≫ Example Bank ≪≪≪≪≪≪ ══ ≫

A　不定詞の否定形

1. She told me **not to** be late.

彼女は私に遅れないようにと言った。

◀解説

不定詞の否定形

1. 不定詞の否定形は，不定詞の直前に not，never を置く（never は not より強い否定）。

⇨ Tom promised **never to** tell a lie.（トムは決してうそをつかないと約束しました。）

not の位置によって，文の意味が違ってくる。

She told me **not to** be late.〔不定詞を否定〕

→ She **didn't tell** me to be late.〔述語動詞を否定〕（彼女は私に遅れるようにとは言わなかった。）

《注意》目的を表す不定詞の否定形は in order not to *do* や so as not to *do* を使って表すことが多い。

B　不定詞が表す〈時〉

2. He seems **to be** ill.　彼は病気であると思われる。

3. He seems **to have been** ill.　彼は病気だったと思われる。

◀解説

〈to ＋動詞の原形〉

〈**to ＋動詞の原形**〉は**述語動詞と同じ時**を表す。

2. 述語動詞は現在形（seems）で「現在」を表し，不定詞（to be ill）も同様に「現在」を表す。

彼が「今」病気であると，話し手は「今」思っている。

It **seems** that he **is** ill. ＝ He **seems to be** ill.

現在

次の例文で，述語動詞は過去形(seemed)で「過去」を表し，不定詞(to be ill)も同様に「(同じ時である)過去」を表す。彼が「その時」病気だったと，話し手は「その時」思ったのである。

⇨ He seemed **to be** ill.(彼は病気であると思われた。)

➡ It **seemed** that he **was** ill. = He **seemed** **to be** ill.
　　　過去　　　　　過去　　　　　　　過去　　↑同じ「過去」を表す
　　　└─── 同じ時 ───┘

〈to have ＋過去分詞〉

　〈**to have ＋過去分詞**〉は**述語動詞よりも前の時**を表す。

3. 述語動詞は現在形(seems)で「現在」を表し，**不定詞(to have been ill)は**述語動詞よりも前の時，つまり**「過去」を表している**。彼が「以前」病気だったと，話し手は「今」思っている。

It **seems** that he **was** ill. = He **seems to have been** ill.
　現在　　　　　過去　　　　　　現在　　↑1つ前の時(過去)を表す
　└─── 違う時 ───┘

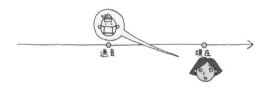
　　　　　　　過去　　　　　　現在

次の例文で，述語動詞は過去形(seemed)で「過去」を表し，不定詞(to have been ill)は述語動詞よりも前の時，つまり「それ以前(さらに過去)」を表している。彼が「それ以前」に病気だったと，話し手は「その時」思ったのである。

⇨ He seemed **to have been** ill.(彼は病気だったと思われました。)

➡ It **seemed** that he **had been** ill. = He **seemed to have been** ill.
　　　過去　　　　　さらに過去　　　　　　　過去　　↑1つ前の時(さらに過去)を表す
　　　└─── 違う時 ───┘

《参考》〈to have ＋過去分詞〉が現在完了の意味を表す場合もある。

⇨ It **seems** that he **has been** ill since last month.
　　　現在　　　　　　　　現在完了

= He **seems to have been** ill since last month.
　　　現在　　↑現在までの継続

(彼は先月からずっと病気であると思われる。)

C 不定詞の進行形・受動態

4. She seems **to be enjoying** her holiday.　彼女は休日を楽しんでいるようだ。

5. Children need **to be accompanied** by an adult.　子どもは大人に同行してもらう必要がある。

◤解説

不定詞の進行形

4. 不定詞の出来事が進行中であることを示す場合は，**不定詞の進行形**〈to be + *doing*〉で表す。〈seem to be + *doing*〉は「〜しているようだ」という意味になる。

不定詞の受動態

5. 不定詞の出来事を受動態で表す場合は，**不定詞の受動態**〈to be +過去分詞〉とし，完了不定詞の受動態は〈to have been +過去分詞〉の形になる。

⇨ The stone seems **to have been used** in the sixth century.
（その石は 6 世紀に使われていたと思われる。）

D 不定詞を使った慣用表現

6. I'm **too** tired **to** walk.　私はあまりにも疲れていて歩けない。

7. He is smart **enough to** solve the puzzle.　彼はそのパズルを解くほど賢い。

8. We arrived early **in order to** get good seats.　私たちは良い席を確保するために早く到着した。

9. **To tell (you) the truth**, I woke up late this morning.　実を言うと，今朝は寝坊したのです。

◤解説

〈too +形容詞〔副詞〕+ to *do*〉

6. 「**〜するには…すぎる / あまりに…なので〜できない**」という意味。形の上では肯定文だが**否定の内容**を表す。too と to *do* の間には形容詞や副詞が入る。**so ... that 〜**を使って，ほぼ同じ意味を表すことができる。that 以下は否定形(can't)になる。

　　= I'm **so** tired **that** I **can't** walk.

〈形容詞〔副詞〕+ enough to *do*〉

7. 「**〜するほど（十分）… /（十分）…なので〜する**」という意味。**肯定の内容**を表す。enough は形容詞や副詞の直後に置かれる。**so ... that 〜**を使って，ほぼ同じ意味を表すことができる。that 以下は肯定形(can)になる。

　　= He is **so** smart **that** he **can** solve the puzzle.

in order to *do* / so as to *do*

8. 「**〜するために**」という意味。in order to *do* や so as to *do* を用いると，to *do* の「目的」の意味をより明確に表す。to の直前に not を置くと，「**〜しないように**」という意味を表す。

⇨ I got up early **so as to** catch the 6:30 train.(私は6時30分の電車に乗るために早起きした。)

独立不定詞

9. 不定詞が文の他の要素から離れて独立した位置に置かれ，文全体を修飾することがある。この用法を**独立不定詞**と呼ぶ。前置きや挿入として使われ，文頭に置かれるほか，文中や文尾に置かれることもある。

〔●独立不定詞の慣用表現〕

・to tell (you) the truth(実を言うと)	・to make matters worse(さらに悪いことには)
・to begin[start] with(まず第一に)	・to be frank with you(率直に言うと)
・needless to say(言うまでもなく)	・strange to say(奇妙なことに)

〈疑問詞＋ to 不定詞〉

　　〈疑問詞＋ to 不定詞〉は、「疑問詞の意味＋～すべきか」を表す。主に動詞の目的語とし
　　て用いられる。why to *do* は普通，用いない。

〔●〈疑問詞＋ to 不定詞〉〕

・what to *do*(何を～すべきか)	・which to *do*(どちら〔どれ〕を～すべきか)
・which ＋名詞＋ to *do*(どちらの〔どの〕…を～すべきか)	
・who[whom] to *do*(誰を〔誰に〕～すべきか)	
・when to *do*(いつ～すべきか)	・where to *do*(どこで〔どこへ〕～すべきか)
・how to *do*(どのように～すべきか〔～する方法〕)	

< ══════ >>>>>>>>> **Function(弁解する)** <<<<<<<<< ══════ >

1. "Why didn't you come to our party?"「なぜパーティーに来なかったのですか。」
　 "Sorry, but I had **too** much homework **to** do."
　 「すみません，しないといけない宿題がたくさんあったのです。」

2. "Sorry, I **didn't mean** to hurt you."
　 「ごめんなさい，あなたを傷つけるつもりはありませんでした。」
　 "I don't mind. / Forget it."　「気にしないで。/ 忘れてください。」

3. "You are late."　「遅いよ。」
　 "I'm so sorry, but **it's not my fault**. The train was delayed because of an accident."
　 「申し訳ない，でも僕の責任じゃないんだ。事故で電車が遅れたんだよ。」

📢 解説

1. 〈**too** ＋形容詞〔副詞〕＋ to *do*〉は「～するには…すぎる，あまりに…なので～できない」
　 という意味。

2. mean to *do* は「～するつもりだ」という意味。**I didn't mean to** *do*.（**～するつも
　 りはなかった。**）は、「わざとではない」と釈明する表現。

3. ・fault は「責任」という意味の名詞。**It's not my fault.** で「**それは私の責任ではない。**」
　 という意味。
　 ・The train was delayed because of an accident. のように，事情を説明するほうが丁寧。

║ ■ **語句と語法のガイド** ■ ║

hurt [həːrt]	動	～を傷つける
because of ～	熟	～のために，～が原因で

‹ ══════ ›››››››››› **Try it out!** ‹‹‹‹‹‹‹‹‹ ══════ ›

1 下の語を適切な形に変えて，英文を完成させましょう。

(!ヒント)

1. ・「…するほど(十分)〜」は 〜 enough to ... で表す。
　　・「彼の兄〔弟〕は天井に届くほど背が高いです。彼はバスケットボールをするべきです。」

2. ・「〜するには…すぎる」は too ... to 〜で表す。
　　・「その子どもは学校に行くには幼すぎますが，彼は行くと言い張りました。」

3. ・seem を使った不定詞の表現。完了形〈to have ＋過去分詞〉を用いる。
　　・「その老人は若かったとき優れたスポーツ選手だったようです。」

4. ・treat は「〜を扱う」という意味の他動詞。不定詞の受動態〈to be ＋過去分詞〉を用いる。
　　・「私の妹は3歳で，赤ん坊のように扱われることを嫌います。」

(練習問題①) 下の語を適切な形に変えて，英文を完成させましょう。

1. She was _____ to show me the way. I felt very happy.
2. We are _____ to walk, so we need some rest.
3. I haven't seen John for a week. He seems to _____ in the hospital.
4. I'm old enough to take care of myself. I don't like to _____ like a child.

> be / been / enough / have / kind / too / treated / tired

2 生徒が普段していることを思い浮かべましょう。それはうまくいっているでしょうか。
　下線部の語句を自分の言葉で言いかえて伝え合ってみよう。下のボックスの語句を使っ
　てもかまいません。答えるときは理由や具体例も加えてみましょう。

(!ヒント)

生徒が普段していることは，〜 *do A* in order to *do B*「〜は *B* するために *A* している」など
を使って言うことができる。Does it seem to be working? は「それはうまくいっているようで
すか。」，It seems to have helped. は「それは助けになったようです。」という意味。〈seem to
be ＋ *doing*〉は「〜しているようだ」，〈seem to have ＋過去分詞〉は「〜したようだ」という意味。
(例)

A: What do students in your class do **in order to** get better grades?
　(あなたのクラスの生徒は，より良い成績をとるために何をしていますか。)

B: Many students do extra study. Some study from books after school.
　(多くの生徒が追加の勉強をしています。中には放課後本で勉強するものもいます。)

A: Does it seem **to be working**?(それはうまくいっているようですか。)

B: I think so. Their results on tests seem **to be** improving. It seems **to have helped**.
　(私はそう思います。彼らのテストの結果はよくなっているようです。それは助けになったようです。)

(会話例)

A: What do students in your class do in order to achieve their goals?

B: Many students make their plans and try to carry them out. Some make efforts even in their free time.

A: Does it seem to be working?

B: I think so. They seem to be getting closer to their goals. It seems to have helped.

③　ペアになって，理由や具体例を交えながら，友人のことについて話しましょう。追加の質問をして会話を続けてみよう。

(！ヒント)

友人について会話する。与えられた質問に対して答える。追加の質問をして会話を続ける。

1. What do you want your friends **not to** do?(あなたは友だちに何をしてほしくないですか。)

(例)They are sometimes talkative. I want them **not to** talk too much.

(彼らはときどきおしゃべりです。私は彼らに話しすぎないでほしいです。)

2. Do you think you are old **enough to** travel with your friends?

(あなたは自分が友だちと旅行するのに十分な年齢だと思いますか。)

(例)Yes. We sometimes spend the day together, so I think we could stay in a hotel, too.

(はい。私たちはときどき一緒に1日を過ごすので，私はホテルに泊まることもできるだろうと思います。)

(会話例)

1. What do you want your friends not to do?

　− They sometimes speak ill of others. I don't think it is a good thing.

　(+1) Have you ever told them not to do so?

2. Do you think you are old enough to travel with your friends?

　− No. I think it is sometimes dangerous.

　(+1) What do you think about traveling with your friends?

《 ＝＝＝＝＝＝ 〉〉〉〉〉〉〉〉〉〉 **Use it** 〈〈〈〈〈〈〈〈〈 ＝＝＝＝＝＝ 》

あなたが日常生活の中でしないように気を付けていることについて，3つの文を書いてみよう。

(例) 主張　主張：　I'm trying not to eat too many sweets.

　　　　　　　　　(私は甘いものをたくさん食べすぎないようにしています。)

　　　　理由①：They are not good for my health.(それらは私の健康によくありません。)

　　　　理由②：I also don't want to gain weight(私はまた太りたくありません。)

(！ヒント)

・例文の書き出しは，I'm trying not to 〜 .「私は〜しないようにしている」という文。

　不定詞を否定形にする場合は to の前に not[never]を置くことに注意する。

・1文目で述べた自分が気を付けていることについて，その理由や根拠を2文目以降で書くと良い。

(作文例)

主張：　I'm trying not to study until very late at night before the test.

理由①：It isn't effective to study when we feel sleepy late at night.

理由②：I always try to go to bed early and study in the morning.

< ━━━━━ >>>>>>>>>> **Expressing** <<<<<<<<<< ━━━━━ >

▌ STEP 1 ▐

(問題文の訳)

①と②の2つの会話を聞き，表の空欄を埋めなさい。

(！ヒント)

それぞれの人物がどのような贈り物をもらったのか，またその色，特徴を聞き取る。

▌ STEP 2 ▐

(問題文の訳)

もう一度，会話を聞き，空欄を埋めなさい。

(！ヒント)

会話でエミリー，陸が述べていることを聞き取る。

①　be glad to ～(～してうれしく思う)

②　Thank you for ～(～をありがとう)

③　favorite(お気に入りの)

④　What (a[an])＋形容詞＋名詞！(なんて～な…だろう！)

⑤　It is ～ of A to …(…するとは A は～だ)

▌ STEP 3 ▐

(問題文の訳)

あなたが受け取った贈り物の詳細をパートナーに話しなさい。そのあと，お礼の手紙を書きなさい。

(！ヒント)

贈り物を誰からもらったのか，贈り物の内容や詳細(色，サイズなど)，コメントについて
話したあと，それをもとにお礼の手紙を書く。

(例)　a. one of my friends, Ayaka(友だちのアヤカ)

　　　b. mug(マグカップ)

　　　c. colorful, beautiful(カラフル，きれい)

　　　d. I will use it when I drink coffee every morning.
　　　　(毎朝コーヒーを飲むときにそれを使うつもりです。)

(作文例)

　Dear a. Ayaka.

　Thank you for b. giving me the mug. c. The flowers on the mug are colorful
and beautiful. d. I will use it when I drink coffee every morning.

　Thanks again.

Sincerely,

Misato

< ═══ >>>>>>>>> **Words & Phrases** <<<<<<<<< ═══ >

次の表の＿＿に適切な英語を書きなさい。

食事（Meals）		友人（Friends）
□ ハンバーガー hamburger	□ メインコース main course	□ 知り合いになる get to know
□ ピザ pizza	□ 日替わりおすすめメニュー the day's special	□ 〜と友だちになる make friends with 〜
□ スパゲッティ	□ デザート	
① ＿＿＿＿＿	② ＿＿＿＿＿	□ 〜と仲直りする make (it) up with 〜
□ チャーハン fried rice	□ お弁当 packed [box] lunch	
□ 焼きそば fried noodle	□ マグカップ mug	□ 〜と仲良くする get along with 〜
□ おにぎり rice ball	□ 外食する eat out	
□ もち rice cake	□ 注文する	□ 友だちとおしゃべりをする chat with a friend
□ 目玉焼き sunny-side up / fried egg	③ ＿＿＿＿＿	□ 親友
□ フライドポテト French fries	□ 食べ過ぎる eat too much	④ ＿＿＿＿＿
□ ホットケーキ hot cake / pancake	□ 勘定の支払いをする pay the check[bill]	□ 共通の友だち mutual friend
	□ 割り勘にする split the bill	
交際・付き合い（Relationships）		
□ あいさつする	□ 招待状	□ 謝る apologize
⑤ ＿＿＿＿＿	⑦ ＿＿＿＿＿	□ 励ます
□ 握手する shake hands	□ 祝う congratulate	⑨ ＿＿＿＿＿
□ お辞儀する	□ パーティーを開く have[hold] a party	□ ほめる compliment
⑥ ＿＿＿＿＿		□ 不平を言う complain
□ 紹介する introduce	□ 〜と連絡を取る get in touch with 〜	□ 口論する quarrel
□ 贈り物をする give a gift [present]	□ 会う約束	□ 言い争う argue
□ 手紙を受け取る receive a letter	⑧ ＿＿＿＿＿	□ 議論する
□ お礼の手紙 thank-you letter	□ 〜とデートをする go (out) on a date with 〜	⑩ ＿＿＿＿＿
		□ 同意する agree
		□ 同意しない disagree

解答
① spaghetti ② dessert ③ order ④ close friend ⑤ greet
⑥ bow ⑦ invitation ⑧ appointment ⑨ encourage ⑩ discuss

Lesson 8 ◀ What sport do you like playing?

Model Conversation

奈美は留学生のサラにラクロスについて説明
しています。

S1: ①What sport do you like **playing**?

N1: ②I like playing lacrosse, so I'm on the school lacrosse team. ③Have you ever heard of it?

S2: ④Yes, but I know almost nothing about it. ⑤It's a team sport played with a ball and a long stick with a net, isn't it?

N2: ⑥Yes. ⑦I hear the number of lacrosse players has tripled in the past ten years.

S3: ⑧Sounds interesting!

N3: ⑨Why don't you try playing it? ⑩**How about joining** our team?

S4: ⑪OK, let me think a bit about it.

S1: ①どんなスポーツをするのが好き?

N1: ②私はラクロスをするのが好きで, 学校のラクロス部に所属しているの。③ラクロスって聞いたことがある?

S2: ④ええ, でもほとんど何も知らないわ。⑤ボールと網の付いた長い棒でするチームスポーツよね?

N2: ⑥ええ。⑦過去10年間でラクロスをする人は3倍に増えたって聞いているわ。

S3: ⑧おもしろそうね!

N3: ⑨試しにやってみない?⑩私たちの部に入るのはどう?

S4: ⑪わかったわ, 少し考えさせて。

語句と語法のガイド

lacrosse [ləkrɔ́(:)s]	名	ラクロス
hear of ~	熟	~のことを聞く
stick [stík]	名	棒
net [net]	名	網
triple [trípl]	動 3倍になる	▶形 3倍の
past [pæst]	形 過去の	▶名 過去

◀ 解説

① **What sport do you like playing?**

　動名詞 playing は他動詞 like の目的語になっている。 **EB3**

⑤ **It's a team sport played with a ball and a long stick with a net, isn't it?**

　a team sport を played with a ball and a long stick with a net が修飾している。
過去分詞の形容詞的用法(⇒ cf. L.9 分詞)。isn't it は付加疑問。

⑩ **How about joining our team?**

　How about *doing*? で「~するのはどうですか」と提案しながら誘いかける表現。
about は前置詞なので後ろに名詞の働きをする語がくる。ここでは動名詞が置かれている。 **EB4**

⑪ **OK, let me think a bit about it.**

〈let ＋ O ＋原形不定詞(*do*)〉の形で,「O に～させる, O が～することを許す」という意味。

■ **Listening Task** ■

Circle T for True or F for False. （正しければ T, 間違っていれば F に○をつけなさい。）

（！ヒント）

1. サラは今までにラクロスについて聞いたことがあるか。(→③④)

2. ラクロスをする人は増えているか。(→⑦)

3. 奈美はサラにラクロス部に参加するように誘ったか。(→⑨⑩)

《 ═══ >>>>>>>>> **Example Bank** <<<<<<<<< ═══ 》

A　動名詞の用法

1. Playing baseball is[×are] fun.　野球をすることは楽しい。

2. My favorite pastime is **watching** movies.

　　私のいちばん好きな娯楽は映画を見ることです。

3. I like **listening** to music.　私は音楽を聴くことが好きです。

4. Thank you *for* **coming**[×to come] today.　今日は来てくれてありがとう。

◀ **解説**

（動名詞）

　　動詞の原形に -ing が付いて「～すること」という名詞の働きをするものを**動名詞**と呼ぶ。
　　動名詞は, 目的語を伴ったり, 副詞を伴ったりするという動詞の性質を持ちながら, 文
　　中で主語・補語・目的語・前置詞の目的語になるという**名詞の働き**をする。

（主語）

1. Playing baseball が文の中で主語になっている。動名詞 playing は baseball という
　　目的語を伴っている。

　　名詞の働き：主語になる　　**Playing** baseball is fun.
　　　　　　　　　　　　　　　　文の主語

　　動詞の性質：目的語をとる　　**Playing** baseball is fun.
　　　　　　　　　　　　　　　　　　playing の目的語

　　《参考》不定詞の名詞的用法と同様, 動名詞が主語のときに形式主語の it を使うことが
　　　　ある。

　　　　⇨ **It** was a lot of fun **talking** with his brother.

　　　　　（彼のお兄さんと話をするのはとても楽しかったです。）

（補語）

2. watching movies は, 主語がどのようなものかを説明している。すなわち be 動詞 is
　　の補語になっている。

（動詞の目的語）

3. listening to music は他動詞 like の目的語になっている。

前置詞の目的語

4. coming today が前置詞 for の目的語になっている。

〔●〈前置詞＋動名詞〉でよく使われる表現〕

・be fond of *doing*（～するのが好きである）　・be good at *doing*（～するのが上手である）
・be interested in *doing*（～することに興味がある）　・before *doing*（～する前に）

B　動名詞の意味上の主語

5. I don't like **him**〔**his**〕**going** out at night.　私は彼が夜に外出することを好まない。
　cf. I don't like **going** out at night.　私は夜に外出することを好まない。

6. Getting regular exercise is a good habit.　定期的な運動をすることは良い習慣だ。

解説

動名詞の意味上の主語

　動詞の性質を持つ動名詞は，動詞と同じようにその主語が存在する。これを動名詞の**意味上の主語**という。意味上の主語は示す場合と示さない場合がある。

意味上の主語が代名詞

　意味上の主語が代名詞の場合，**目的格**か**所有格**を動名詞の直前に置く。目的格のほうが口語的である。

5. I don't like **him**〔**his**〕**going** out at night.〔外出するのは彼〕
　S　V　　　　　　　　S'　　　　V'
（文全体の主語と動詞）（動名詞の主語と動詞）

　I don't like **going** out at night.〔外出するのは私〕
S = S'　V　　　V'

《注意》代名詞の主格を意味上の主語として用いることはできない。
　　　×*I don't like he going out at night.*

意味上の主語が名詞

　意味上の主語が名詞の場合，**そのままの形**か，あるいは**所有格**を動名詞の直前に置く。

⇨ He is anxious about **Lucy('s) staying** home alone.
　S　V　　　　　　　　　S'　　　V'　　　　〔1人で家にいるのはルーシー〕
（文全体の主語と動詞）　（動名詞の主語と動詞）

　（彼はルーシーが1人で家にいるのを心配しています。）

《注意》動名詞が文全体の主語となっている場合は，意味上の主語は所有格で表す。目的格やそのままの形は使えない。
　　　⇨ **His** speaking Japanese surprised us all.〔×*Him speaking* ～〕
　　　⇨ **The boy's** speaking Japanese surprised us all.〔×*The boy speaking* ～〕
　　　（彼〔その少年〕が日本語を話したので，私たちはみんな驚きました。）

意味上の主語を示さない場合

6. 動名詞の意味上の主語が「一般の人々」の場合は示さない。

C　動名詞の否定形・受動態

7. I'm sorry for not **writing** sooner.　もっと早く手紙を書かなくてすみません。
8. My little sister is tired of **being treated** like a child.
   私の妹は子ども扱いされることにうんざりしている。

🔊 解説

動名詞の否定形

7. 動名詞を否定する場合，動名詞の直前に否定語の not や never を置き，〈**not**［**never**〕
   ＋ ***doing***〉の形で，「～しないこと」の意味となる。

動名詞の受動態

8. 動名詞の受動態は，〈**being ＋過去分詞**〉の形で，「～されること」の意味となる。
   動名詞の受動態を完了形にする場合，〈**having been ＋過去分詞**〉の形で，「～された
   こと」の意味となる。

⇨ She **is** angry at **having been called** by that nickname.
   　　現在　　　　　　　過去
   （彼女はそのあだ名で呼ばれたことに怒っています。）

《注意》動名詞の受動態を否定する場合も，動名詞の直前に not や never を置く。

　　⇨ Mr. Ryan complained of **not being respected** by the students.
   　　（ライアン氏は生徒から尊敬されていないと不平を言いました。）

< ══════ >>>>>>>>>**Function**(誘う・申し出る)<<<<<<<<< ══════ >

1. "**Let's** play football together." "Sure. / OK."
   「一緒にサッカーをしよう。」「もちろん。/ ええ。」

2. "**How about** going to see a baseball game this weekend**?**"
   「今週末に野球の試合を見に行きませんか。」
   "Sounds good. / Sorry, I have other plans."
   「いいですね。/ すみません，他の予定があります。」

3. "**Would you like to** join our team**?**"　「私たちのチームに加わりませんか。」
   "Yes, I'd love to. / Sorry, I'm not really into sports. / Let me think about it."
   「ええ，喜んで。/ すみません，スポーツはあまり好きではありません。/ 考えさせてください。」

🔊 解説

1. **Let's *do*.** で「～しましょう」と相手を誘う表現。動詞の原形を用いる。

2. ・**How about *doing*?** で「～するのはどうですか」と提案しながら誘いかける表現。
   about の後ろには動名詞を置く。
   ・勧誘に肯定的に答える場合は，OK. / All right.（いいですよ），Sure.（もちろん），
   That sounds good［Sounds good］. / Great.（いいね）などを使う。
   ・勧誘に否定的に答える場合は，I'm sorry, but ～ .（すみませんが，～。），I'm
   afraid ～ .（残念ですが～。）などを使う。

3. ・**Would you like to do?** は「〜しませんか」という丁寧な申し出の表現。
　・肯定的には，I'd like[love] to (join you). などと答える。
　・Let me think about it.(考えさせてください。)の let は使役動詞。

◁ ＝＝＝＝＝＝ ＞＞＞＞＞＞＞ **Try it out!** ◁◁◁◁◁◁◁◁ ＝＝＝＝＝＝ ▷

1 （　）内の語句を並べかえて，会話を完成させましょう。下線の語は形を変える必要
があります。

(！ヒント)
1. ・動名詞が文の主語になる。
　・「早朝に走ることはとてもすがすがしいです。」「はい，本当にそうです。」
2. ・動名詞が文の目的語になる。stop doing で「〜するのをやめる」という意味。
　・「私はとてもたくさんの砂糖をとるのをやめます。」「本気ですか。あなたは今ケーキ
　　を食べています。」
3. ・動名詞が前置詞の目的語になる。
　・How about doing? は「〜するのはどうですか」と勧誘や提案を表す表現。
　・「次の土曜日にテニスをしませんか。」「ごめんなさい。他の予定があります。」
4. ・動名詞の意味上の主語(me)と文の主語(my father)が異なることに注意する。
　・「父は私がテレビゲームをするのを嫌がります。」「私の父もそうです。」

(練習問題①) （　）内の語句を並べかえて，会話を完成させましょう。下線の語は形を変える必
要があります。
1. "(read / is / very / books / important)." "Yes, it really is."
2. "How was your weekend?" "Good. I (movies / enjoyed / watch / a lot of)."
3. "(come / you / for / thank) today." "I'm glad to see you again."
4. "Ken attended the meeting, but you didn't." "I (attend / him / insisted / on) it."

2 生徒は休み時間に何をするのが好きでしょうか。下線部の語句を自分の言葉で言いか
えて伝え合ってみよう。下のボックスの語句を使ってもかまいません。答えるときは理
由や具体例も加えてみましょう。

(！ヒント)
like doing(〜するのが好きだ)のような動名詞を用いた表現を使うと良い。
(例)
A: What things do most students in our class like **doing** in their free time?
　(私たちのクラスのほとんどの生徒は暇なときどのようなことをするのが好きですか。)
B: Most students like **listening** to music and **watching** movies.
　(ほとんどの生徒は音楽を聞いたり映画を見るのが好きです。)
A: What do students in our class complain about **not being** able to do?
　(私たちのクラスの生徒たちは何をすることができないと不平を言っていますか。)

B: I think that some students complain about **not having** enough time to do homework.
(私は生徒の中には宿題をする十分な時間がないと不満を言っているものがいると思います。)

(会話例)

A: What things do most students in our class like doing in their free time?

B: They like playing games and watching TV.

A: What do students in our class complain about not being able to do?

B: I think that some students complain about not having enough time to read books.

③ ペアになって，理由や具体例を交えながら，次のことについて話しましょう。追加の質問をして会話を続けてみよう。

(!ヒント)

得意な料理や最後にお礼を言ったのはいつかについて会話する。与えられた質問に対して答える。追加の質問をして会話を続ける。

1. What kind of food are you good at **cooking**?
(あなたはどんな種類の食べ物を料理するのが得意ですか。)
(例)I'm good at **cooking** curry. I like **making** it really spicy.
(私はカレーを作るのが得意です。私はそれを本当に辛くするのが好きです。)

2. When was the last time you thanked someone?
(あなたが最後に誰かにお礼を言ったのはいつでしたか。)
(例)I thanked my mother for **making** breakfast. I appreciate **her being** so considerate.
(私は母に朝食をつくってくれることにお礼を言いました。私は母がとても思いやりがあることに感謝しています。)

(会話例)

1. What kind of food are you good at cooking?
— I'm good at cooking soup. I sometimes cook different kinds of soup at one time.
(+1) How did you learn how to cook soup?

2. When was the last time you thanked someone?
— I thanked our coach for giving our team some advice yesterday. Thanks to his advice, we won.
(+1) What did you say to him?

< ══════ >>>>>>>>> **Use it** <<<<<<<<< ══════ >

得意なスポーツや活動について，クラスメートに3文で伝えてみよう。

（例）説明　主題：　My favorite sport is baseball.
　　　　　　　　　　（私のお気に入りのスポーツは野球です。）
　　　　　　詳述①：I started playing it when I was six.
　　　　　　　　　　（私は6歳のときにそれをし始めました。）
　　　　　　詳述②：Now I belong to the baseball team in my school and practice
　　　　　　　　　　five days a week.
　　　　　　　　　　（現在私は学校の野球部に所属して，1週間に5日練習しています。）

（！ヒント）

自分の得意なスポーツや活動を述べるには，be good at *do*ing，my favorite 〜，like *do*ing などの表現を使うと良い。

〔盛り込む観点の例〕
・得意なスポーツや楽器について
・趣味について　など

（作文例）

主題：　I'm good at drawing pictures.
詳述①：I like drawing animals very much.
詳述②：I go to the zoo to draw some pictures when I have free time.

Model Conversation

奈美は留学生のサラにラクロス部への入部を
勧めています。

N1: ①Do you think you'll join our lacrosse
　　　team?

S1: ②I'm not sure yet, but I'll come to the
　　　practice this Saturday and see how it
　　　goes.

N2: ③That's good. ④We **start practicing**
　　　at two every Saturday. ⑤I **highly**
　　　recommend joining the team.

S2: ⑥Thanks. ⑦Do you often play against
　　　other teams?

N3: ⑧Sure. ⑨Next month we will have a
　　　big tournament with dozens of teams.
　　　⑩I think it**'s worth** watching. ⑪You'll
　　　get a good idea about the sport.

S3: ⑫That sounds great! ⑬I'll be there.
　　　⑭I'm **looking forward to seeing** it.

N1: ①ラクロス部に入ってくれる？

S1: ②まだわからないの，でも今度の土
　　　曜日に練習に行って，どんな様子な
　　　のか見てみるつもりよ。

N2: ③よかったわ。④毎週土曜日の2時
　　　から練習を始めているわ。⑤ぜひ私
　　　たちの部に入ってほしいわ。

S2: ⑥ありがとう。⑦よくほかのチーム
　　　と試合をするの？

N3: ⑧もちろん。⑨来月，たくさんのチー
　　　ムが出る大きなトーナメントがある
　　　の。⑩見る価値があると思うわ。⑪
　　　ラクロスのことがよくわかるように
　　　なるわ。

S3: ⑫すごいわね！⑬見に行くわ。⑭見
　　　るのが楽しみよ。

語句と語法のガイド

highly [háɪli]	副	大いに，非常に
recommend [rèkəménd]	動	～を推薦する
play against ～	熟	～と対戦する
tournament [túərnəmənt]	名	トーナメント
dozens of ～	熟	多数の～　▶ dozen 名 ダース

解説

④ **We start practicing at two every Saturday.**

　start は動名詞も to 不定詞も目的語とする。**EB6**

⑤ **I highly recommend joining the team.**

　I highly recommend ～ . で「私は～を本当におすすめします」という意味。joining
　は動名詞。

⑩ **I think it's worth watching.**

　be worth *doing* は「～する価値がある」という意味。

⑭ **I'm looking forward to seeing it.**

　look forward to *doing* は「～するのを楽しみに待つ」という意味。進行形で用いられ
　ることが多い。**EB7**

┃ Listening Task ┃

Circle T for True or F for False.　（正しければT，間違っていればFに○をつけなさい。）

（！ヒント）

1. サラはラクロス部にお試しとして参加するつもりか。（→②）

2. サラはラクロス部に参加することを決めているのか。（→①②）

3. 奈美のチームは毎週土曜日に何をしているのか。（→④）

‹ ═══ ››››››››› **Example Bank** ‹‹‹‹‹‹‹‹ ═══ ›

A　動名詞が表す〈時〉

1. She *is* proud of **being** a nurse.　彼女は看護師であることを誇りに思っている。

2. She *was* proud of **being** a nurse.　彼女は看護師であることを誇りに思っていた。

3. She *is* proud of **having been** a nurse.　彼女は看護師だったことを誇りに思っている。

4. She *was* proud of **having been** a nurse.　彼女は看護師だったことを誇りに思っていた。

◀ 解説

〈動詞の原形＋ ing〉

　動名詞を表す〈**動詞の原形＋ ing**〉は述語動詞と同じ時を表す。

1. 述語動詞は現在形(is)で「現在」を表し，動名詞(being)も同様に「現在」を表す。彼女は「今」看護師であることを「今」誇りに思っている。

　　　She **is** proud of **being** a nurse.

　　＝ She **is** proud that she **is** a nurse.
　　　　　現在　　　　　　　　現在

2. 述語動詞は過去形(was)で「過去」を表し，動名詞(being)も同様に「(同じ時である)過去」を表す。彼女が看護師だったのも，それを誇りに思っていたのも同じ「過去」である。

　　　She **was** proud of **being** a nurse.

　　＝ She **was** proud that she **was** a nurse.
　　　　　過去　　　　　　　　過去

〈having ＋過去分詞〉

　動名詞を表す〈**having ＋過去分詞**〉は**述語動詞よりも前の時，またはその時点まで**を表す。**完了形の動名詞**と呼ばれる。

3. 述語動詞は現在形(is)で「現在」を表し，動名詞(having been)は述語動詞よりも前の時，またはその時点までを表している。つまり，彼女は「過去」に看護師だったことを，または「現在まで」看護師であることを，「今」誇りに思っている。

　　　She **is** proud of **having been** a nurse.

　　＝ She **is** proud that she **was** a nurse.
　　　　　現在　　　　　　　　過去

　　または ＝ She **is** proud that she **has been** a nurse.
　　　　　　　現在　　　　　　　　　　現在まで

4. 述語動詞は過去形(was)で「過去」を表し，動名詞(having been)は述語動詞よりも前の時，つまり「それ以前(さらに過去)」を表している。「(誇りに思った時点よりもさらに)過去」に看護師だったことを表している。

　　　She **was** proud of **having been** a nurse.

　　= She **was** proud that she **had been** a nurse.
　　　　　過去　　　　　　　　　　さらに過去

B 動名詞・不定詞を目的語とする動詞

5. We **enjoyed playing** cards.　私たちはトランプをして楽しんだ。
6. I **like to** play soccer. / I **like playing** soccer.　私はサッカーをすることが好きです。
7. I am **looking forward to hearing** from you.　あなたからの便りを楽しみに待っています。
8. I **remember seeing** him at the party.　私はパーティーで彼に会ったのを覚えている。
9. **Remember to** turn off the lights.　忘れずに照明を消してね。

◀ 解説

動詞の目的語になる動名詞と不定詞

　動名詞と to 不定詞はどちらも動詞の目的語になる。どちらを目的語にするかは動詞によって決まる。動名詞のみを目的語とする動詞，to 不定詞のみを目的語とする動詞，どちらも目的語にする動詞がある。

動名詞のみを目的語とする動詞

5. 次の動詞は動名詞のみを目的語とする。動名詞は**すでに起こったこと，当面の事柄**を表すことが多い。

・admit *doing*(〜を認める)	・avoid *doing*(〜を避ける)
・consider *doing*(〜を熟考する)	・deny *doing*(〜を否定する)
・enjoy *doing*(〜を楽しむ)	・escape *doing*(〜を免れる)
・finish *doing*(〜を終える)	・give up *doing*(〜をあきらめる)
・mind *doing*(〜を気にする)	・miss *doing*(〜をし損なう)
・practice *doing*(〜を練習する)	・quit *doing*(〜をやめる)
・stop *doing*(〜をやめる)	・suggest *doing*(〜を提案する)

⇨ The man **admitted having** stolen the money.(その男は金を盗んだことを認めた。)

不定詞のみを目的語とする動詞

　次の動詞は to 不定詞のみを目的語とする。to 不定詞以下の内容は**未来のこと**を表すことが多い。

・agree to *do*(〜に同意する)	・attempt to *do*(〜を試みる)
・decide to *do*(〜を決める)	・expect to *do*(〜すると期待する)
・fail to *do*(〜し損なう)	・hope to *do*(〜することを望む)
・learn to *do*(〜するようになる)	・wish to *do*(〜したいと思う)
・plan to *do*(〜を約束する)　・refuse to *do*(〜を断る)　・offer to *do*(〜を申し出る)	

⇨ I **hope to** see you again.（あなたにまた会いたいです。）

⇨ My father **decided to** postpone his departure.

（私の父は出発を延期することに決めました。）

動名詞も不定詞も目的語とする動詞

6. 次の動詞は動名詞も to 不定詞も目的語とする。どちらを使ってもほとんど意味は変わらない。

① 「好き・嫌い」を表す動詞

・like *doing* / to *do*（〜が好きである）	・love *doing* / to *do*（〜が大好きである）
・prefer *doing* / to *do*（〜がより好きである）	・hate *doing* / to *do*（〜を嫌う）

② 「開始・継続」を表す動詞

・start *doing* / to *do*（〜を始める）	・begin *doing* / to *do*（〜を始める）
・continue *doing* / to *do*（〜を続ける）	

⇨ Misaki **started to** learn the piano at the age of five.

＝ Misaki **started learning** the piano at the age of five.

（美咲は5歳のときにピアノを習い始めた。）

動名詞を使った慣用表現

7. look forward to *do*ing は「**〜するのを楽しみに待つ**」という意味。進行形で用いられることが多い。to のあとに名詞がくることもある。

⇨ I am **looking forward to** *your reply*.（お返事を楽しみにしています。）

be worth *do*ing は「**〜する価値がある**」という意味。次の例文の主語は動名詞の意味上の目的語でもある。

⇨ That movie **is worth seeing**.（その映画は見る価値がある。）

＝ It **is worth**［**worthwhile**］**seeing** that movie.（その映画を見ることは価値がある。）

be used to *do*ing は「**〜することに慣れている**」という意味。be 動詞の代わりに get を用いると「〜することに慣れる」という変化を表す。

⇨ You will **get used to living** here soon.（すぐにここでの生活に慣れますよ。）

目的語が動名詞と不定詞で意味が異なる動詞

8. 9. 次の動詞は，動名詞を目的語とするか to 不定詞を目的語とするかで意味が違ってくるので注意が必要。

・remember *doing*（〜したことを覚えている）	
・remember to *do*（〜することを覚えておく，忘れずに〜する）	
・forget *doing*（〜したことを忘れる）	・forget to *do*（〜することを忘れる）
・regret *doing*（〜したことを後悔する）	・regret to *do*（残念ながら〜する）
・try *doing*（試しに〜してみる）	・try to *do*（〜しようとする）

< ━━━ >>>>>>>>> **Function（推薦する）** <<<<<<<<< ━━━ >

1. "Have you ever seen that movie?" "Yeah, I **highly recommend** it."
「あの映画を見たことはありますか。」「ええ，本当にお薦めですよ。」
2. "This book **is worth** reading." "Thanks. I'll try it."
「この本は読む価値がありますよ。」「ありがとう。読んでみます。」
3. "Can you **suggest** something from the menu?"
"Oh, this hamburg steak is good."
「おすすめのメニューは何ですか。」
「そうですね，このハンバーグはおいしいですよ。」

📢 **解説**

1. **I highly recommend 〜 .** で「**私は〜を本当にお薦めします**」という意味。
2. **be worth *do*ing** は「**〜する価値がある**」という意味。この例文の主語は動名詞の意味上の目的語でもある。
3. suggest は「（良いと考えられるもの）を提案する，推薦する」という意味の動詞。**Can you suggest something?** で「**何か勧めてもらえますか**」という意味。

┃語句と語法のガイド┃

hamburg steak　　　　　　　　［名］ハンバーグステーキ（＝ hamburger steak）

< ━━━ >>>>>>>>> **Try it out!** <<<<<<<<< ━━━ >

① [　]に与えられた語を適切な形に変えて，会話を完成させましょう。

（！ヒント）

1. ・remember *do*ing で「〜したことを覚えている」という意味。
・「あなたは私たちが幼かったとき一緒に遊んだことを覚えていますか。」「はい，もちろんです。」
2. ・「〜することを楽しみに待つ」という意味の慣用表現。
・「私はあなたに会えるのを楽しみにしていました。」「私もです。」
3. ・mind *do*ing は「〜を気にする」という意味。Would you mind *do*ing? は「〜していただけますか」という依頼の表現。
・「扉を閉めていただけますか。」「いいですよ。」
4. ・「〜することに慣れている」という意味の慣用表現。
・「私は大都市に住むのに慣れていません。」「心配しないで。あなたはすぐそれに慣れます。」

練習問題① [　　]に与えられた語を適切な形に変えて，会話を完成させましょう。

1. "I'll never forget (　　　　　　) Australia this summer."
   "You must have had a good time there." [visit]
2. "I'm looking forward to (　　　　　　) from you soon." "I'll write to you as soon as possible." [hear]
3. "Can I borrow the book?"
   "I'm sorry. I haven't finished (　　　　　　) it yet." [read]
4. "Have you got used to (　　　　　) up early yet?"
   "No. It's still hard for me to do so." [get]

2　あなたは何を楽しんでいますか。下線部の語句を自分の言葉で言いかえて伝え合ってみよう。下のボックスの語句を使ってもかまいません。答えるときは理由や具体例も加えてみましょう。

!ヒント

enjoy のあとには(動)名詞がくることに注意する。

(例)

A: What kind of movies do you **enjoy watching**?
（あなたはどんな種類の映画を見るのが好きですか。）

B: I like anime, but I also enjoy **watching** science fiction.
（私はアニメが好きですが，SF を見るのも好きです。）

A: What is your favorite anime movie?
（あなたのお気に入りのアニメの映画は何ですか。）

B: I recently watched *Demon Slayer*. It was a very moving story. I cried.
（私は最近『鬼滅の刃』を見ました。それはとても感動的な物語でした。私は泣きました。）

会話例

A: What kind of movies do you enjoy watching?

B: I like foreign movies, and I enjoy watching romance.

A: What is your favorite romance movie?

B: I recently watched *Roman Holiday*. It was an old movie, but I was moved by the story. I cried.

3　ペアになって，理由や具体例を交えながら，次のことについて話しましょう。追加の質問をして会話を続けてみよう。

!ヒント

誇りに思っていることや，6歳以下のときにしたことについて会話する。与えられた質問に対して答える。追加の質問をして会話を続ける。

1. What are you proud of now? （あなたは今何を誇りに思っていますか。）

(例) I'm proud of **having won** the first prize in a contest in junior high school. I'll never forget that.

（私は中学校のコンテストで優勝したことを誇りに思っています。私はそれを決して忘れないでしょう。）

2. What do you **remember doing** when you were six or younger?

（あなたは 6 歳以下のときに何をしたかを覚えていますか。）

(例) I remember **doing** a performance at kindergarten. We did a play and sang songs.（私は幼稚園で演技をしたことを覚えています。私たちは劇をして歌を歌いました。）

(会話例)

1. What are you proud of now?

— I'm proud of having been the captain of the basketball club in junior high school.

(+1) Did you have any good experiences when you were the captain?

2. What do you remember doing when you were six or younger?

— I remember playing with my friends in the park when I was about four years old.

(+1) Do you remember their names?

< ═══════ >>>>>>>>> **Use it** <<<<<<<<< ═══════ >

あなたが楽しみにしていることについて，3 文で伝えてみよう。

(例) 説明　主題：　I'm looking forward to skiing in Hokkaido again with my family this winter.

（私はこの冬に家族と再び北海道でスキーをすることを楽しみにしています。）

詳述①：We plan to visit Niseko and stay there for two days.

（私たちはニセコを訪れ，2 日間そこに滞在するつもりです。）

詳述②：We also plan to visit Sapporo for sightseeing.

（私たちはまた観光で札幌を訪れるつもりです。）

(！ヒント)

・1 文目は例文のように，look forward to *doing*「〜するのを楽しみに待つ」を使うと良い。

・2 文目以降は，hope to 〜などの未来志向を表す不定詞の表現を使うと良い。

〔盛り込む観点の例〕

・次の休日にしたいと思っていることについて

・年末年始にする予定について　など

(作文例)

主題：　I'm looking forward to going to see a movie with my friends this weekend.

詳述①：It's a romantic comedy and very popular among young people.

詳述②：I hope to talk about it with them after watching it.

>>>>>>>>>> Expressing <<<<<<<<<<

STEP 1

(問題文の訳)

①〜③の３つの会話を聞き，次の質問に対する答えを書きなさい。

(！ヒント)

質問に対する答えを書く。**1**はそれぞれの人物の一番好きなスポーツまたは活動を書き，**2**はそれぞれの人物が，スポーツをすることで可能であると考えることを書く。

STEP 2

(問題文の訳)

スポーツをすることの利点は何ですか。下のリストから３つの選択肢を選びなさい。パートナーにあなたが選んだ選択肢について話しなさい。

(！ヒント)

スポーツをすることの利点を３つ選ぶ。その際に，その理由も考えること。

a.　体調や健康を保つこと　　b.　チームワークを学ぶこと

c.　ストレスを軽減すること　　d.　より良く眠ること

e.　新しい友だちを作ること　　f.　リーダーシップのスキルを学ぶこと

g.　より強い関係をはぐくむ　　h.　ただ楽しむこと

STEP 3

(問題文の訳)

スポーツをすることの利点についてパラグラフを１つ書きなさい。そのあと，クラスで発表しなさい。

(！ヒント)

STEP 2で選んだ選択肢とその理由をもとに，＿＿を埋める。

(作文例)

　I strongly believe that playing sports has several benefits. First, <u>playing sports can help us reduce stress</u>. In addition, <u>by playing sports, we can make new friends</u>. In conclusion, playing sports is really good for our lives.

< ══════ >>>>>>>> **Words & Phrases** <<<<<<<< ══════ >

次の表の＿＿に適切な英語を書きなさい。

スポーツ（Sports）		運動・健康 （Exercise, Health）
□ サッカー　soccer / football □ バレーボール　volleyball □ ラグビー ①＿＿＿＿＿ □ 野球　baseball □ ドッジボール　dodge ball □ 水泳　swimming □ スキー　skiing □ テニスをする　play tennis □ 空手をする　do karate □ スキーに行く　go skiing □ 野球の試合を見る 　watch a baseball game	□ スポーツ選手 ②＿＿＿＿＿ □ 選手　player □ 水泳選手　swimmer □ プール　swimming pool □ ゲレンデ　ski slopes □ 1点入れる 　score a goal[point] □ 記録を破る ③＿＿＿＿＿ □ ラケットでボールを打つ 　hit a ball with a racket □ 手でボールを打つ 　hit a ball with one's hand	□ 運動する 　exercise / work out □ 運動不足 ④＿＿＿＿＿ □ 肥満　being overweight □ 健康診断　physical checkup □ バランスの取れた食事をする 　have a well-balanced meal □ 体重が増える 　gain[put on] weight □ 体重が減る　lose weight □ ダイエット中 ⑤＿＿＿＿＿ □ 体調が良い　be in good shape
病気（Sickness）	**けが（Injury）**	**医学（Medicine）**
□ 病気 　illness / sickness / disease □ 胃痛・腹痛　stomachache □ 風邪を引く ⑥＿＿＿＿＿ □ 風邪を引いている 　have a cold □ 熱がある　have a fever □ 痛みがある 　hurt / have an ache □ 気分が良くなる　feel better	□ けがをする 　be[get] injured[hurt] □ 指を切る　cut one's finger □ 手をやけどする 　burn one's hand □ 足を折る　break one's leg □ 手術を受ける ⑦＿＿＿＿＿	□ 内科医 ⑧＿＿＿＿＿ □ 外科医 ⑨＿＿＿＿＿ □ 患者 ⑩＿＿＿＿＿ □ 医者に診てもらう 　see a doctor □ 熱を測る 　take one's temperature □ 薬を飲む　take medicine □ 入院している 　be in (the) hospital

解答
① rugby　② athlete　③ break the record　④ lack of exercise　⑤ be on a diet
⑥ catch a cold　⑦ have an operation　⑧ physician　⑨ surgeon　⑩ patient

Lesson 9　Digital media has come a long way.

Model Conversation

エミリーはホームステイ先の鈴木さんとスマートフォン上の彼女の家族の写真について話しています。

S1: ①Emily, what are you looking at?

E1: ②A picture of my family.　③Here.　④Take a look!

S2: ⑤Oh, what a lovely family!

E2: ⑥Thanks.　⑦The girl **wearing a white dress** is my sister, and the woman **sitting next to her** is my mother.　⑧They said they **had** it **taken** just now.

S3: ⑨Really?　⑩That was impossible when I was abroad in college.　⑪It took days for letters to arrive.

E3: ⑫We exchange messages and pictures many times a day, so I'm not so homesick.

S4: ⑬That's good.　⑭I really think that digital media has come a long way.

S1: ①エミリー，何を見ているの？

E1: ②家族の写真です。③ほら。④見てください！

S2: ⑤まあ，なんてすてきな家族なの！

E2: ⑥ありがとうございます。⑦白いドレスを着ている女の子が私の妹で，その隣に座っている女性が母です。⑧ちょうどいまその写真を撮ったばかりだそうですよ。

S3: ⑨本当に？⑩私が大学留学中はそんなこと不可能だったわ。⑪手紙が届くのに数日かかったのよ。

E3: ⑫１日に何回もメッセージや写真のやりとりをしているから，それほどホームシックにはなっていません。

S4: ⑬良かったわ。⑭デジタルメディアは大きく進歩したと本当に思うわ。

語句と語法のガイド

take a look	熟	～を見る（＝ have a look）
lovely [lʌ́vli]	形	すてきな，すばらしい
impossible [ɪmpɑ́(:)səbl]	形	不可能な（⇔ possible 可能な）
homesick [hóumsìk]	形	ホームシックの
digital media	名	デジタルメディア
come a long way	熟	大きく進歩する

解説

⑦ **The girl wearing a white dress is my sister, and the woman sitting next to her is my mother.**

wearing a white dress が直前の the girl を，sitting next to her が直前の the woman を，それぞれ修飾している。現在分詞の形容詞的用法。**EB3**

⑧ **They said they had it taken just now.**

〈have ＋ O ＋過去分詞〉は，過去分詞が表す行為をしてもらおうとする意志が主語にある場合は使役の意味を，ない場合は被害の意味を表す。ここでは「写真を撮ってもらう」という使役の意味を表す。 **EB9**

▍ Listening Task ▍

Circle T for True or F for False. （正しければ T，間違っていれば F に○をつけなさい。）
（!ヒント）
1. スマートフォン上の写真の中で，エミリーの妹は何色のドレスを着ているのか。（→⑦）
2. エミリーはなぜそれほどホームシックになってはいないのか。（→⑫）
3. 鈴木さんは海外留学をしたことがあるか。（→⑩）

< ═══ >>>>>>>>> **Example Bank** <<<<<<<<< ═══ >

A　名詞を修飾する分詞

1. Firefighters entered the **burning** house.　消防士たちは燃えている家に入った。
2. Be careful of the **broken** glass.　割れたガラスに注意しなさい。
3. Do you know the girl **talking** to Sally?　サリーと話している少女を知っていますか。
4. They have a son **named** Chris.　彼らにはクリスと名付けられた息子がいる。

◀ 解説

（分詞）

分詞とは動詞が形を変えたもので，**現在分詞**と**過去分詞**がある。
分詞が形容詞の働きをして名詞を修飾し，その意味を限定することがある。この用法を**限定用法**という。現在分詞の場合，「**～している，～する**」という**能動**の意味を表し，過去分詞の場合，「**～される，～された**」という**受動**の意味を表す。

（分詞の前置修飾）

1. 2. 分詞1語の場合，普通は**名詞の前に置かれる**。**1** の文では burning という現在分詞が house を，**2** の文では broken という過去分詞が glass を修飾している。修飾される名詞と修飾する分詞との間には意味上の SV の関係がある。
　the **burning** house → the house is burning（家が燃えている）〔能動の意味〕
　　　　　　　　　　　　　　　S'　　　V'
　the **broken** glass → the glass is broken（ガラスが割られる）〔受動の意味〕
　　　　　　　　　　　　　　S'　　　V'

（分詞の後置修飾）

3. 4. 分詞が目的語や補語や副詞句を伴い，2語以上の句（分詞句）である場合，例文のように**分詞句は名詞の後ろに置かれる**。**3** の文では talking to Sally が直前の the girl を，**4** の文では named Chris が直前の a son を修飾している。
　Do you know the girl **talking** to Sally?
　They have a son **named** Chris.

形容詞化した分詞

　分詞の中には，形容詞として用いられるようになったものがある。そのような形容詞化した分詞を**分詞形容詞**と呼ぶ。**感情に影響を与える他動詞**は分詞形容詞になっているものが多い。現在分詞では「(人を)～させる」，過去分詞では「(人が)～させられる」を意味する。

⇨ This will be an **exciting** game.(これははらはらする試合になるだろう。)

⇨ There were a lot of **excited** fans in the train.
　(その列車の中には興奮したファンがたくさんいました。)

　excite は「～を興奮させる」という意味の他動詞であるが，exciting と現在分詞で用いた場合，「(人を)興奮させる」という**能動**の意味になる。excited と過去分詞で用いた場合，「(人が)興奮させられた」という**受動**の意味となる。

〔●**感情を示す形容詞化した分詞**〕

・exciting / excited(興奮させる / 興奮した)

・interesting / interested(興味深い / 興味を持った)

・surprising / surprised(驚くべき / 驚いた)

・amazing / amazed(驚嘆すべき / 驚嘆した)

・boring / bored(退屈させる / 退屈した)

・shocking / shocked(衝撃的な / ショックを受けた)

B　V(+O)＋現在分詞 / 過去分詞

5. The mall will remain **closed** until Thursday.
　そのショッピングモールは木曜日まで閉まったままだろう。

6. She kept me **waiting** for an hour.　彼女は私を 1 時間待たせた。

7. I **saw** Steve **waiting** for a bus.　私はスティーブがバスを待っているのを見かけた。

8. I **saw** the book **advertised** in the paper.　私はその本が新聞で広告されているのを見かけた。

9. She **had**[**got**] her hair **cut**.　彼女は髪を切ってもらった。

10. She **had**[**got**] her bag **stolen**.　彼女はバッグを盗まれた。

◀ 解説

SVC(C＝分詞)

　形容詞には a beautiful flower のような直接的に名詞を修飾する用法(**限定用法**)だけではなく，The flower is beautiful. のような補語として用いられる用法(**叙述用法**)がある。この用法で用いられた場合も，現在分詞は能動の意味を表し，過去分詞は受動の意味を表す。

5. the mall と closed は受動の関係。SVC の文型では主語と補語の間にイコールの関係があり，S と C を be 動詞で結ぶことができる。(**the mall** is **closed**)
　次の例文で，he と running は能動の関係。(**he** was **running**)

⇨ He came **running** to us.(彼は私たちのところへ走ってやって来た。)

SVC の形で C(補語)に分詞をとることができる自動詞は，次のように 2 つの種類に分けることができる。

①もともと補語を伴う自動詞が，補語として分詞を伴う。

- remain / stay(〜のままでいる)　　・keep(〜し続ける)
- look(〜に見える)　　　　　　　・feel(〜に感じる)
- seem / appear(〜のようだ)

②補語がなくても文が成り立つ動詞のあとに，「〜しながら」の意味で分詞を補語として続ける。

- come(来る)　　・walk(歩く)　　・sit(座る)
- stand(立つ)　　・lie(横になる)

[SVOC(C =分詞)]

keep は SVOC の文型で用いられた場合，「S は O を C の状態にしておく」という意味を表し，C(補語)に分詞が用いられることがある。O と C(分詞)の間には「O は C だ」という意味上の SV の関係が成り立つ。「O(目的語)が〜している」という関係ならば現在分詞を，「O(目的語)が〜される」という関係ならば過去分詞を使う。

6. She kept *me* **waiting** for an hour.
　　S　V　O　　C　　　→ *I* was **waiting** (私は待っていた)

[● SVOC(C =分詞)の形をとる動詞： ☐ O *doing / done*]

- keep(O を C〔の状態〕にしておく)　　・want(O が C する〔される〕のを望む)
- leave(O を C〔の状態〕に放っておく)　・catch(O を C しているところを見つける)
- find(O を C〔の状態〕であるとわかる)

⇒ Don't **leave** *anything* half **done**.(何事も中途半端にしておいてはいけません。)

〈知覚動詞＋ O ＋現在分詞〉

see などの知覚動詞は SVOC(C =分詞)の形をとることができる。C が現在分詞の場合，O と C の間には能動の関係がある。

7. 〈see ＋ O ＋現在分詞〉の形で「O が〜しているのが見える」という意味を表す。次の例文で O と現在分詞の間には「スティーブが待っている」という能動の関係がある。

I **saw** *Steve* **waiting** for a bus.
S　V　　O　　C　　→ *Steve* was **waiting** (スティーブが待っていた)

〈知覚動詞＋ O ＋過去分詞〉

SVOC(C =分詞)で C が過去分詞の場合，O と C の間には受動の関係がある。

8. 〈see ＋ O ＋過去分詞〉の形で「O が〜されるのが見える」という意味を表す。次の例文で O と過去分詞の間には「本が広告された」という受動の関係がある。

I **saw** *the book* **advertised** in the paper.
S　V　　O　　　C　　　→ *the book* was **advertised** (本が広告された)

〔●知覚動詞：□ O *doing* / *done*〕

・see(O が〜している〔される〕のが見える)　・feel(O が〜している〔される〕のを感じる)
・look at(O が〜している〔される〕のを見る)
・watch(O が〜している〔される〕のをじっと見る)
・hear(O が〜している〔される〕のが聞こえる)
・listen to(O が〜している〔される〕のを聞く)
・notice / observe(O が〜している〔される〕のに気づく)

⇨ I **heard** *someone* **calling** my name.(私は誰かが私の名前を呼んでいるのが聞こえました。)
➡ I **heard** *my name* **called**.(私は自分の名前が呼ばれるのが聞こえました。)

〈have[get] ＋ O ＋過去分詞〉

　　〈**have**[**get**] ＋ O ＋**過去分詞**〉は，過去分詞が表す行為をしてもらおうとする意志が主語にある場合は**使役**の意味を，その意志が主語にない場合は**被害**の意味を表す。

「使役」を表す

　　主語に意志がある場合は，「**O を〜してもらう〔させる〕**」という使役の意味を表す。使役を意味する場合，have や get が強く発音される。

9.「髪を切ってもらう」という使役の意味を表す。

　　She **had** *her hair* **cut**.
　　 S　 V　　 O　　 C
　　　　　　　　　　　↘ *her hair* was **cut** (彼女の髪は切られました)

《注意》「彼女は髪を切ってもらった」を ×*She was cut her hair.* にはできない。
《参考》get は口語的でアメリカ英語で使われる。

「被害」を表す

　　主語の意志とは関係ない場合は，「**O を〜される**」という被害の意味を表す。被害を意味する場合，過去分詞が強く発音される。

10.「バッグを盗まれた」という被害の意味を表す。

　　She **had** *her bag* **stolen**.
　　 S　 V　　 O　　 C
　　　　　　　　　　↘ *her bag* was **stolen** (彼女のバッグが盗まれた)

使役動詞がとる形

	O ＋ *do*	O ＋ to *do*	O ＋ *done*	O ＋ *doing*
make	○	×	○	×
have	○	×	○	○
get	×	○	○	○
let	○	×	×	×

≪ ═══ ＞＞＞＞＞＞＞＞＞ **Function**(描写する) ＜＜＜＜＜＜＜＜＜ ═══ ＞

1. "What's this?" "It's a picture of my family **taken during this summer vacation**."
「これは何ですか。」「この夏休みの間に撮った家族の写真です。」

2. "I saw Kaito **talking with a long-haired girl**." "I know. That was his sister."
「海斗が髪の長い女の子と話しているのを見たよ。」「知っているよ。あの子は海斗の妹だよ。」

3. "Look at the girl in the T-shirt **with a picture of Doraemon on it**." "Yes, but why?"
　「ドラえもんの絵の付いた T シャツを着ている女の子を見て。」「うん，でもどうして？」

🔊 解説

1. **過去分詞の形容詞的用法**。taken during this summer vacation が a picture (of my family)を修飾している。

2. 〈**see ＋ O ＋現在分詞**〉の形で「**O が～しているのが見える**」という意味を表す。「海斗が髪の長い女の子と話している」と進行中の場面を描写している。

3. **付帯状況**を表す〈**with ＋ O ＋ α**〉の α には，形容詞・副詞・前置詞句がくる場合もある（⇒ cf. 教科書 p.88）。ここでは，α は on it（＝ the T-shirt）。

▍語句と語法のガイド ▍

long-haired　　　　　　　　　形 髪の長い

≪ ══ ≫≫≫≫≫≫≫≫ Try it out! ≪≪≪≪≪≪≪≪ ══ ≫

① 下の語を適切な形で（　）にいれて，英文や会話を完成させましょう。

（！ヒント）

名詞と分詞が能動関係なら現在分詞，受動関係なら過去分詞にする。

1. ・空欄の前に the boy，後ろに the red T-shirt があるので，「赤い T シャツを～している男の子」にすれば文意が通る。
　・「赤い T シャツを着ている男の子はジョンです。彼の隣にいるのは私の兄〔弟〕のボブです。」

2. ・keep を使った SVOC の文にする。O（＝ you）と C の関係を考える。
　・「そんなに長い間あなたを待たせてしまってごめんなさい。」「気にしないでください。」

3. ・空欄の前に the，後ろに wallet があるので，「警察は～された財布を見つけた」にすれば文意が通る。
　・分詞 1 語のみが前から名詞を修飾する限定用法。
　・「3 日後，警察はリサイクルショップでその盗まれた財布を見つけました。しかしながら，彼らはその中にお金を見つけることはできませんでした。」

4. ・空欄の前に the photo，後ろに from the window upstairs があるので，「階上の窓から～された写真」にすれば文意が通る。
　・「階上の窓から撮られた写真は本当にきれいでした。私はいつかそんな家に住めることを望みます。」

（練習問題①）下の語を適切な形で（　）にいれて，英文や会話を完成させましょう。

1. The students (　　　　　　) to his speech were all excited.
2. "The supermarket will remain (　　　　　　) until next week."
　"Oh, no. What shall I do?"
3. "Look at the (　　　　　　) window." "Who did that?"
4. The pictures (　　　　　　) by Kate are really beautiful. I think she'll be a good artist in the future.

break / close / listen / paint

②　(　　)内の語句を並べかえて，英文や会話を完成させましょう。

(！ヒント)

1. ・saw は知覚動詞 see の過去形。

・parking は動詞 park「〜を駐車する」の現在分詞と考える。

・「私たちは彼女が道路の向かいで車をとめているのを見ました。彼女はこの辺りのどこかにいるに違いないです。」

2. ・exciting「興奮させる」は分詞形容詞。

・「あなたは昨日野球の試合を見ましたか。」「はい。それはとても興奮させる試合でした。」

3. ・「雨」を「屋根に降っている」が修飾している。

・「あなたは何か聞こえませんか。」「それは屋根に降っている雨です。」

4. ・〈had + O +過去分詞〉は，ここでは「O を〜された」という被害の意味を表す。

・「私の父は貴重な時計を盗まれました。父はとても不注意でした。」

5. ・saw は知覚動詞，talking は現在分詞と考える。

・「私は彼らが長い間お互いに話をしているのを見ました。彼らは深刻な話し合いをしているようでした。」

6. ・keep は〈keep + O + C〉で「O を C(の状態)にしておく」を表す。O = C の関係が成り立つ。

・locked は動詞 lock「〜に鍵をかける」の過去分詞と考える。

・「昨夜は風が強かったです。私たちはすべての窓に鍵をかけておかなければなりませんでした。」

(練習問題②)　(　　)内の語句を並べかえて，英文や会話を完成させましょう。

1. I (my / heard / someone / name / calling) when I left the room.
2. "This novel is worth reading. (an / it's / story / interesting)." "Thanks. I'll try it."
3. "What are you looking for?" "I'm looking for (a / called / dog / Shiro)."
4. "(my / I / umbrella / stolen / had)." "Really? You might have left it somewhere."
5. Ms. Green (English / her students / saw / studying). She felt so happy.
6. Jim is always late. He (me / for / kept / waiting / an hour) today.

③　ペアになって，次の質問をお互いに尋ね合いましょう。追加の質問をして会話を続けてみよう。

(！ヒント)

現在分詞と過去分詞を使って会話する。与えられた質問に対して答える。追加の質問をして会話を続ける。

1. Where do you have your hair cut?(あなたはどこで髪を切ってもらいますか。)

(例)I usually have it cut at the beauty salon in front of the station.

(私はたいてい駅前の美容室で切ってもらいます。)

2. Have you ever seen a famous person in public?

(あなたは今までに公の場で有名な人を見たことがありますか。)

(例)Yes. This summer I saw a famous baseball player walking around a shopping mall.(はい。この夏に私は有名な野球選手がショッピングモールを歩いているところを見ました。)

3. Have you ever kept anyone waiting more than one hour?

(あなたは今までに誰かを 1 時間以上待たせたことがありますか。)

(例)No. I always try to be on time.(いいえ。私はいつも時間を守るようにしています。)

会話例

1. Where do you have your hair cut?

― I have it cut at the beauty salon near the station.

(+1) How much does it cost?

2. Have you ever seen a famous person in public?

― Yes. Last week I saw a famous actor getting on the train.

(+1) Who is he?

3. Have you ever kept anyone waiting more than one hour?

― Yes. I have kept one of my friends waiting up to two hours.

(+1) Why were you late at that time?

⟨ ══════ ≫≫≫≫≫≫≫≫ Use it ⟨⟨⟨⟨⟨⟨⟨⟨ ══════ ⟩

家族や友人と一緒に撮った写真について 3 文で書いてみよう。

(例) 説明　主題：　This picture was taken when we went to a beach this summer.

(この写真は私たちがこの夏に海水浴場に行ったときに撮られました。)

詳述①：The girl dressed in white is my sister, Ai.

(白色の服を着た女の子は私の姉〔妹〕アイです。)

詳述②：The couple standing behind us is my father and mother.

(私たちの後ろに立っている二人は私の父と母です。)

！ヒント

・修飾する名詞が「～している」と動作する場合は，現在分詞を使う。

・修飾する名詞が「～された」と動作を受ける場合は，過去分詞を使う。

〔盛り込む観点の例〕

・写真がいつ，どこで，誰に撮られたものなのか

・写真に写っている人や物は何をしているのか，または何をされているのか　など

作文例

主題：　This is a picture taken by my brother when we went to Australia.

詳述①：The man wearing glasses is my father.

詳述②：The woman surrounded by kangaroos is my mother.

Model Conversation

竹下先生はエミリーと彼女の日本での生活に
ついて話し合っています。

T1: ①Emily, have you got used to living in Japan?

E1: ②Yes. ③**Feeling** puzzled at first, I sometimes found life here difficult to get used to because there are a lot of differences in lifestyle, but now I enjoy Japanese school life.

T2: ④That's good. ⑤**From what you said**, I am sure you have made good friends.

E2: ⑥Of course. ⑦My classmates are all friendly.

T3: ⑧**Generally speaking**, Japanese like to speak modestly, so people from other countries are often confused. ⑨ Do you agree?

E3: ⑩It is not always so. ⑪Most of my friends say what they think quite clearly.

T1: ①エミリー，日本での生活に慣れましたか。

E1: ②はい。③最初は戸惑いましたし，生活様式の違いがたくさんあるので，時々ここでの生活に慣れるのは難しいと思いましたが，今は日本の学校生活を楽しんでいます。

T2: ④それはよかったです。⑤君の言ったことからすると，良い友だちができたんですね。

E2: ⑥もちろんです。⑦クラスメートはみんな親しみやすいです。

T3: ⑧一般的に，日本人は控えめに話すことを好むので，外国人は困惑することがよくあります。⑨君もそう思いますか。

E3: ⑩必ずしもそうだとは思いません。⑪ほとんどの友だちは自分の考えていることをとてもはっきりと言ってくれます。

語句と語法のガイド

get used to ～	熟 ～に慣れる
puzzled [pʌ́zld]	形 戸惑って，困惑して ▶ puzzle 動 ～を当惑させる
lifestyle [láɪfstàɪl]	名 生活様式
generally speaking	熟 一般的に言って
modestly [má(:)dəstli]	副 控えめに ▶ modest 形 控えめな
confused [kənfjúːzd]	形 困惑した，混乱した ▶ confuse 動 ～を混乱させる
agree [əgríː]	動 同意する
clearly [klíərli]	副 はっきりと ▶ clear 形 はっきりした

📣 解説

③ **Feeling puzzled at first, I sometimes found life here difficult to get used to because there are a lot of differences in lifestyle, but now I enjoy Japanese school life.**

Feeling ～は，現在分詞を使った分詞構文。 **EB1** I ～ used to は SVOC の文型。

I sometimes <u>found</u> <u>life here</u> <u>difficult to get used to</u> ～
S　　　　　　V　　　O　　　　　C

O(life here) = C(difficult to get used to)の関係。

⑤ **From what you said, I am sure you have made good friends.**

　from what you said は「あなたの言ったことからすると」という意味。what は「～すること」という意味の関係代名詞（⇒ cf. L.10 関係代名詞）。

⑧ **Generally speaking, Japanese like to speak modestly, so people from other countries are often confused.**

　generally speaking は「一般的に言えば」という意味の慣用的な分詞構文。 **EB6**

Listening Task

Circle T for True or F for False.　（正しければ T, 間違っていれば F に○をつけなさい。）

（！ヒント）

1. エミリーは日本の生活様式をどのように思っているのか。（→③）

2. エミリーはまだ日本の生活に慣れることに苦労しているのか。（→③）

3. エミリーの日本の友だちのほぼ全員が率直に話すのか。（→⑪）

< ══════ >>>>>>>>>> **Example Bank** <<<<<<<<< ══════ >

A　分詞構文の形と働き

1. We sat up all night, **talking** on the phone.　電話で話しながら, 私たちは夜を明かした。

2. **Playing** soccer, he hurt his leg.　サッカーをしている時に, 彼は脚にけがをした。

3. **Written** in plain English, this book is easy to read.
　わかりやすい英語で書かれているので, この本は読みやすい。

4. I just stood there, not **knowing** what to do.
　何をしてよいかわからないまま, 私はただそこに立っていた。

5. **Having finished** my homework, I went to bed.　宿題を終えてから, 私は寝た。

◀ 解説

分詞構文

　分詞が導く句が, 文を修飾する副詞の働きをするものを**分詞構文**と呼ぶ。「～しながら」「～なので」などと訳せるが, どのような意味を表すかは文脈によって決まる。分詞構文は一般的に書き言葉の表現であるが, 話し言葉で用いられる用法もある。

現在分詞を使った分詞構文

1. talking on the phone が, We sat up all night を副詞句として修飾している。接続詞を用いた文は分詞構文で表現することができる。

　　　　　　┌───同じ時───┐
　We sat up all night *and* we talked on the phone.
　└────同じ主語────┘

　　　　　　　　　　　　　┌③現在分詞にする
➡ We sat up all night, □□ **talking** on the phone.
　　　①接続詞をとる┘　└②主語をとる

《参考》分詞構文が文末にくる場合, コンマが置かれることもある。

分詞構文が表す意味

①I walked around, the town **taking** pictures.(写真を撮りながら, 私は町を散策した。)

②The train leaves Nagoya at eight, **arriving** in Tokyo at ten.

(その列車は8時に名古屋を出発し, 10時に東京に着く。)

③**Playing** soccer, he hurt his leg.(サッカーをしている時に, 彼は脚にけがをした。)

④**Feeling** sick, I went to see a doctor.(気分が悪かったので, 私は医者に診てもらった。)

①分詞構文が「**〜しながら, 〜の状態で**」という意味を表す。このような2つの動作が**同時進行である状態を付帯状況**と呼ぶ。付帯状況は分詞構文の中では最もよく使われる用法であり, 話し言葉でも用いられる。例文は, walked と taking が同時に行われていたことを表す。

②分詞構文が「**〜して(それから)…する**」という**連続的な動作や出来事**を表す。情報として重要なほうを主節に, 軽いほうを分詞構文にする。and を用いて書きかえることもできる。この用法の場合, 分詞構文の前にコンマが置かれることが多い。話し言葉でも用いられる。

= The train leaves Nagoya at eight **and** *arrives* in Tokyo at ten.

③**2.** 分詞構文が「**〜する時に, 〜している時に**」という意味を表す。when や while などの接続詞を用いて書きかえることができる。

= **While** *he was playing soccer*, he hurt his leg.

④分詞構文が「**〜なので, 〜だから**」という**原因や理由**を表す。because, since, as などの接続詞を用いて書きかえることができる。

= **Because**[**Since**, **As**] *I felt sick*, I went to see a doctor.

《参考》分詞構文が「条件」「譲歩」を表すこともある。

⇨ **Understanding** this problem, he will change his mind.〔条件〕

(この問題を理解すれば, 彼は考えを変えるだろう。)

⇨ **Discouraged**, he decided not to give up his dream.〔譲歩〕

(落胆したものの, 彼は夢をあきらめませんでした。)

過去分詞を使った分詞構文

3. Written in plain English が this book is easy to read を修飾している。being が省略されて, 過去分詞で始まる形になることが多い。

Because it 　　　　**is written** in plain English, this book is easy to read.

➡ ⬚⬚⬚⬚ (Being) **written** in plain English, this book is easy to read.

分詞構文の否定形

4. 分詞構文を否定形にする場合, 分詞の直前に not あるいは never を置く。

I just stood there *because* I didn't know what to do.

➡ I just stood there, ⬚⬚⬚⬚ **not** knowing what to do.

[完了形の分詞構文]

5. 分詞構文の表す内容が，主節の動詞が表す時よりも「前」の時である場合は，〈**having ＋過去分詞**〉という**完了形の分詞構文**となる。

従属節	主節
──時制のズレ──	
After I had finished my homework,	I went to bed.
➡ **Having finished** my homework,	I went to bed.
さらに過去	過去

完了形の分詞構文の否定形は，〈**not[never] having ＋過去分詞**〉の形になる。

B　慣用的な分詞構文

6. Judging from this picture, he is very tall.　この写真から判断すると，彼はとても背が高い。

◀解説

[独立分詞構文]

　主節の主語と分詞構文の主語が一致しない場合，意味上の主語を明確にするために，分詞の前に意味上の主語を置く。このような分詞構文を**独立分詞構文**と呼ぶ。次の例文で，being の意味上の主語は時を表す It であり，主節の主語 the train と一致しない。

従属節	主節
Because *it* was the holiday season,	*the train* was full.
──異なる主語──	
➡　　*It* **being** the holiday season,	*the train* was full.

[慣用的な分詞構文]

　主節の主語と分詞構文の意味上の主語が違うにもかかわらず，分詞構文の意味上の主語を明示しない慣用的な分詞構文がある。意味上の主語が「不特定多数の人々」や「話者」などで，わざわざ明示しなくてもわかるためである。

6. judging の意味上の主語は話者(I)であり，明示しなくても相手にはわかる。

⇨ If *I* **judge** from this picture, *he* is very tall.

➡ **Judging** from this picture, *he* is very tall.

〔●慣用的な分詞構文〕

・judging from[by] ～（～から判断すると）　　・considering ～（～を考慮すれば）
・generally[frankly, strictly, roughly] speaking（一般的に〔率直に，厳密に，大ざっぱに〕言えば）
・speaking[talking] of ～（～と言えば）　　・depending on ～（～によって）
・provided[providing, supposing] (that) ～（もし～ならば）
・granted[granting] (that) ～（仮に～だとしても）
・weather permitting（天気が許せば）　　・compared with[to] ～（～と比較すると）
・taking ～ into consideration（～を考慮に入れると）

C 付帯状況を表す〈with ＋ 名詞 ＋ 現在分詞 / 過去分詞〉

7. He waited for her to come back **with** *the engine* **running**.
車のエンジンをかけたまま，彼は彼女が戻ってくるのを待った。

◀ 解説

〈with ＋ O ＋分詞〉

〈**with ＋ O ＋分詞**〉で主節に対して補足的に説明を付け加え，「**〜が…している状態で，
…したまま**」という**付帯状況**を表すことができる。with のあとの名詞や代名詞は分詞
の意味上の主語の働きをしている。現在分詞がくるか過去分詞がくるかは，意味上の主
語と分詞が能動の関係か受動の関係かによって決まる。

7. 〈**with ＋ O ＋現在分詞**〉は「O が〜している状態で」を表す。with のあとの the
engine は分詞 running の意味上の主語。the engine と running は能動の関係(*the
engine* was **running**)。

〈**with ＋ O ＋過去分詞**〉は「O が〜された状態で」を表す。次の例文で，with のあとの her
legs は分詞 crossed の意味上の主語。her legs と crossed は受動の関係(*her legs* were
crossed)。

⇨ The woman was sitting **with** *her legs* **crossed**.(その女性は脚を組んで座っていた。)

<< ══════ ➤➤➤➤➤➤ **Function**(判断の根拠を述べる) ⟨⟨⟨⟨⟨⟨⟨ ══════ >

1. "Where is the Chinese restaurant?" "**According to** this map, it's around the corner."
「中華料理店はどこだろう？」「この地図によると，その角を曲がった所だよ。」

2. "I hear Riku speaks three languages." 「陸は 3 カ国語を話せるそうだよ。」
"Really? That's amazing **considering** his age." 「本当に？彼の年齢を考えるとすごいね。」

3. "**From what you said**, I think that is a serious problem." "I'm glad you agree."
「君の言ったことからすると，それは深刻な問題だと思う。」
「同意してもらえてうれしいよ。」

◀ 解説

1. **according to** 〜で「**〜によると**」という表現。to は前置詞で，後ろには名詞がくる。

2. **considering** 〜は「**〜を考慮すれば**」という意味の慣用的な分詞構文。ここでは不利
な条件の割には良い評価であることを表している。

3. **from what you said** は「**あなたの言ったことからすると**」という意味。what は「〜
すること」という意味の関係代名詞(⇒ cf. L.10 関係代名詞)。

語句と語法のガイド

amazing [əméɪzɪŋ]	形 驚くほどの，すごい ▶ amaze 動 〜を驚かす	
age [eɪdʒ]	名 年齢	
serious [síəriəs]	形 深刻な	

⟨ ══════ ⟩⟩⟩⟩⟩⟩⟩⟩⟩ **Try it out!** ⟨⟨⟨⟨⟨⟨⟨⟨⟨ ══════ ⟩

1　下の語を適切な形で（　　）にいれて，英文や会話を完成させましょう。

（！ヒント）

現在分詞か過去分詞かは，主語との関係から判断する。

1.・付帯状況「～しながら」を表す分詞構文。
・「トムは今何をしていますか。」「彼は映画を見ながらソファに横になっています。」

2.・時「～するときに」または付帯状況「～しながら」を表す分詞構文。
・「その写真を見て，私は子どものころを思い出しました。私はその写真がとても好きでした。」

3.・理由「～なので」または時「～するときに」を表す分詞構文。
・「その知らせにショックを受け，私たちはただそこに立っているだけでした。それは想像をこえていました。」

4.・連続した動作や出来事「…して～する」を表す分詞構文。
・「サラは鍵をまわして，ドアを開けました。そして彼女は静かにその部屋に入りました。」

（練習問題①）　下の語を適切な形で（　　）にいれて，英文や会話を完成させましょう。

1. "What did you and Tom do last night?" "We sat up all night, (　　　) with each other."
2. (　　　) the police officer, the man ran away.　He must have done something bad.
3. I highly recommend this book. (　　　) in plain English, it is easy to read.
4. The train leaves Tokyo at nine, (　　　) in Morioka at eleven thirty.

arrive / see / talk / write

2　クラスメートと小学校のときのことについて話しています。下線部の語句を自分の言葉で言いかえて伝え合ってみよう。答えるときは理由や具体例も加えてみましょう。

（！ヒント）

looking back「振り返ってみると」や speaking of ～「～と言えば」といった慣用的な表現で質問を始めると良い。

1. Looking back, what do you remember most about elementary school?
（振り返ってみると，あなたは小学校について何を一番覚えていますか。）
（例）Playing sports with my friends was a lot of fun.　We often played soccer.
（友だちとスポーツをすることがとても楽しかったです。私たちはよくサッカーをしました。）

2. Speaking of elementary school, how have things changed since then?
（小学校と言えば，そのときから物事はどのように変わりましたか。）

(例) I don't play sports as often now. I have more homework so I'm busy with that.

(私は今あまり頻繁にスポーツをしません。私はより多くの宿題があるので，それで忙しいです。)

(会話例)

1. Looking back, what do you remember most about elementary school?

(例) I remember the school trip when I was in the fifth grade. We ran on the beach.

2. Speaking of elementary school, how have things changed since then?

(例) I don't read so many books now. I use my smartphone when I have free time.

③　ペアになって，理由や具体例を交えながら，次のことについて話しましょう。追加の質問をして会話を続けてみよう。

(！ヒント)

分詞を用いた表現を使って会話する。与えられた質問に対して答える。追加の質問をして会話を続ける。

1. Judging from your experience, what do you need to do to get good grades on exams?

(あなたの経験から判断すると，あなたは試験で良い成績をとるために何をする必要がありますか。)

(例) I think the main thing is to pay attention in class. The exam will be easy.

(私は一番重要なことは授業中に注意して聞くことだと思います。試験が簡単になるでしょう。)

2. Does body language have meaning, such as sitting or standing **with** your arms **folded**?

(腕を組んで座っていたり立っていたりすることのようなボディランゲージ〔身体言語〕には意味がありますか。)

(例) Yes, I think so. I often fold my arms. If I notice myself doing it, I try to stop.

(はい，私はそう思います。私はよく腕を組みます。私は自分自身がそうしていることに気づくと，やめるようにしています。)

(会話例)

1. Judging from your experience, what do you need to do to get good grades on exams?

   — I think that we need to ask teachers immediately if we have any questions.

   (+1) Do you think it is important to get good grades on exams?

2. Does body language have meaning, such as sitting or standing with your arms folded?

   — Yes, I think so. I think it is important in our communication. Folding your arms looks defensive, so it can make others misunderstand you.

   (+1) Do you have any other examples of body language?

‹ ═══════ ››››››››› **Use it** ‹‹‹‹‹‹‹‹‹ ═══════ ›

日本人の一般的な特徴について 3 文で書いてみよう。

(例) 説明　主題：　Generally speaking, Japanese people like cleanliness.
　　　　　　　　　　（一般的に言って，日本人は清潔が好きです。）
　　　　　詳述①：We do not wear shoes in our houses.
　　　　　　　　　　（私たちは家の中で靴を履きません。）
　　　　　詳述②：Many of us clean our houses at the end of the year.
　　　　　　　　　　（私たちの多くは年末に家を掃除します。）

(！ヒント)

・一般的な特徴なので，慣用的な分詞構文の Generally speaking「一般的に言って」で文を始めると良い。

・時制は現在形にする。

〔盛り込む観点の例〕

・日本人は断るのが下手

・日本人は勤勉である　など

(作文例)

主題：　Generally speaking, Japanese people worry about what others think of them.

詳述①：Many people do as other people do.

詳述②：Some people can't behave as they want to because they worry about being criticized by others.

< ══════ >>>>>>>>>> **Expressing** <<<<<<<<<< ══════ >

█ STEP 1 █

(問題文の訳)

①〜③の3人の性格に関する説明を3つ聞き，下のボックスから適切な語を選びなさい。

(！ヒント)

それぞれの人物の行動を聞き，どのような性格か判断する。性格に関する単語を確認する。

█ STEP 2 █

(問題文の訳)

①〜③の3人が話していることを聞き，下のボックスから適切な語を選びなさい。

(！ヒント)

それぞれの人物について自身が考えている性格と，周囲から見た性格について聞き取る。

・think of oneself as 〜（自分のことを〜だと思う）

・be often told that 〜（〜とよく言われる）

・be regarded as 〜（〜とみなされる）

・like 〜ing（〜するのが好き）

・my parents sometimes say that 〜（私の両親は時々〜だと言います）

█ STEP 3 █

(問題文の訳)

あなたは自分の性格をどう説明しますか。あなたは自分がどのような人間だと思いますか。また，周りの人(友達や家族など)はあなたについてどのように言いますか。自分の性格について文章を書きなさい。そしてそれをクラスで発表しなさい。

(！ヒント)

最初の＿＿＿に自分が思う性格，そのあと母親があなたについてふだん言っていることを書き，自分の考えをまとめる。

(作文例)

　I think of myself as quiet but my mother always says that I'm talkative. Actually, I talk with my sister all day at home, and my mother often says to me, "Stop talking." I enjoy talking with my classmates at school, too. However, I also like being alone, and one of my favorite things is to read books in my room.

< ══════ >>>>>>>>> **Words & Phrases** <<<<<<<< ══════ >

次の表の＿＿に適切な英語を書きなさい。

<table>
<tr><th colspan="2">電話（Telephone）</th><th>インターネット
（The Internet）</th></tr>
<tr>
<td>
☐ 通話　a (phone) call
☐ 電話をする
　　call / make a (phone) call
☐ 電話に出る
① ＿＿＿＿＿＿＿＿＿＿
☐ 電話を切る
② ＿＿＿＿＿＿＿＿＿＿
☐ 後で電話を下さい。
　　Call me back later.
☐ お電話ありがとう。
　　Thanks for calling.
</td>
<td>
☐ 携帯電話
　　cell phone / mobile phone
☐ 携帯メール
　　text message on a cell phone
☐ アドレス帳　address book
☐ 携帯電話の電源を切る
　　turn off one's cell phone
☐ メッセージを残す
③ ＿＿＿＿＿＿＿＿＿＿
☐ 充電する　charge the battery
☐ （携帯電話で）メッセージを送る
　　send a text message
</td>
<td>
☐ インターネットを使う
　　use the Internet
☐ ネットを見る
　　surf the Internet / check the web
☐ ネットで動画を見る
　　watch videos online
☐ ネットで情報を探す　search
　　for information on the web
☐ （パソコンで）メールを送る
④ ＿＿＿＿＿＿＿＿＿＿
☐ アプリをインストールする
　　install an app
</td>
</tr>
<tr><th colspan="3">性格（Characters）</th></tr>
<tr>
<td>
☐ 親切な　kind
☐ 優しい　gentle
☐ 心の温かい　warm-hearted
☐ 親しみやすい
⑤ ＿＿＿＿＿＿＿＿＿＿
☐ 明るい　cheerful
☐ おもしろい　funny
☐ 積極的な
⑥ ＿＿＿＿＿＿＿＿＿＿
☐ 慎重な・注意深い　careful
</td>
<td>
☐ 思いやりのある　considerate
☐ のんきな　easy-going
☐ 神経質な　sensitive
☐ 頑固な
⑦ ＿＿＿＿＿＿＿＿＿＿
☐ 前向きな　positive
☐ 率直な・きさくな
⑧ ＿＿＿＿＿＿＿＿＿＿
☐ おしゃべりな　talkative
☐ 恥ずかしがり屋の　shy
</td>
<td>
☐ おとなしい　quiet
☐ 正直な　honest
☐ 礼儀正しい
⑨ ＿＿＿＿＿＿＿＿＿＿
☐ 勤勉な
　　diligent / hardworking
☐ 謙虚な
⑩ ＿＿＿＿＿＿＿＿＿＿
☐ 我慢強い　patient
☐ 時間を守る　punctual
☐ 自己主張する　assertive
</td>
</tr>
</table>

解答
① answer the phone　② hang up the phone　③ leave a message　④ send an email
⑤ friendly　⑥ active　⑦ stubborn　⑧ frank　⑨ polite　⑩ modest

Lesson 10 〉 That's why I decided to go back.

Model Conversation

ジョンと海斗が日本語の表現について話して
います。

J1: ①Kaito, when do you say
otsukaresama?

K1: ②It's **a phrase which** we use to show
our appreciation to others.　③It basically
means "Thank you for your hard work."

J2: ④I see.　⑤But I have many friends
who use it when they say goodbye.

K2: ⑥Yes.　⑦Young people use it to mean
goodbye, too.

J3: ⑧Now I understand.　⑨So, it can
be used to say both "thank you" and
"goodbye."

K3: ⑩Oh, we use it to mean "hello," too.

J4: ⑪Really?　⑫What a useful expression!

J1: ①海斗、「お疲れ様」っていつ言うの？

K1: ②ほかの人の労をねぎらうときに使
う表現だよ。③大体、「がんばって
くれてありがとう」って意味かな。

J2: ④なるほど。⑤でもさようならを言
うときに使う友達もたくさんいるよ。

K2: ⑥そうだね。⑦若い人たちはさよう
ならの意味でも使うよ。

J3: ⑧やっとわかったよ。⑨「ありがと
う」と「さようなら」の両方を言う
ときに使えるんだね。

K3: ⑩ああ、「こんにちは」のときも使
うね。

J4: ⑪本当？⑫なんて便利な表現なんだ！

語句と語法のガイド

appreciation [əprì:ʃiéiʃən]　　名 感謝　▶ appreciate 動 ～に感謝する

basically [béɪsɪkəli]　　副 基本的には　▶ basic 形 基本的な

expression [ɪkspréʃen]　　名 表現　▶ express 動 ～を表現する

◀ 解説

② **It's a phrase which we use to show our appreciation to others.**

　which は目的格の関係代名詞。 **EB4**

　It's a phrase. + We use it to show our appreciation to others.
　　　└─────────────┘ which
　to show は目的を表す不定詞の副詞的用法。

⑤ **But I have many friends who use it when they say goodbye.**

　who は主格の関係代名詞。 **EB1**

　I have many friends. + They use it when they say goodbye.
　　　└─────────┘ who

⑨ **So, it can be used to say both "thank you" and "goodbye."**

　〈can be ＋過去分詞〉で「～されることができる」という意味を表す。to say は目的を
　表す副詞的用法。both ～ and ... は「～と…の両方(とも)」という意味。

Listening Task

Circle T for True or F for False. （正しければ T，間違っていれば F に○をつけなさい。）

（！ヒント）

1. 海斗はジョンに「お疲れ様」は何を示すために使われると言ったか。（→②）

2. 若い人たちはどのようなときに「お疲れ様」と言うのか。（→⑦）

3. 「お疲れ様」という表現は「こんにちは」も意味するのか。（→⑩）

⟨ ══ ⟩⟩⟩⟩⟩⟩⟩⟩⟩ **Example Bank** ⟨⟨⟨⟨⟨⟨⟨⟨⟨ ══ ⟩

A 関係代名詞（主格の who, which）

1. I met a woman **who** spoke French well.
　私はフランス語を上手に話す女性に出会った。

2. She was reading a novel **which** was popular with teenagers.
　彼女は 10 代に人気がある小説を読んでいた。

◀ 解説

関係代名詞

　関係代名詞は，①先行詞が人であるかどうか，②後ろに続く節(関係詞節)の中でどのような働きをするか(主格・所有格・目的格)によって使い分けられる。

I met a woman **who** spoke French well.
　　先行詞　　主格

先行詞	主格	所有格	目的格
人	who	whose	whom / who
人以外(動物・物・事)	which	whose	which
人・人以外(すべて)	that	—	that

主格

　関係詞節の中で主語の働きをする関係詞を**主格の関係代名詞**と呼ぶ。先行詞が**人**のときは **who**，先行詞が**人以外**のときは **which** を用いる。**that** はどちらの場合も使える。

1. a woman を who 以下の関係詞節が修飾している。①先行詞は人であり，②後ろに続く節の中で主語の働きをしているので who が使われる。

⇨ I met **a woman**.
　　名詞　　　どんな女性？　**She** spoke French well.
　　　　　　　　　　　　　　代名詞

➡ I met a woman **who** spoke French well.
　　　名詞　　関係代名詞

2. ①先行詞は**人以外**であり，②**主語**の働きをしているので which が使われる。

⇨ She was reading a novel. **It** was popular with teenagers.

➡ She was reading a novel **which** was popular with teenagers.

《注意》関係詞節中の動詞の形は，先行詞の人称・数に応じて形を変える。

⇨ This is **the bus** which **goes** to the university.(これが大学に行くバスです。)

B　関係代名詞(目的格の whom[who]，which)

3. The people (**whom**[**who**]) I met in Korea were nice.
　 私が韓国で出会った人々は親切だった。

4. This is the book (**which**) he wrote.　これが彼の書いた本です。

◀ 解説

目的格

　関係詞節の中で目的語の働きをする関係詞を**目的格の関係代名詞**と呼ぶ。先行詞が人のときは **whom** か **who**(口語では who のほうが多く用いられる)，先行詞が人以外のときは **which** を用いる。**that** はどちらの場合も使える。目的格の関係代名詞は省略されることが多い。

3. The people が先行詞で，whom[who] I met in Korea がそれを修飾している。

⇨ **The people** were nice.

　　　　どんな人たち？　 I met **them** in Korea.
　　　　　　　　　　　　　　　O(代名詞)

➡ **The people** (**whom**[**who**]) I met 　　 in Korea were nice.
　　　　　　関係代名詞

《注意》関係詞節の中には代名詞の目的語は残らない。

　　　×*The people (whom[who]) I met them in Korea were nice.*

4. 先行詞(the book)は人以外なので，関係代名詞として which が使われている。**3** と同様，which は wrote の目的語の働きをしている。

⇨ This is the book .　　　He wrote it.

➡ This is the book (**which**) he wrote 　 .

《注意》目的格の関係詞節は，しばしば関係詞が省略されて S + V(+ M)になる。名詞の直後に S + V を見つけたら，それはその名詞を修飾する関係詞節だと考えると良い。

　　⇨ **The movie** *I watched* with her yesterday was really exciting.
　　　　名詞　　S'　　V'

　　(私が 昨日彼女と 見た 映画 はとてもわくわくするものでした。)

C 関係代名詞（所有格の whose）

5. I met a woman **whose sister** is a cartoonist.

　私は姉〔妹〕が漫画家である女性に出会った。

◀ 解説

所有格

　所有格の関係代名詞は，先行詞が所有するものについて情報を加える場合に使われる。先行詞が人か人以外かにかかわらず **whose** を用い，〈**whose ＋名詞**〉の形で使われる。

5. a woman が先行詞で，whose sister is a cartoonist がそれを修飾している。

⇨ I met **a woman**.

　　どんな女性？　**Her sister** is a cartoonist.
　　　　　　　　　代名詞（所有格）

➡ I met a woman **whose sister** is a cartoonist.
　　　　　　　　　関係代名詞

　次の例文では，whose は関係詞節の中で所有格(its)の働きをしている。先行詞(The house)が人以外でも，所有格の関係代名詞は whose を用いる。

⇨ The house is my uncle's. **Its roof** is red.
　　　　　　　　　　　　　代名詞（所有格）

➡ The house **whose roof** is red is my uncle's.（屋根が赤色の家はおじの家です。）

D 関係代名詞（that）

6. She was reading a novel **that** was popular with teenagers.

　彼女は 10 代に人気がある小説を読んでいた。

7. The people (**that**) I met in Korea were nice.　私が韓国で出会った人々は親切だった。

◀ 解説

関係代名詞 that

that は主格・目的格の両方の関係代名詞として用いられる。

6. 先行詞(a novel)は人以外で，主格の関係代名詞 that が用いられている。that は関係詞節の中で主語の働きをしている。that の代わりに which も可。

7. 先行詞(The people)は人で，目的格の関係代名詞 that が用いられている。that は関係詞節の中で目的語の働きをしている。that の代わりに who, whom も可。

　《注意》that には所有格の用法はない。

　　　　The house **whose roof** is red is my uncle's.

　　　　×*The house that roof is red is my uncle's.*

‹ ═══ ››››››››› **Function（定義する）** ‹‹‹‹‹‹‹‹‹ ═══ ›

1. A translator is a person **whose job is to** change writing or speech into another language.
   翻訳者とは書き言葉や話し言葉を他の言語に変える仕事をしている人だ。

2. *Yoroshiku* is **a phrase which** people use in various situations to ask someone to do something properly.
   「よろしく」はさまざまな場面において他の人に適切に何かをして欲しいときに用いる表現だ。

3. "What does 'selfie' mean?"　「『selfie』ってどういう意味ですか？」
   "**It means** a photo that you take of yourself, usually with a smartphone."
   「一般的にスマートフォンで自分を撮った写真を意味します。」

📣 **解説**

1. **whose** は所有格の**関係代名詞**。定義を述べるとき，A is a B who / which / whose ～などの形がよく用いられる。

   A translator is a person. + His[Her] job is to change writing or speech ～ .
   ↑_____| whose

2. **which** は目的格の**関係代名詞**。

   Yoroshiku is a phrase. + People use it in various situations to ask ～ .
   ↑_____| which

3. ・**It means ～.** は「**それは～を意味する**」という意味。この例文では，～の部分に関係詞節を用いた名詞がきている。

   ・a photo + you take the photo of yourself
   ↑_____| that

┃ **語句と語法のガイド** ┃

translator [trænsléɪtər]	名 翻訳者　▶ translate 動 ～を翻訳する
change ～ into ...	熟 ～を…に変える
various [véəriəs]	形 さまざまな　▶ variety 名 多種多様
situation [sìtʃuéɪʃən]	名 場面，状況
properly [prá(:)pərli]	副 適切に　▶ proper 形 適切な

‹ ═══ ››››››››› **Try it out!** ‹‹‹‹‹‹‹‹‹ ═══ ›

1 （　　）に入る最も適切な語を考えましょう。関係代名詞 **"that"** 以外に何が当てはまるか考えてみよう。

（! ヒント）
先行詞が人か人以外か，関係詞が関係詞節中で何の働きをするかを考える。

1. ・先行詞は The movie なので，人以外を先行詞にとる関係代名詞を使う。
   ・後ろに SV があるので，目的格の関係代名詞を使う。

・「私が昨日見た映画はわくわくしました。私はもう一度見たかったです。」

2. ・先行詞は a friend で人なので，人を先行詞にとる関係代名詞を使う。
   ・後ろには SV が続いているので，目的格の関係代名詞を使う。
   ・「ジョンは日本に滞在中に出会ったある友だちから E メールを受け取りました。彼はそれは予期しなかったことだと言いました。」

3. ・先行詞は a book。
   ・後ろには動詞が続いているので，主格の関係代名詞を使う。
   ・「私は入口の近くに陳列されていた本を買いました。それが私の目にとまりました。」

4. ・先行詞は The shoes。
   ・後ろに SV があるので，目的格の関係代名詞を使う。
   ・「彼が今日はいている靴は新しいです。彼はそれらをオンラインで買いました。」

5. ・先行詞は the scientist。
   ・後ろには SV が続いているので，目的格の関係代名詞を使う。
   ・「ジョリーは私が一番称賛する科学者です。彼女はその分野の権威者です。」

6. ・先行詞は an artist だが，直後に名詞 works があることに注目する。
   ・先行詞は関係詞節の中で所有格の働きをしている。
   ・「トムはその作品がたくさんの人に愛されている芸術家です。私もファンです。」

練習問題① （　　）に入る最も適切な語を考えましょう。関係代名詞 "that" 以外に何が当てはまるか考えてみよう。

1. The books （　　　　） I read during the summer vacation were all interesting. I will talk about one of them today.
2. The people （　　　　） I met in Singapore were nice, so I really enjoyed my stay there.
3. This is a bus （　　　　） doesn't go to Narita Airport. We must wait for the next bus to go there.
4. These are the flowers （　　　　） John gave to Sally. It was her birthday yesterday.
5. That is the singer （　　　　） my sister loves. She always talks about him at home.
6. I talked with a woman （　　　　） son is a cartoonist. His comic books are popular with young people.

2　あなたの知っている人を紹介しましょう。下線部の語句を自分の言葉で言いかえて伝え合ってみよう。下のボックスの語句を使ってもかまいません。答えるときは理由や具体例も加えてみましょう。

！ヒント

知っている人は関係代名詞を使って紹介すると良い。目的格の関係代名詞は省略することができる。

（例）

A: <u>My father</u> is a person **who** <u>I respect.</u> He's a very honest and caring man.
　（父は私が尊敬する人です。父はとても正直で面倒見の良い人です。）

B: What is something **that** <u>he has done for you</u>?
　（お父さんがあなたのためにしてくれたことは何ですか。）

A: <u>He gave me a guitar</u> **which** <u>I play every day.</u> It's really nice and I love playing it.
　（父は私が毎日弾いているギターを私にくれました。それはとてもすばらしく，私はそ
　れを弾くのが大好きです。）

B: <u>Sounds good!</u>（いいですね！）

（会話例）

A: Mr. Kato, my English teacher, is a person who I respect. He is a kind and
　funny man.

B: What is something that he has done for you?

A: He talked about a lot of experiences which he had when he traveled in foreign
　countries. They were exciting, and I want to visit many foreign countries someday.

B: Sounds good!

3　ペアになって，理由や具体例を交えながら，次のことについて話しましょう。追加の
　質問をして会話を続けてみよう。

（！ヒント）

中国語を話すことができる友だちや，親戚がプロのスポーツ選手である友だちについて会
話する。与えられた質問に対して答える。追加の質問をして会話を続ける。

1. Do you have any friends **who** can speak Chinese?
　（あなたには中国語を話すことができる友だちがいますか。）
　（例）<u>I don't think so. Most of us just speak Japanese and English.</u>
　　（いないと思います。私たちのほとんどが日本語と英語を話すだけです。）

2. Do you have any friends **whose relatives** are <u>professional athletes</u>?
　（あなたには親戚がプロのスポーツ選手である友だちがいますか。）
　（例）<u>No, I don't. Haruki's sister is really good at softball though.</u>
　　（いいえ，いません。ハルキのお姉〔妹〕さんは本当にソフトボールが上手ですが。）

（会話例）

1. Do you have any friends who can speak Chinese?
　— Yes. I have a friend who is from Malaysia. She can speak Chinese very well.
　(+1) How long have you known each other?

2. Do you have any friends whose relatives are professional athletes?
　— Yes. Haruki's uncle is a professional soccer player.
　(+1) Which professional soccer team does he play for?

⟨ ══════════ ⟩⟩⟩⟩⟩⟩⟩⟩⟩ **Use it** ⟨⟨⟨⟨⟨⟨⟨⟨⟨ ══════════ ⟩

あなたの家族や友だちについて，3 つの文で紹介してみよう。

(例) 説明　主題：　I have a cousin who can play soccer well.
　　　　　　　　　　（私には上手にサッカーをすることができるいとこがいます。）

　　　　　詳述①：He now belongs to a J2 team and plays as a forward player.
　　　　　　　　　　（彼は現在 J2 のチームに所属して，フォワードの選手としてプレー
　　　　　　　　　　しています。）

　　　　　詳述②：He scored 11 goals last year.
　　　　　　　　　　（彼は昨年 11 ゴールを決めました。）

[！ヒント]

例文の書き出しのように I have a cousin[friend] などで始め，後ろから関係代名詞を用
いてどのような家族や友だちなのかを説明すると良い。

〔盛り込む観点の例〕

・有名人である家族や友だちについて

・海外あるいは遠方に住んでいる家族や友だちについて　など

[作文例]

主題：　I have a friend who can sing very well.

詳述①：She wants to become a singer in the future.

詳述②：She studies English hard because she wants to become a singer who is
　　　　　recognized around the world.

Model Conversation

海斗とジョンがオーストラリアの通貨について話しています。

K1: ①John, I heard there is no 1 cent coin in Australia.

J1: ②That's right. ③They stopped making them because they are too expensive to make.

K2: ④But the prices haven't changed. ⑤So, the price tag might say $1.99, but you can't pay **what** it says on the tag in cash.

J2: ⑥Well, for prices ending in 1, 2, 6, or 7, you round down. ⑦And for prices ending in 3, 4, 8, or 9, you round up, **which** means that $1.99 becomes $2.

K3: ⑧**In other words**, you often have to pay more.

J3: ⑨Yes, and sometimes pay less. ⑩But the ways **in which** people pay are changing, too. ⑪Nowadays, most people don't pay in cash.

K1: ①ジョン，オーストラリアの通貨には1セント硬貨がないって聞いたんだけど。

J1: ②そうだよ。③製造にお金がかかりすぎるから廃止したんだ。

K2: ④でも値段は変わってないね。⑤だから，値段が1.99ドルっていうのもありえるけど，値札どおりには現金で払えないね。

J2: ⑥ああ，1，2，6，7で終わる値段は切り捨てられるんだ。⑦それで，3，4，8，9で終わる値段は切り上げられる，つまり1.99ドルは2ドルになるんだ。

K3: ⑧言い換えると，多く払わないといけないことがよくあるってことだね。

J3: ⑨そうだね，少なく払うこともあるよ。⑩でも支払い方も変わってきているよ。⑪近ごろはほとんどの人は現金で払わないんだ。

語句と語法のガイド

price tag	名	値札
in cash	熟	現金で
round down	熟	(端数を)切り捨てる(⇔ round up 切り上げる)
less [les]	名	より少ないもの(⇔ more より多いもの)
nowadays [náʊədèɪz]	副	最近

解説

⑤ **So, the price tag might say $1.99, but you can't pay what it says on the tag in cash.**
助動詞 may[might]は「(場合によって)〜することがある」という意味。推量を表す表現。関係代名詞の what は「〜すること〔もの〕」を表す。what は先行詞を含んでいるので，先行詞なしで使う。what it says on the tag は「値札に書かれているもの」という意味。 **EB5**

⑦ **And for prices ending in 3, 4, 8, or 9, you round up, which means that $1.99 becomes $2.**
which は関係代名詞の非限定用法。which の前のコンマによって，文の内容はいったん完結し，それに続く関係詞節は追加の説明を加えている。文の前半(for prices

ending in 3, 4, 8, or 9, you round up)が先行詞。 **EB10**

⑩ **But the ways in which people pay are changing, too.**

先行詞が前置詞の目的語の場合，関係代名詞は目的格を使う。前置詞が後ろに残る場合
と前置詞を関係代名詞の前に置く場合がある。 **EB2**

the ways ＋ people pay for things in the ways
　　　　　　　　　　　　　　　　　　　　which

┃ Listening Task ┃

Circle T for True or F for False.　（正しければ T, 間違っていれば F に○をつけなさい。）

(!ヒント)

1. オーストラリアでは，99 セントを硬貨で払うことができるか。(→①⑤)
2. 1.97 ドルは 2 ドルに切り上げるのか。(→⑥)
3. 値札よりも少なく払うこともあるか。(→⑨)

‹ ━━━━━ ›››››››› **Example Bank** ‹‹‹‹‹‹‹‹ ━━━━━ ›

A　前置詞の目的語になる関係代名詞

1. This is the CD (**which**) I told you **about**.　これが私が君に話した CD です。
2. This is the CD **about which** I told you.　これが私が君に話した CD です。
3. This is the CD (**which**) I've been **looking *for***.　これが私が探していた CD です。

◀ 解説

前置詞が後ろに残る場合，前に出る場合

先行詞が前置詞の目的語の場合，関係代名詞は目的格を使う。前置詞が後ろに残る場合
(→ **1**)と前置詞を関係代名詞の前に置く場合(→ **2**)がある。**1** の場合が多く，**2** の前置
詞を前に置く形は文語的な表現。

1. 関係代名詞が前置詞の目的語になっており，前置詞が後ろに残っている。関係代名詞
　を省略することも，that を用いて表すことも可能である。

⇨ This is the CD.　　　＋　　　I told you **about it**.

➡ This is the CD (**which**[**that**]) I told you **about** ⁝⁝⁝ .

2. 前置詞を関係代名詞の前に置く。

⇨ This is the CD.　　　＋　　　I told you **about it**.

➡ This is the CD **about which** I told you ⁝⁝⁝⁝⁝⁝ .

《注意》前置詞を関係代名詞の前に置く場合，関係代名詞を省略することはできない。
　　　　また，that は使えない。

　　　　×*This is the CD about I told you.*

　　　　×*This is the CD about that I told you.*

《注意》先行詞が人の場合は次のようになる。

⇨ Do you know the girl (**who**[**whom**, **that**]) Tim is talking to?

➡ Do you know the girl **to whom**[×*to who*, ×*to that*] Tim is talking?
（ティムが話をしている女の子を知っていますか。）

群動詞の前置詞

3. look for「〜を探す」などの群動詞はそのまとまりで意味を持つので，前置詞は切り離さず，後ろに残す。

⇨ This is the CD. I've been **looking for it**.

➡ This is the CD (**which**[**that**]) I've been **looking for** ⬚.
×*This is the CD for which I've been looking.*

B 関係代名詞の what「〜すること[もの]」

4. What is needed is change.　必要とされるのは変化だ。

5. I didn't hear **what** she said.　私は彼女が言ったことが聞こえなかった。

6. That's **what** I want to know.　それが私の知りたいことだ。

◀◖**解説**

関係代名詞の what

　関係代名詞の **what** は「〜すること〔もの〕」を表す。what は**先行詞を含んでいる**ので，先行詞なしで使う。the thing(s) that[which]で書きかえることができる場合が多い。

4. = **The thing that**[**which**] is needed is change.

　what が導く節は名詞節で，文の中で主語(→ **4**)，目的語(→ **5**)，補語(→ **6**)になる。次のように前置詞の目的語になることもある。

⇨ Emily thanked him *for* **what** he had done.
（エミリーは彼がしたことにお礼を言いました。）

C 関係代名詞の限定用法と非限定用法

7. She has two sons **who** became actors.　彼女には俳優になった息子が２人いる。

8. She has two sons, **who** became actors.
彼女には息子が２人いて，（２人とも）俳優になった。

9. We went to a restaurant **which** served delicious food.
私たちはおいしい料理を出すレストランに行った。

10. We went to Sailors Restaurant, **which** served delicious food.
私たちはセイラーズ・レストランに行ったのだが，そこはおいしい料理を出した。

◀◖**解説**

限定用法

7. 先行詞である two sons を who became actors が修飾し，「（単なる）２人の息子」ではなく「俳優になった２人の息子」と限定している。２人の他に別の息子がいることもあり得る。この用法を関係代名詞の**限定用法(制限用法)**と呼ぶ。

非限定用法

8. 関係代名詞の who の直前にコンマが用いられている。このコンマによって，文の内容はいったん完結し，それに続く関係詞節は追加の説明を加えている。この用法を関係代名詞の**非限定用法**（**非制限用法**あるいは**継続用法**）と呼ぶ。コンマによって文が切れているので，彼女には２人しか息子がおらず，そのどちらもが俳優になったことを表している。

9. 10. which も非限定用法（→ **10**）で使われるが，that には非限定用法はない。先行詞が固有名詞や〈所有格＋名詞〉，〈this などの指示代名詞＋名詞〉などの場合は，すでに「特定の１つ」に限定されているので，非限定用法のみで使われる。

《注意》非限定用法の関係代名詞は，目的格でも省略できない。

　　　⇨ Julia talked about my brother**, who**(**m**) she had met at the station.
　　　×*Julia talked about my brother, she had met at the station.*
　　　（ジュリアは私の兄について話したのだが，彼女は彼に駅で会ったということだ。）

句・節・文を受ける非限定用法の which

先行する句・節・文について追加の説明を加える場合，関係代名詞 **which** が使われる。次の例文で，関係詞節 which I found impossible「私は不可能だと思った」の意味から考えると，to climb the mountain「山に登ること」という不定詞句が先行詞。

⇨ I tried to climb the mountain, **which** I found impossible.

（私はその山に登ろうとしたが，それは無理だとわかりました。）

次の例文で，which wasn't true「本当ではなかった」の先行詞は，he was a lawyer「彼は弁護士だった」という節である。

⇨ He said he was a lawyer, **which** wasn't true.

（彼は弁護士だと言ったが，それは本当ではありませんでした。）

次の例文で，which surprised us「私たちを驚かせた」のは，She suddenly left the club「彼女は突然退部した」ことなので，前の文全体が先行詞。

⇨ She suddenly left the club, **which** surprised us.

（彼女が突然退部し，そのことは私たちを驚かせました。）

——— >>>>>>>>> **Function**（言い換える） <<<<<<<<< ——— >

1. "Ms. Maeda said we should consider different options."

"I think **what she really means is that** our current plan isn't good."

「前田先生は他の選択肢を考えるべきだと言っていたよ。」

「彼女の本当に意味するところは，今の計画が良くないということだろうね。」

2. My little brother almost cried when he opened his Christmas present. **In other words**, it was what he really wanted.

弟はクリスマスプレゼントを開けて泣きそうになった。つまり，それは彼が本当に欲しかったものだった。

◀ 解説

1. what は関係代名詞。**what S really mean(s) is that 〜 .** は「**S が本当に意味するところは〜だ**」という意味。

2. **in other words** は「**言い換えれば，つまり**」という意味で，別の視点からの言いかえや要約を表すときに使う。

▌ 語句と語法のガイド ▌

option [ɑ́(:)pʃən]	名 選択肢　▶ optional 形 選択の
current [kə́:rənt]	形 今の，現在の

< ——— >>>>>>>>> **Try it out!** <<<<<<<<< ——— >

① （　）に入る最も適切な語を考えましょう。関係代名詞 "that" 以外に何が当てはまるか考えてみよう。

(！ヒント)

1. ・先行詞は homework なので，「人以外」を先行詞にとる関係代名詞を使う。

・後ろには動詞が続いているので，主格の関係代名詞を使う。

・「ジョーンズ先生はいつも私たちに時間がかかる宿題を出します。私はそれを終わらせるのに夜遅くまで起きている必要があります。」

2. ・先行詞は the house。

・関係代名詞を入れただけでは文の形が成立しない場合は前置詞を補う。

・「これは私が以前住んでいた家です。今はそこに誰も住んでいないようです。」

3. ・先行詞は my own computer で，コンマで区切られていることに注目する。

・「私は自分自身のコンピュータを持っていますが，それは祖父が私に買ってくれました。それはノートパソコンなので，自分が行くところどこへでも持っていけます。」

4. ・先行詞がなく，「〜すること〔もの〕」の意味を表す場合は関係代名詞 what を使う。

・「ホッチキスをどうぞ。」「ありがとう！それは私が欲しかったものです。」

練習問題① （　　）に入る最も適切な語を考えましょう。関係代名詞 "that" 以外に何が当てはまるか考えてみよう。

1. Here is my album. It has a lot of photos (　　　　) make me happy.
2. This is the hospital (　　　　) I was born (　　　　). My sister was born there too.
3. Mr. Jones recommended this book, (　　　　) is written in easy English. I would like to read it.
4. I don't understand (　　　　) you are saying. Would you say it again?

② 友達が遊びに来たときにどうすべきかをパートナーに提案をしてみましょう。下線部の語句を自分の言葉で言いかえて伝え合ってみよう。下のボックスの語句を使ってもかまいません。答えるときは理由や具体例も加えてみましょう。

！ヒント

関係代名詞 what や非限定用法の which を使うと良い。

（例）
A: Some friends are coming to my house <u>on the weekend</u>. I need to <u>prepare some food</u>, but I don't know <u>what I should make</u>.
　（何人かの友だちが週末に私の家に来ます。私は食べ物を準備する必要がありますが、作るべきものがわかりません。）
B: How about *takoyaki*, **which** is easy to make and everyone loves it?
　（たこ焼きはどうですか。作るのが簡単で、みんなそれが大好きです。）

会話例

A: Some friends are coming to my house next Sunday. I need to get a movie for us to watch, but I don't know what we should watch.
B: How about *Frozen*, which is very famous? I think everyone loves watching it.

③ ペアになって，理由や具体例を交えながら，次のことについて話しましょう。追加の質問をして会話を続けてみよう。

！ヒント

楽しみにしていることや最近読んだニュースについて会話する。与えられた質問に対して答える。追加の質問をして会話を続ける。

1. What is something (**which**) you are looking forward to?
　（あなたが楽しみにしていることは何ですか。）
　（例）I'm going skiing in winter. I'm going to Nagano, **which** held the Olympics.
　　（私は冬にスキーをしに行きます。私は長野に行きますが、そこではオリンピックが開かれました。）

2. Can you tell me about some news which you read recently?
　（あなたが最近読んだニュースについて教えてくれますか。）

(例) I read that USJ has opened a new attraction, **which** I really want to ride. I can't wait!

（私は USJ が新しいアトラクションをオープンしたと読みました。私はそれに本当に乗ってみたいです。私は待ち遠しいです！）

会話例

1. What is something (which) you are looking forward to?
   — I'm going to travel in the Kyusyu region with my family in winter. We're going to Kumamoto, which is famous for its local mascot, *Kumamon*.
   (+1) What are you going to do there?

2. Can you tell me about some news which you read recently?
   — In 2024, the Olympic Games will be held in Paris, which is the capital of France. I can't wait!
   (+1) Have you ever been to France?

‹ ══════ ⟩⟩⟩⟩⟩⟩⟩⟩⟩ **Use it** ⟨⟨⟨⟨⟨⟨⟨⟨⟨ ══════ ›

今あなたに必要なものについて，3 つの文を書いてみよう。

(例) 主張　主張：　What I mostly need now is time.
　　　　　　　　　（私が現在主として必要なものは時間です。）
　　　理由①：I need to practice playing the guitar for the school festival.
　　　　　　　（私は文化祭のためにギターを弾く練習をする必要があります。）
　　　理由②：Also, I want to study English to prepare for the study abroad program.
　　　　　　　（また，私は海外留学プログラムの準備をするために英語を勉強したいです。）

! ヒント

・関係代名詞 what を用いて，what I need(私が必要なもの)を主語にした文を作ると良い。
・それが必要な理由について述べる。
〔盛り込む観点の例〕
・趣味で使うのに必要な道具
・集中力や根気について　など

作文例

主張：　What I need now is a costume for Halloween.
理由①：I will go to a party tomorrow, but I have nothing to wear.
理由②：Most of my friends have already decided what to wear, so I have to go shopping after school today.

Model Conversation

海斗とジョンがクリスマスについて話しています。

K1: ①John, I heard you're going home this winter break.

J1: ②Yes. ③My relatives are getting together at my family's house to celebrate Christmas. ④**That's why** I decided to go back, even for a little while.

K2: ⑤That sounds like **how** we spend the New Year. ⑥In Japan, the New Year is the time **when** families get together.

J2: ⑦Interesting! ⑧We spend the New Year with our friends.

K3: ⑨That's what we do for Christmas.

J3: ⑩It's all opposite, not just the season!

K1: ①ジョン，この冬休みは帰国するんだってね。

J1: ②うん。③クリスマスを祝うために親戚がうちに集まるんだ。④それで帰ることにしたんだ，少しの間だけだけどね。

K2: ⑤僕たちのお正月の過ごし方みたいだね。⑥日本では新年は家族が集まる時なんだ。

J2: ⑦おもしろいね！⑧僕たちは新年を友だちと過ごすんだ。

K3: ⑨それは僕たちがクリスマスにすることだよ。

J3: ⑩季節だけじゃなく，全部逆なんだね！

語句と語法のガイド

break [breɪk]	名 休み，休暇 ▶ 動 壊れる；〜を壊す
relative [rélətɪv]	名 親戚
get together	熟 集まる
celebrate [séləbrèit]	動 〜を祝う
for a little while	熟 少しの間
opposite [á(ː)pəzɪt]	形 逆の，正反対の ▶ 名 正反対

解説

④ **That's why I decided to go back, even for a little while.**

関係副詞の why は the reason(s)を先行詞とし，理由を表す節を導く。the reason(s)は省略されることもある。That's why 〜は「そういうわけで〜」という意味を表す。 **EB3**

⑤ **That sounds like how we spend the New Year.**

sound like 〜は「〜のように聞こえる」という意味。ここでは〜に名詞節がきている。how は関係副詞。先行詞を含んでいるため，関係詞節全体で「〜する方法〔やり方〕」という意味の名詞節になる。 **EB4**

⑥ **In Japan, the New Year is the time when families get together.**

関係副詞の when は時を表す先行詞を修飾する。when 以下が先行詞の the time を修飾している。 **EB2**

The New Year is the time. + Families get together then[= at the time].
when

█ Listening Task █

Circle T for True or F for False. （正しければ T, 間違っていれば F に○をつけなさい。）

（!ヒント）

オーストラリアと日本のクリスマスや新年の過ごし方の違いに注意して聞き取ろう。

1. ジョンはオーストラリアの親戚たちに会うのか。（→①③）

2. オーストラリアでは，親戚たちはクリスマスを祝うために集まるのか。（→③）

3. 日本人とオーストラリア人は新年を同じ方法で祝うのか。（→⑥⑧⑨⑩）

⟨ ══════ ⟩⟩⟩⟩⟩⟩⟩⟩⟩⟩ **Example Bank** ⟨⟨⟨⟨⟨⟨⟨⟨⟨ ══════ ⟩

A　関係副詞

1. The hotel **where** we stayed was wonderful.　私たちが泊まったホテルはすばらしかった。

2. I remember the day **when** I first met you.
　私は初めてあなたに出会った日を覚えている。

3. Tell me (the reason) **why** you were late.
　あなたが遅れた理由を言いなさい。

4. That's how the accident happened.　そのようにして事故は起こった。

◀█ 解説

関係副詞

　関係副詞は，関係代名詞と同様に名詞（先行詞）を修飾する場合に使われるが，関係代名詞とは違って**関係詞節の中で副詞の働きをする**。

先行詞	場所を表す語	時を表す語	reason(s)	不要
関係副詞	where	when	why	how

where

　関係副詞の where は**場所**を表す先行詞を修飾する。

1. 先行詞(The hotel)を関係詞節(where we stayed)が修飾している。関係副詞は関係詞節の中で副詞の役割を果たしている。

⇨ **The hotel** was wonderful.

　　　どんなホテル？　We stayed **there**［= *at* **the hotel**］.
　　　　　　　　　　　　　　　　　　　副詞

➡ The hotel **where** we stayed ┈┈┈ was wonderful.
　　　　　関係副詞

　関係代名詞 which を使って〈前置詞＋ which〉の形で書きかえることができる。その際，前置詞は関係詞節の中の動詞と先行詞の関係で決まる。stay <u>at</u> the hotel と言えるので，次のように書きかえられる。

　　= The hotel **at which** we stayed was wonderful.
　　= The hotel (**which**) we stayed **at** was wonderful.

when

関係副詞の when は**時**を表す先行詞を修飾する。

2. when 以下が先行詞の the day を修飾している。主節と関係詞節を分けて考えると，**when** は時を表す副詞句を置きかえたものであることがわかる。

⇨ I remember **the day**.

どんな日？ I first met you **then**[= *on* **the day**].
副詞

➡ I remember the day **when** I first met you ⬚.
関係副詞

why

関係副詞の why は the reason(s)を先行詞とし，**理由**を表す節を導く。the reason(s)は省略されることもある。

3. the reason が先行詞で，why 以下がその内容を表している。

⇨ Tell me **the reason**.

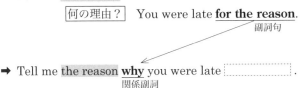

何の理由？ You were late **for the reason**.
副詞句

➡ Tell me the reason **why** you were late ⬚.
関係副詞

That is the reason why ～（そういうわけで～）の意味で，**That's why ～**が用いられる。また，**This is why ～**（こういうわけで～）という形でも用いられる。

⇨ I had the flu. **That's why** I was absent last week.
　原因───────────→結果

（私はインフルエンザにかかっていました。それで先週休んでいました。）

《参考》This[That] is because ～は，「これ[それ]は～だからです」という意味を表す。
　　　　This[That] is why ～とは原因と結果が逆になることに注意。

　　　　⇨ I was absent last week. **That's because** I had the flu.
　　　　　結果←───────────────原因

　　　　（先週，私は休んでいました。それはインフルエンザにかかっていたからです。）

how

関係副詞の how は先行詞を含んでいるため，関係詞節全体で「**～する方法[やり方]**」という意味の名詞節になる。

4. 関係副詞の how は **That's how ～**（そのようにして～）という形で，事のなりゆきや方法を表すことが多い。また，**This is how ～**（このようにして～）という形でも用いられる。

⇨ **This is how** he drew the picture.（このようにして彼はその絵を描きました。）

《参考》how の代わりに the way，the way in which を使って同じ意味を表すことができる。

That's **how** the accident happened.
= That's **the way** the accident happened.
= That's **the way in which** the accident happened.

《注意》関係副詞の how には the way の意味が含まれているので，the way how ～ という形はない。×*That's the way how the accident happened.*

B　関係副詞の非限定用法

5. We stayed in Paris, **where** we met Tom.　私たちはパリに滞在し、そこでトムに出会った。

6. In 2008, **when** I lived in Tokyo, I met Maria.
2008 年に私は東京に住んでいたが、その時マリアに出会った。

解説

関係副詞の非限定用法

関係副詞の where と when には**非限定用法**があり、先行詞に追加の説明を加える。why と how には非限定用法はない。

5. 非限定用法の関係副詞 where は、「…，そしてその場所で～」などの意味を表す。

⇨ We stayed in Paris.〔追加説明〕We met Tom **there**.

→ We stayed in Paris, **where** we met Tom ⬚.

6. 非限定用法の関係副詞 when は、「…，そしてその時～」などの意味を表す。例文では、関係副詞の節が In 2008, の直後に置かれている。

⇨ In 2008, I met Maria.〔追加説明〕I lived in Tokyo **then**.

→ In 2008, **when** I lived in Tokyo ⬚, I met Maria.

C　複合関係代名詞

7. I'll give you **whatever** you want.
あなたが欲しいものは何でもあげますよ。

8. He is always calm, **whatever** happens.
何が起ころうとも、彼はいつも冷静だ。

解説

名詞節を導く複合関係代名詞

関係代名詞に -ever が付くと、「～ならどんなものでも」という意味を表し、**名詞節**を導く。これらは**複合関係代名詞**と呼ばれる。先行詞を含むことに注意。

複合関係代名詞	意味	主な書きかえ
whoever	〜する人は誰でも	anyone who 〜
whichever	〜するものはどれ〔どちら〕でも	any one[ones] that 〜 either (one) that 〜
whatever	〜するものは何でも	anything that 〜

7. whatever は「**〜するものは何でも**」という意味を表す。

　= I'll give you **anything** (**that**) you want.

[副詞節を導く複合関係代名詞]

　複合関係代名詞が**副詞節**を導き，「**〜しようとも**」という**譲歩**の意味を表す用法もある。複合関係代名詞の譲歩の用法は〈no matter ＋疑問詞〉で言いかえることができ，こちらのほうが口語的な表現である。

複合関係代名詞	意味	主な書きかえ
whoever	誰が〔誰を〕〜しようとも	no matter who 〜
whichever	どれ〔どちら〕が〔を〕〜しようとも	no matter which 〜
whatever	何が〔何を〕〜しようとも	no matter what 〜

8. whatever は「**何が〔何を〕〜しようとも**」という意味を表す。

　= He is always calm, **no matter what** happens.

D　複合関係副詞

9. I see Lisa **whenever** I go to Tokyo.　東京に行く時はいつでも私はリサと会う。

10. Wherever he goes, he always has two bodyguards.

　どこへ行こうとも，いつも彼はボディーガードを2人連れている。

11. He never gives up, **however difficult** the situation is.

　どんなに状況が困難でも，彼は決してあきらめない。

解説

[複合関係副詞]

　複合関係副詞の whenever は「**〜する時はいつでも**」，wherever は「**〜するところならどこへ〔で〕でも**」という意味を表す**副詞節**を導き，接続詞のように使われる。

複合関係副詞	意味	主な書きかえ
whenever	〜する時はいつでも	any time[anytime] 〜
wherever	〜するところならどこへ〔で〕でも	(at) any place 〜

9. whenever は「私が東京に行く時はいつでも」という副詞節を導く。

　= I see Lisa **any time** I go to Tokyo.

譲歩を表す複合関係副詞

whenever, wherever, however の複合関係副詞は, それぞれ**「いつ〜しようとも」**,**「どこへ〔で〕〜しようとも」**, **「どんなに〜でも」**という**譲歩**の意味を表す**副詞節**を導き, 接続詞のように使われる。

複合関係副詞	意味	主な書きかえ
whenever	いつ〜しようとも	no matter when 〜
wherever	どこへ〔で〕〜しようとも	no matter where 〜
however ＋形容詞〔副詞〕	どんなに〜でも	no matter how ＋形容詞〔副詞〕

10. wherever の節は「彼がどこへ行こうとも」という譲歩の意味を表す。

= **No matter where** he goes, he always has two bodyguards.

11. however は〈**however ＋形容詞〔副詞〕**〉の形で, **「どんなに〜でも」**という譲歩の意味を表す。

= He never gives up, **no matter how difficult** the situation is.

⇨ **However hard** you push the door, it won't open.〔however ＋副詞〕

×*However you push the door hard,* 〜

(そのドアをどんなに強く押しても, 開かないだろう。)

《 ══ 》》》》》》 **Function(経緯を説明する)** 《《《《《《 ══ 》

1. I took a taxi, and **that's how** I got here in time.
   タクシーに乗ったので, ここに間に合った。

2. The weather report said it would be raining that afternoon. **That's why** I chose to stay home.
   天気予報ではその午後, 雨になると言っていた。それで家にいることにしました。

3. "Sorry I'm late. **I'll explain what happened.**"
   "OK, go ahead."
   「遅れてごめんなさい。何が起きたか説明します。」
   「わかりました, どうぞ話してください。」

◀️ 解説

1. 関係副詞の how。**That's how 〜 .** は「そのようにして〜」という意味で, 事のなりゆきや方法を表す。

2. 関係副詞の why。**That's why 〜 .** は「そういうわけで〜」という意味。
   The weather report said 〜 . **That's why** I chose to stay home.
   　　　　　　原因―――――――――――――――――――→結果

3. **I'll explain what happened.** は「何が起きたか説明します。」という意味で, 説明が長くなるときなどに用いられる前置きの表現。

語句と語法のガイド

in time	熟	間に合って
weather report	名	天気予報（= weather forecast）
choose to *do*	熟	〜することに決める

‹ ═══════ ››››››››› **Try it out!** ‹‹‹‹‹‹‹‹‹ ═══════ ›

1 （　　）に入る最も適切な語を考えましょう。関係代名詞 **"that"** 以外に何が当てはまるか考えてみよう。

!ヒント

1. ・This is <u>the town</u>. + Fred was born <u>there</u>.
先行詞　　　　　　　　　　　　副詞
・「わあ，テレビを見て。ここはフレッドが生まれた町だよ。」「本当？　じゃあ，このドラマは彼の故郷で撮影されたんだね！」

2. ・This was <u>the day</u>. + We visited the Grand Canyon <u>then</u>.
先行詞　　　　　　　　　　　　　　　　副詞
・「この写真を見て。これは私たちがグランドキャニオンを訪れた日でした。」

3. ・空欄前にコンマがあり，後ろで Kanazawa についての追加説明をしている。
・「私たちは金沢を訪れる予定で，そこにはおじが住んでいます。そこは美しい市です。」

4. ・「どこに私がいようとも」の意味にすれば，後半と意味がつながる。
・「どこに私がいようとも，あなたは私の携帯電話に電話をかけることができます。私にはいつでも電話一本で連絡がとれます。」

5. ・「時間があるときはいつでも」の意味にすれば，前半と意味がつながる。
・「あなたはどのくらいの頻度で運動しますか。」「私は時間があるときはいつでもジムで運動します。」

6. ・先行詞がないことに注目する。
・「そのようにして〜」の意味にすれば，「彼はなんて賢い人なのでしょう！」と自然な流れになる。
・「そのようにして彼は問題を解決しました。」「彼はなんて賢い人なのでしょう！」

練習問題① （　　）に入る最も適切な語を考えましょう。関係代名詞 **"that"** 以外に当てはまるか考えてみよう。

1. "The hotel （　　　　） we stayed was great." "Can you tell me its name?"
2. "I remember the day （　　　　） I first met you." "So do I. It was a rainy day, wasn't it?"
3. This summer I am going to London, （　　　　） Mary was born. I would like to visit many places there.
4. （　　　　） he goes, he always has some bodyguards. He must be a very important person.
5. "Please come and see me （　　　　） you are free." "Thank you. I will."
6. Tim read many Japanese books and watched many Japanese TV programs. That's （　　　） he learned the Japanese language.

2 パートナーと推測ゲームをしましょう。下線部の語句を自分の言葉で言いかえて伝え合ってみよう。下のボックスの語句を使ってもかまいません。答えるときは理由や具体例も加えてみましょう。

(！ヒント)

関係副詞 where を使うと良い。

(例)

A: I'm thinking of a place in Nara **where** I saw a big Buddha statue.　It's near a park **where** there are a lot of deer.

（私は大仏像を見た奈良のある場所を考えています。それはたくさんの鹿がいる公園の近くにあります。）

B: Is it Todai-ji?（それは東大寺ですか。）

A: Yes!　I went to Nara Park, **where** I gave some food to many deer.

（そうです！私は奈良公園に行きました。そこで私はたくさんの鹿に食べ物をあげました。）

(会話例)

A: I'm thinking of a place in Japan where the Snow Festival is held every year.　It's a big winter event where not only Japanese people but also people from around the world go to see snow statue displays of various shapes.

B: Is it Sapporo?

A: Yes!　I went to Odori Park, where I saw some giant snow statues.

3 ペアになって、理由や具体例を交えながら、次のことについて話しましょう。追加の質問をして会話を続けてみよう。

(！ヒント)

最も快適に感じるときや10年後になりたいものについて会話する。与えられた質問に対して答える。追加の質問をして会話を続ける。

1. What is the time (**when**) you feel the most comfortable?

（あなたが最も快適に感じるときはいつですか。）

(例)I feel comfortable **whenever** I'm on a beach.　I like the sound of the waves.

（私は海岸にいるときはいつも快適に感じます。私は波の音が好きです。）

2. What do you want to be in ten years' time?

（あなたは10年後に何になりたいですか。）

(例)I want to be a professional musician.　I will do **whatever** it takes.

（私はプロの音楽家になりたいです。私はどんなことでもするつもりです。）

(会話例)

1. What is the time (when) you feel the most comfortable?

　　― I feel comfortable whenever I'm on my bed.　I can relax.

　　(+1) What do you usually do when you are on your bed?

2. What do you want to be in ten years' time?

　　― I want to be a teacher who teaches Japanese overseas.

　　(+1) What are you doing to realize your dream?

 **Use it**

あなたはどんな国〔市，町〕に住みたいと思いますか。3つの文を書いてみよう。

(例) 説明　主張：　I'd like to live in a city where there is an aquarium.

　　　　　　　　　　(私は水族館のある市に住みたいです。)

　　　　　　理由①：I really like fish and other sea animals.

　　　　　　　　　　(私は本当に魚やほかの海洋生物が好きです。)

　　　　　　理由②：My dream is to become a dolphin trainer.

　　　　　　　　　　(私の夢はイルカの調教師になることです。)

(！ヒント)

住みたい国〔市，町〕を説明するときは，関係副詞 where や関係代名詞 which などを使って表す。I'd like to live in a country where 〜 . 「〜という国に住みたいです」，I want to live in a town which has 〜.「〜がある町に住みたいです」などの表現が使える。

〔盛り込む観点の例〕

・生活に便利なところ

・環境の良いところ　など

(作文例)

主張：　I'd like to live in a country where there are a lot of music festivals.

理由①：I love going to concerts.

理由②：My dream is to become a drummer.

< ————— >>>>>>>>> **Expressing** <<<<<<<<< ————— >

║ STEP 1 ║

(問題文の訳)

①~③の３つの会話を聞き，空所を埋めなさい。

(！ヒント)

①けん玉がどのようなおもちゃか，②松尾芭蕉はいつ頃の人で何をしたのか，③子どもの日の説明をそれぞれ聞き取る。

║ STEP 2 ║

(問題文の訳)

日本のおもちゃ，ゲーム，イベント，歴史上の人物の１つを選びなさい。それについて３文書きなさい。

(！ヒント)

(例)葛飾北斎　北斎は江戸時代に富嶽三十六景を生み出した芸術家です。

(例)

選んだもの：the Doll's Festival(ひな祭り)

1. "Hinamatsuri", the Doll's Festival is an event to pray for girls' growth and happiness.(ひな祭りは女の子の成長と幸せを祈る行事です。)

2. It is held on March 3.(3月3日に行われます。)

3. Families with girls display Hina dolls.(女の子のいる家ではひな人形を飾ります。)

║ STEP 3 ║

(問題文の訳)

STEP 2 で書いた文を使って，発表の準備をしなさい。それからクラスで発表しなさい。

(！ヒント)

STEP 2 で書いたことをもとに，___を埋める。

(作文例)

　I would like to introduce the Doll's Festival. "Hinamatsuri", the Doll's Festival, is an event to pray for girls' growth and happiness. It is held on March 3. Families with girls display Hina dolls. I eat traditional Japanese dishes such as sushi and *hishimochi* (diamond-shaped rice cake) with my family every year.

< ═══ >>>>>>> **Words & Phrases** <<<<<<< ═══ >

次の表の＿＿に適切な英語を書きなさい。

祝日・イベント (Holidays, Events)		言語（Language）	
☐ 記念日	☐ 言語　language	☐ あいさつ	
① ＿＿＿＿＿	☐ 母語　mother tongue	⑤ ＿＿＿＿＿	
☐ 元日　New Year's Day	☐ 外国語　foreign language	☐ 母音　vowel	
☐ ひな祭り　the Doll's Festival	☐ 方言　dialect	☐ 子音　consonant	
☐ お花見 cherry-blossom viewing	☐ なまり　accent	☐ 品詞　part of speech	
☐ 子どもの日　Children's Day	☐ 発音　pronunciation	☐ 名詞	
☐ 七夕　the Star Festival	☐ 俗語　slang	⑥ ＿＿＿＿＿	
☐ 夏祭り　summer festival	☐ 禁句　taboo	☐ 動詞　verb	
☐ ハロウィーン　Halloween	☐ 表現　expression	☐ 形容詞　adjective	
☐ クリスマス	☐ ことわざ	☐ 副詞　adverb	
② ＿＿＿＿＿	③ ＿＿＿＿＿	☐ 前置詞　preposition	
☐ 大みそか　New Year's Eve	☐ 慣用句	☐ 接続詞　conjunction	
	④ ＿＿＿＿＿		

服（Clothes）		食文化（Food culture）
☐ 服を着る　get dressed	☐ 半袖のシャツ short-sleeved shirt	☐ 主食　staple food
☐ 着ている　wear	☐ 長袖のシャツ long-sleeved shirt	☐ 地元の料理
☐ 着替える　change clothes	☐ ズボン　pants / trousers	⑩ ＿＿＿＿＿
☐ 着る・身に付ける　put on ~	☐ 半ズボン　shorts	☐ 和菓子 Japanese confectionery
☐ 脱ぐ　take off ~	☐ 靴　(a pair of) shoes	☐ あんこ　sweet bean paste
☐ きつい	☐ 手袋　(a pair of) gloves	☐ 和食　Japanese food
⑦ ＿＿＿＿＿	☐ マフラー	☐ 中華料理　Chinese food
☐ ゆるい	⑨ ＿＿＿＿＿	☐ 韓国料理　Korean food
⑧ ＿＿＿＿＿	☐ 帽子　hat	☐ フランス料理　French food
☐ 民族衣装　national costume / traditional dress		☐ イタリア料理　Italian food

解答
① anniversary　② Christmas　③ proverb　④ idiom　⑤ greeting
⑥ noun　⑦ tight　⑧ loose　⑨ scarf　⑩ local cuisine

Lesson 11 ▷ Which do you prefer, cheaper beans or more expensive ones?

Model Conversation

海斗とジョンはフェアトレードについて話しています。

K1: ①John, have you ever heard the term "Fairtrade"?

J1: ②Yes, I learned about it from my uncle, who imports coffee beans from Ethiopia. ③Which do you prefer, **cheaper** beans or **more expensive** ones?

K2: ④Of course, I prefer cheaper ones.

J2: ⑤**It might be better** to check for the Fairtrade mark. ⑥The mark ensures that the producers can get enough money to live on.

K3: ⑦You mean, they live in poverty even though they sell beans?

J3: ⑧Exactly. ⑨**I suggest that** you buy Fairtrade products. ⑩You pay a little extra and they get fair pay for their work.

K1: ①ジョン，「フェアトレード」という言葉を聞いたことがある？

J1: ②うん，おじから学んだよ，彼はエチオピアからコーヒー豆を輸入しているんだ。③君は安い豆と高い豆のどっちが好き？

K2: ④もちろん，安いほうだよ。

J2: ⑤フェアトレードマークを調べたほうがいいかもね。⑥そのマークは生産者が暮らしていくのに十分なお金を稼げていることを保証しているんだ。

K3: ⑦つまり，彼らは豆を売っていても貧しく暮らしているってこと？

J3: ⑧そういうことさ。⑨フェアトレード製品を買うことを勧めるよ。⑩ちょっと多く払えば，彼らは仕事に対する適正な報酬をもらっていることになるんだ。

語句と語法のガイド

term [təːrm]	名	用語
import [ɪmpɔ́ːrt]	動	〜を輸入する(⇔ export 〜を輸出する)
coffee beans	名	コーヒー豆
Ethiopia [ìːiθióυpiə]	名	エチオピア
prefer [prɪfɔ́ːr]	動	〜をより好む
check for 〜	熟	〜をチェックする
ensure [ɪnʃúər]	動	〜を保証する
producer [prədjúːsər]	名	生産者 ▶ produce 動 〜を生産する, product 名 製品
live on 〜	熟	〜に頼って暮らす
poverty [pá(ː)vərti]	名	貧困 ▶ poor 形 貧しい, poorly 副 貧しく
even though 〜	熟	〜であるけれども
extra [ékstrə]	名	追加料金

fair [feər]	形	公正な
pay [peɪ]	名 報酬 ▶ 動	～を支払う

◀ 解説

③ **Which do you prefer, cheaper beans or more expensive ones?**

Which ～, A or B? の形の選択疑問文。cheaper は cheap の比較級，more expensive は expensive の比較級である。 **EB5**　代名詞の one[ones]は，前に出てきた数えられる名詞の繰り返しを避けるために用いられる。ここで，ones は beans の代わりに用いられている。

⑤ **It might be better to check for the Fairtrade mark.**

better は good の比較級。It might be better to *do*. は「～するほうが良いだろう」という意味で，相手の意向を尊重しつつ提案する丁寧な表現。

⑨ **I suggest that you buy Fairtrade products.**

I suggest (that) ～. は「～してはどうですか」と相手に提案する表現。suggest などの提案を表す動詞のあとに続く that 節中の動詞は，動詞の原形《アメリカ英語》か，〈should ＋動詞の原形〉《イギリス英語》にする。

▌ Listening Task ▌

Circle T for True or F for False.　（正しければ T，間違っていれば F に○をつけなさい。）

(**! ヒント**)

1. 海斗は安いコーヒー豆と高いコーヒー豆のどちらのほうが好きか。(→③④)

2. 暮らしていくのに十分なお金を稼ぐことができないコーヒー生産者がいるのか。(→⑥⑦⑧)

3. ジョンはフェアトレードマークがついた製品を買うことを勧めているか。(→⑨)

< ═══════ ＞＞＞＞＞＞＞＞＞ **Example Bank** <<<<<<<<< ═══════ >

A　原級を使った比較表現

1. *She* plays tennis **as well as** *her sister* (does).
彼女は彼女の姉〔妹〕と同じくらいテニスが上手だ。

2. *She* does**n't** play tennis **as well as** *her sister* (does).
彼女は彼女の姉〔妹〕ほどテニスが上手ではない。

3. *I* have **as many** books **as** *my brother* (does).
私は兄〔弟〕と同じくらいの数の本を持っている。

4. *Russia* is **twice as large as** *Brazil*.　ロシアはブラジルの 2 倍の大きさだ。

◀ 解説

比較変化

多くの形容詞や副詞は，**原級**(形容詞・副詞のそのままの形)だけではなく，「より～，もっと～」を意味する**比較級**や「最も～」を意味する**最上級**に変化する。このような変化を**比較変化**と呼ぶ。比較変化には**規則変化**と**不規則変化**がある。さらに，規則変化には -er，-est 型と more，most 型がある。

●規則変化：-er, -est 型

	原級	比較級	最上級
①1 音節の語	tall(背の高い)	tall**er**	tall**est**
	fast(速い，速く)	fast**er**	fast**est**
②2 音節の語の一部 (-y, -er, -le, -ow で 終わる語)	eas・y(容易な)	eas**ier**	eas**iest**
	clev・er(利口な)	clever**er**	clever**est**
	sim・ple(単純な)	simpl**er**	simpl**est**
	nar・row(狭い)	narrow**er**	narrow**est**

●規則変化：more, most 型

	原級	比較級	最上級
①2 音節の語の 多く	care・ful(注意深い)	**more** careful	**most** careful
	fa・mous(有名な)	**more** famous	**most** famous
②3 音節以上の 語	beau・ti・ful(美しい)	**more** beautiful	**most** beautiful
	im・por・tant(重要な)	**more** important	**most** important
③語尾が -ly の 副詞	slowly(ゆっくり)	**more** slowly	**most** slowly
	quickly(速く)	**more** quickly	**most** quickly

●不規則変化

原級			比較級	最上級
good	形	良い	better	best
well	形 健康で	副 上手に		
bad	形	悪い	worse	worst
badly		副 ひどく		
ill	形 病気で	副 悪く		
many	形	多数の	more	most
much	形 多量の	副 とても		
little	形 少量の	副 少し	less	least

AとBが同程度(A = B)であることを表す

　〈**A ... as ＋原級＋ as B**〉は「**A は B と同じくらい~**」という意味になる。2 つの物事や人が形容詞〔副詞〕の性質を同じくらい備えていることを表す。

　次の例文は，「トニー」と「あなた」が「背の高さ」という点で，同じくらいだということを表している。比較表現は 2 つの文をつなげて作る。Tony is tall. という文に，You are tall. という文をつなげたと考えることができる。

⇨ *Tony* is **as tall as** *you* (are). (トニーはあなたと同じくらいの背の高さだ。)

1. 副詞の比較表現も同じように考えることができる。次の例文は，「彼女」と「姉〔妹〕」が「テニスの上手さ」という点で同じくらいだということを表している。

⇨ *She* plays tennis │ **as well as** │ *her sister* ~~plays tennis well~~.
                     │   =   │   (does)

前に出た動詞を受ける do[does, did]を**代動詞**という。

《参考》2つ目の as のあとが代名詞1語の場合，口語では主格よりも目的格が用いられ
　　　　ることが多い。

　　　　⇨ She sings as well as **me[I (do)]**.（彼女は私と同じくらい歌がうまいです。）

┌─────────────────────────────────────┐
│ **A が B に達しない(A ＜ B)であることを表す** │
└─────────────────────────────────────┘
　　〈**A ... not as ＋原級＋ as B**〉は「**A は B ほど～ではない**」という意味を表す。

2.〈as ＋原級＋ as〉を not で否定すると，「～ほど…ではない」という意味になる。

⇨ *She* │ **doesn't play tennis as well as** │ *her sister* (does).
        │   ＜   │

《参考》否定文では，1つ目の as の代わりに so が使われることがある。ただし，口語
　　　　では as のほうが一般的。なお，肯定文では so は使われない。

　　　　= *She* does**n't** play tennis **so well as** *her sister* (does).

┌──────────────────────────────┐
│ 〈**as many ＋複数名詞＋ as B**〉 │
└──────────────────────────────┘
　　「**(数が)B と同じくらいの～**」は〈**as many ＋複数名詞＋ as B**〉で表す。many のあと
　　には複数名詞がくる。数えられない名詞の場合は much を使って，〈**as much ＋数え
　　られない名詞＋ as B**〉とする。

3. I have many books. ＋ My brother has many books.

➡ *I* have **as many books as** *my brother* ~~has many books~~.
                                               (does)

┌──────────────┐
│ **X 倍を表す** │
└──────────────┘
　　2つの物事や2人の人を比べて，「一方がもう一方の X 倍～だ」という場合，〈as ＋原
　　級＋ as〉の前に twice，half，X times などの倍数を置いて表現する。

〔●**倍数の表し方**：□ **as ＋原級＋ as B**〕

・half(B の半分の～)	・twice(B の2倍の～)
・X times(B の X 倍の～)	・one[a] quarter [one-fourth](B の4分の1の～)
・one-third(B の3分の1の～)	・two-thirds(B の3分の2の～)

4.「**B の2倍の～**」は〈**twice as ＋原級＋ as B**〉で表す。half を使って次のように言い
　　かえることができる。

　　　　= *Brazil* is **half as large as** *Russia*.
　　　　（ブラジルはロシアの半分の大きさだ。）

　　「**B の X 倍の～**」は〈**X times as ＋原級＋ as B**〉で表す。

⇨ *Brazil* is **three times as large as** *Argentina*.
　（ブラジルはアルゼンチンの3倍の大きさです。）

《参考》twice や分数など倍数表現のあとに，size(大きさ)などの名詞を使って「～の
　　　　X 倍…だ」を表すことができる。

⇨ *Russia* is **twice as large as** *Brazil*.
= *Russia* is **twice the size of** *Brazil*.
= *Brazil* is **half as large as** *Russia*.
= *Brazil* is **half the size of** *Russia*.

B 比較級を使った比較表現

5. *My mother* drives **more carefully than** *my father* (does).
母は父よりも慎重に運転する。

6. *Tony* is **much〔far〕taller than** *John*. トニーはジョンよりもずっと背が高い。

7. *She* is **two years older than** *her sister*. 彼女は妹よりも 2 歳年上だ。

◀ 解説

AがBより勝っている(A > B)ことを表す

何かと何かを比べて，何らかの基準で一方が勝っていることを表す場合，〈**A 〜 比較級 + than B**〉の形にする。「A は B よりも〜」という意味になる。
次の例文は，taller than を使って，「あなた」と「ジョン」が，「背の高さ」という点で「あなたのほうが背が高い」ことを表している。

⇨ *You* are **taller than** *John* (is). (あなたはジョンよりも背が高いです。)
　　　　　　　>
= *John* **isn't as tall as** *you* (are).

5. 副詞の比較級も同じように考えることができる。例文は「母」と「父」とでは，車を運転する際の「慎重さ」という点で「母のほうが慎重に運転する」ことを表している。than のあとの does は省略しても良い。
《参考》than のあとに代名詞だけを置く場合は，〈as +原級+ as〉の場合と同様に，口語では主格よりも目的格を使うことが多い。
⇨ *His brother* **is taller than** *he* (is). (彼の兄〔弟〕は彼よりも背が高いです。)
= *His brother* **is taller than** *him*.

2 つの差が大きいことを表す

6. 〈A ... 比較級+ than B〉を強調して「A は B よりもずっと〔はるかに〕〜」を表すときは，比較級の前に **much** あるいは **far** を置く。**a lot，even，still** を使っても同じように強調の意味を表すことができる。
⇨ *Tony* is 　　　 **taller than** *John*. (トニーはジョンよりも背が高いです。)
➡ *Tony* is **much** **taller than** *John*.

2 つの差を具体的な数値で表す

7. 「A は B よりも…だけ〜」と具体的な数値を表すときは，比較級の前に〈**数詞＋単位**〉を置く。
〈**by +数詞＋単位**〉を使って同じ意味を表すことができる。この by は「〜差で」の意味を表す。
= *She* is **older than** *her sister* **by two years**.

〈the ＋比較級＋ of the two ～〉「2 つの～のうち，より…なほう」

比較されるものが 2 つなので比較級を使うが，「より…なほう」は **1 つに特定されるため，比較級の前に the が付く。**

⇨ My mother bought **the more expensive of the two**.
（母は 2 つのうちで値段の高いほうを買いました。）
「3 つ以上の中で一番～」という場合は最上級を使う。

⇨ I chose **the cheapest of the three** models.
（私は 3 つのモデルのうち，一番安いものを選びました。）

《 ━━━ ＞＞＞＞＞＞＞ **Function（提案する）** ＜＜＜＜＜＜＜ ━━━ 》

1. "**Why don't we** hang out with him**?**" "OK. / Yes, let's. / I'd rather not."
「彼と遊びに行きませんか。」「いいですね。/ 行きましょう。/ 行きたくありません。」

2. "**I suggest that** we try another approach." "Why not? / I don't see why we shouldn't."
「別の方法を試すことを提案します。」「そうしましょう。/ もちろんそうしましょう。」

3. "I exercise every day." "**It might be better** to stop exercising when you feel sick."
「毎日，運動しています。」「気分が悪いときは運動を止めるほうが良いですよ。」

◀ 解説

1. ・**Why don't we ～?** は「(私たちは一緒に)～してはどうですか，～しましょうよ」
という提案の表現。提案者が自分も含めて動作の提案をしている。
・I'd rather not (hang out with him). は「どちらかと言えば～したくない」という意味。

2. ・**I suggest (that) ～.** は「～してはどうですか」と相手に提案する表現。suggest
や propose などの**提案や要求を表す動詞が目的語とする that 節中の動詞**は，**主語や時制に関係なく動詞の原形を使う**《アメリカ英語》か，〈**should ＋動詞の原形**〉《イギリス英語》にする。
・Why not? や I don't see why we shouldn't. は「もちろんですとも」という意味。

3. **It might be better to *do*.** は「～するほうが良いだろう」という意味で，相手の意
向を尊重しつつ提案する丁寧な表現。It is better to *do*. の婉曲的な言い方。

┃ **語句と語法のガイド** ┃

hang out	熟 遊ぶ
approach [əpróʊtʃ]	名 方法，手法
exercise [éksərsàɪz]	動 運動する ▶名 運動

《 ━━━ ＞＞＞＞＞＞＞ **Try it out!** ＜＜＜＜＜＜＜ ━━━ 》

① （　　）内の語句を並べかえて，英文を完成させましょう。

(！ヒント)

語群にそれぞれ as が 2 つずつあるので，これらを使って比較表現を作る。

1. ・主語のあとに動詞を置き，〈as ＋原級＋ as ...〉の形を続ける。

- one は watch を表す代名詞なので，主語は this watch。
- 「この腕時計はあの腕時計と同じくらい良いです。あなたはどちらのほうがより良いと思いますか。」

2. ・動詞が plays なので，主語は my sister。
- 「私の姉〔妹〕はあなたと同じくらい上手にピアノを弾きます。彼女はまた歌うのも上手です。」

3. ・〈not as ＋原級＋ as ...〉で「…ほど〜ではない」という意味。
- 「パナマ運河はスエズ運河ほど長くないです。」

(練習問題①) (　　)内の語句を並べかえて，英文を完成させましょう。

1. (as / as / good / is / that one / this smartphone). Which do you like better, this one or that one?
2. (as / as / Nancy / well / sings / you). She is also a good dancer.
3. Canada (as / as / large / is / Russia / not).

2 (　　)に入る最も適切な語を考えてみましょう。

(！ヒント)

1. ・Nancy is a good singer. ＝ Her sister sings well.
　　　　　　　形容詞　名詞　　　　　　　動詞　副詞

- 「A は B と同じくらい〜」は原級を使った比較表現。
- 「ナンシーは良い歌手です。」「はい。お姉〔妹〕さんもまた彼女と同じくらい上手に歌います。」

2. ・「A は B ほど〜ではない」は原級を使った比較表現を not で否定する。
- 「母は毎日私を起こします。私は彼女ほど早く起きません。」「あなたは目覚まし時計をかけるべきです。」

3. ・three に着目して，倍数を使った比較表現にする。
- 「私たちの町は速く成長しています。」「今では隣の町の３倍の数のレストランがあります。」

4. ・比較されるものが２つなので比較級を使うが，比較級の前に the が付くことに注意。
- 「その２つのカバンはどちらのほうが大きいですか。」「赤いほうが大きいです。」

5. ・「2 時 45 分に」は「ケビンよりも 15 分早く」ということ。
- 「ケビンは３時に着きました。」「私は彼より 15 分早く，2 時 45 分に着きました。」

6. ・比較級を強調するときは，比較級の前に much または far を置く。
- 「この映画はあの映画よりずっとおもしろいです。」「ありがとう。私はそれを見ます。」

7. ・「B の２倍の〜」は〈twice as ＋原級＋ as B〉で表す。
- 「人口が多い」は large を用いて表す。
- 「日本の人口はフランスの人口のおよそ２倍の多さです。」「はい。フランスは日本の人口の半分です。」

(練習問題②) (　　)に入る最も適切な語を考えてみましょう。

1. "Bob is a fast runner."

   "Yes. His brother also runs as (　　　　) (　　　　) him."

2. "The population of France is not (　　　　) (　　　　) (　　　　) that of
   Japan." "Yes. The population of Japan is larger than that of France."

3. "Jane has many books, but I think you have more."

   "Yes. I have about three (　　　　) (　　　　) (　　　　) books as her."

4. "Which is (　　　　) (　　　　) of the two watches?" "The blue one is cheaper."

5. "I arrived at 2:45."

   "Kevin arrived at three, (　　　　) (　　　　) (　　　　) than you."

6. "This picture is (　　　　) (　　　　) beautiful (　　　　) that one."

   "I agree with you. I want to buy this one."

7. "Russia is (　　　　) (　　　　) (　　　　) as Brazil."

   "Yes. Russia is twice the size of Brazil."

③　ペアになって，あなたの価値観について尋ね合いましょう。追加の質問をして会話を
　続けてみよう。

(！ヒント)

原級や比較級を使って会話する。与えられた質問に対して答える。追加の質問をして会話
を続ける。

1. Who in your class runs as fast as you?

   (あなたのクラスの誰があなたと同じくらい速く走りますか。)

   (例)Manami does.(マナミです。)

2. Which do you think is more important, money or love?

   (お金と愛のどちらが大切だと思いますか。)

   (例)I think love is more important because everyone needs to be loved.

   　(みんな愛される必要があるので，愛のほうが大切だと思います。)

3. Which do you choose, cheaper T-shirts or more expensive ones?

   (あなたはより安いTシャツとより高いTシャツのどちらを選びますか。)

   (例)I choose expensive ones because I like the style.

   　(私はそのスタイルが好きなので高いものを選びます。)

(会話例)

1. Who in your class runs as fast as you?

   — Yuji does.

   (+1) How fast do you run?

2. Which do you think is more important, money or love?

   — I think that money is more important because you can't buy anything without it.

(+1) Is there anything that is more important than money?

3. Which do you choose, cheaper T-shirts or more expensive ones?

— I choose cheaper ones because I'm not so interested in what to wear.

(+1) What is important to you in choosing a T-shirt?

〈 ━━━━━━━ ＞＞＞＞＞＞＞＞＞ **Use it** ＜＜＜＜＜＜＜＜＜ ━━━━━━━ 〉

本と映画のどちらが好きですか。そのことについて 3 つの文を書いてみよう。

（例）主張　主張：I think books are more interesting than movies.

　　　　　　　　（私は本のほうが映画よりもおもしろいと思います。）

　　　　理由：Books stimulate our imagination.

　　　　　　　（本は私たちの想像力を刺激します。）

　　　　論拠：We can have more vivid images in our minds when reading a book.

　　　　　　　（本を読むとき，私たちは心により鮮明なイメージを持つことができます。）

(！ヒント)

・I think (that) A is more interesting than B. 「A のほうが B よりもおもしろいと思います」，I like A better than B. 「B よりも A のほうが好きです」などを使うことができる。

・2 文目以降でその理由や論拠を書く。

〔盛り込む観点の例〕

・本は好きなところを何度も読み返すことができる

・映画は音声や映像も楽しむことができる　など

(作文例)

主張：I think movies are more interesting than books.

理由：When we watch a movie, we can enjoy not only the story but also the pictures on the screen and the music.

論拠：I think they can make us understand the movie better.

Model Conversation

美咲とジョンはフェアトレード製品について
話しています。

M1: ①John, I've started buying "Fairtrade" products.

J1: ②**That's nice.** ③More companies are offering the products. ④**One of the most famous products** is a chocolate bar.

M2: ⑤Yes, I saw the Fairtrade mark on a chocolate bar yesterday.

J2: ⑥There are thousands of products with the mark.

M3: ⑦Really? ⑧I didn't know that. ⑨I think that poverty is **the biggest problem** in the world today. ⑩I'll do what I can to help.

J3: ⑪**I really like your** attitude. ⑫I feel the same way.

M1: ①ジョン，私は「フェアトレード」製品を買い始めたところなの。

J1: ②それは良いね。③より多くの会社が製品を提供しているんだ。④一番有名な製品の1つはチョコレートだよ。

M2: ⑤そうね，昨日チョコレートにフェアトレードマークがついているのを見たわ。

J2: ⑥マークがついた製品がたくさんあるよ。

M3: ⑦本当に？⑧知らなかったわ。⑨貧困は今，世界で一番大きな問題だと思うの。⑩私にできることをするつもりよ。

J3: ⑪君のその態度は本当に良いね。⑫同感だよ。

語句と語法のガイド

offer [ɔ́(ː)fər]	動 ～を提供する ▶ 名 提供
a chocolate bar	名 板チョコ1枚(= a bar of chocolate)
thousands of ～	熟 何千もの～
attitude [ǽtətjùːd]	名 態度
the same way	熟 同じように

解説

② **That's nice.**
That's nice. は「良い〔すてきだ〕と思う」という意味のほめ言葉。

③ **More companies are offering the products.**
more は many の比較級。

④ **One of the most famous products is a chocolate bar.**
〈one of the ＋最上級＋複数名詞〉は「最も～な…の1人〔1つ〕」という意味を表す。 **EB4**

⑨ **I think that poverty is the biggest problem in the world today.**
biggest は big の最上級。 **EB3**

⑩ **I'll do what I can to help.**
what は関係代名詞。to help は目的を表す不定詞の副詞的用法。

⑪ **I really like your attitude.**
I really like your ～. は「私はあなたの～が本当に好きだ〔良いと思う〕」という意味。

Listening Task

Circle T for True or F for False. （正しければ T，間違っていれば F に○をつけなさい。）

！ヒント

1. ジョンはフェアトレード製品を買うことはいいことだと思っているか。(→①②)

2. すべてのチョコレートバーにフェアトレードマークをつけなければならないのか。

(→⑥)

3. 美咲は世界の貧困は大きな問題だと思っているか。(→⑨)

《 ══════ ≫≫≫≫≫≫≫ **Example Bank** ≪≪≪≪≪≪≪ ══════ 》

A　比較級を使った慣用表現

1. It's getting **hotter and hotter**.　だんだん暑くなってきている。

2. **The higher** *you go*, **the more beautiful** *the view becomes*.

高く上れば上るほど，ますます景色が美しくなる。

◀ 解説

〈比較級＋ and ＋比較級〉

1.「**ますます〜，だんだん〜**」を表す。more を付けて比較級を作るものは，〈**more and more ＋形容詞〔副詞〕**〉となる。

⇨ She is becoming **more and more popular**. (彼女はますます人気者になってきている。)

「ますます多くの〜」の場合は，〈more and more ＋名詞〉の形で用いる。

⇨ **More and more** people in the world are using mobile devices.

(世界中でますます多くの人たちがモバイル機器を使っている。)

〈the ＋比較級＋ SV ..., the ＋比較級＋ SV 〜〉

2.「**…すればするほど，ますます〜**」を表す。the は副詞で，前の the は「…すればするほど」，後ろの the は「それだけますます〜」を表している。

B　最上級を使った比較表現

3. Canada is **the second largest country** in the world.

カナダは世界で2番目に大きな国だ。

4. He is **one of the most famous artists** in the world.

彼は世界でも最も有名な芸術家の1人だ。

◀ 解説

3つ以上のものの比較で一番を表す

3つ以上のものを比較して，「**A は(…の中で)一番〔最も〕〜**」を表す場合は，最上級を用いて〈**A ... (the)＋最上級＋(in / of ＋名詞〔代名詞〕)**〉の形にする。特定のグループの中で一番のものは1つに特定されるので最上級には the を付ける。

⇨ John is **the smartest** *in* his family. (ジョンは家族の中で一番賢いです。)

副詞の最上級では the を付けても付けなくても良い。しかし，比較の範囲が of などで示されている場合には，しばしば the を付ける。

⇨ He can run (**the**) **fastest** *of* the three boys.

（彼は 3 人の少年の中で一番速く走れます。）

比較の範囲や対象は〈**in ＋場所・範囲を表す単数の語**〉あるいは〈**of ＋同類を表す複数の語**〉で表す。

〈the ＋序数＋最上級＋名詞〉

3.「**X 番目に〜**」を表すときは，最上級の前に〈**the ＋序数**〉を置き，〈**the ＋序数＋最上級＋名詞**〉の形になる。

〈one of the ＋最上級＋複数名詞〉

4.「**最も〜な…の 1 人〔1 つ〕**」は〈**one of the ＋最上級＋複数名詞**〉の形になる。「（複数の特定の）…の中の 1 つ」を意味するので，最上級は the や所有格を伴い，名詞は**複数名詞**となる。

⇨ He is **one of the richest men** in the world. （彼は世界で最もお金持ちの男性の1人です。）
　　　　　　　　　　×*man*

最上級の強調

　最上級に「**断然〜**」という強調の意味を加えるときは，最上級の前に **by far** や **much** を置いて，〈**by far〔much〕the ＋最上級**〉の形になる。

⇨ This is **by far〔much〕the best** dictionary that I have ever used.

（これは私が今まで使った中で断然一番良い辞書だ。）

〈最上級＋関係代名詞節〉

　比較する範囲を関係代名詞節を使って表し，「**…する〔した〕中で最も〜**」という意味を表す。次の例文の that は目的格の関係代名詞なので省略できる。

⇨ This is **the most delicious** steak (**that**) I have ever *had*.

（これは私が今まで食べた中で一番おいしいステーキです。）

C　原級・比較級を使って最上級の意味を表す

5. **No** (**other**) **country** in the world is **as large as** *Russia*.

　世界にはロシアほど大きな国はない。

6. **No** (**other**) **country** in the world is **larger than** *Russia*.

　世界にはロシアよりも大きい国はない。

7. *Russia* is **larger than any other country** in the world.

　ロシアは世界のほかのどの国よりも大きい。

◀📢 解説

原級・比較級を使って最上級の意味を表す

　次の例文は，最上級を使っている。

⇨ *Russia* is **the largest country** in the world. （ロシアは世界で一番大きな国です。）

5. 〈**No (other) + B (単数名詞)** ... **as + 原級 + as A**〉で「**A ほど～な B はない**」を表す。other は省略されることもある。

6. 〈**No (other) + B (単数名詞)** ... **比較級 + than A**〉で「**A よりも～な B はない**」を表す。比較級を使ったこの表現は「ロシアの大きさを超える国はない」という意味なので，「ロシアと同程度の大きさの国はある」という可能性は残される。

7. 〈**A** ... **比較級 + than any other + B (単数名詞)**〉で「**A はほかのどの B よりも～**」を表す。

⇨ *Mt. Fuji* is **the highest mountain** in Japan. （富士山は日本で一番高い山です。）

= **No (other) mountain** in Japan is **as high as** *Mt. Fuji*.
（日本には富士山ほど高い山はありません。）

= **No (other) mountain** in Japan is **higher than** *Mt. Fuji*.
（日本には富士山よりも高い山はありません。）

= *Mt. Fuji* is **higher than any other mountain** in Japan.
（富士山は日本のほかのどの山よりも高いです。）

⟩⟩⟩⟩⟩⟩⟩⟩⟩⟩ Function (称賛する) ⟨⟨⟨⟨⟨⟨⟨⟨⟨⟨

1. "I work as a volunteer to help elderly people." "**That's nice.**"
「お年寄りを助けるためにボランティアとして働いています。」「それは良いですね。」

2. "I won't give up even though I've failed once." "**I really like your** attitude."
「たとえ一度失敗していても諦めません。」「あなたのその態度は本当に良いと思います。」

3. Niseko is **by far the most excellent ski resort** among international travelers.
ニセコは外国人旅行者の間で間違いなく最もすばらしいスキー場です。

◀ 解説

1. **That's nice.** は「**良い〔すてきだ〕と思う**」という意味のほめ言葉。

2. **I really like your ～ .** は「**私はあなたの～が本当に好きだ〔良いと思う〕**」という意味。

3. 最上級に「**断然～**」という強調の意味を加えるときは，最上級の前に **by far** や **much** を置いて，〈**by far [much] the + 最上級**〉の形になる。

語句と語法のガイド

elderly [éldərli]	形	年配の
excellent [éksələnt]	形	非常に優れた
resort [rɪzɔ́:rt]	名	行楽地, リゾート

⟩⟩⟩⟩⟩⟩⟩⟩⟩⟩ Try it out! ⟨⟨⟨⟨⟨⟨⟨⟨⟨⟨

① ( )に入る最も適切な語を考えましょう。

（！ヒント）

1. ・比較級を使った慣用表現「ますます～」。
　・「私たちが植えた木は今1メートルの高さです。」「それはますます高くなるでしょう。」

2. ・Sam <u>runs</u> <u>fast</u>. = He is a <u>fast</u> <u>runner</u>.
　　　　動詞　副詞　　　　　形容詞　名詞

　　・最上級。比較する範囲は「私たちの学校で」で示されている。

　　・「サムはとても速く走ります！」「実は，彼は私たちの学校で走るのが一番速いです。」

3. ・「最も〜な…の１人〔１つ〕」は〈one of the ＋最上級＋複数名詞〉の形。

　　・「この建物は築 100 年です。」「この市で最も古い建物の１つです。」

4. ・比較級を使った慣用表現「…すればするほど，ますます〜する」。

　　・「山頂では酸素がより少ないです。」「高く行けば行くほど，ますます空気が薄くなります。」

5. ・最上級。比較する範囲を関係代名詞節を使って表し，「…する〔した〕中で最も〜」という意味。

　　・「私はこんなにおもしろいテレビ番組を見たことがありません。」「同感です。これは私が今まで見たテレビ番組の中で最もおもしろいです。」

6. ・比較級を使って最上級の意味を表す。〈No (other)＋ B(単数名詞)... 比較級＋ than A〉で「A よりも〜な B はない」。

　　・「ジムは私たち全員の中で一番テニスが上手です。」「そのとおりです。私たちのチームにはジムよりもテニスが上手な選手はいません。」

7. ・原級を使って最上級の意味を表す。〈No (other)＋ B(単数名詞)... as ＋原級＋ as A〉で「A ほど〜な B はない」。

　　・「信濃川は日本で一番長いですよね。」「そのとおりです。日本には信濃川ほど長い川はありません。」

(練習問題①) (　　)に入る最も適切な語を考えましょう。

1. "I feel cold in the mornings and evenings these days."
"Yes, it's getting (　　　　) and (　　　　)."

2. "How well Sam plays basketball!"
"Actually, he is the (　　　　) basketball player (　　　　) our school."

3. "Is Murakami Haruki a famous writer in the world?" "Yes. He's one of (　　　) (　　　) (　　　) (　　　) in the world."

4. "The view from the top of the mountain is very beautiful."
"(　　　) higher you go, (　　　) (　　　) (　　　) the view becomes."

5. "I have never seen such a big animal."
"I agree. This is (　　　) (　　　) animal that I have ever seen."

6. "Jim is the best singer in our class." "You're right. (　　　) (　　　) student in our class sings (　　　) than Jim."

7. "Mt. Fuji is the highest mountain in Japan, isn't it?"
"That's right. No (　　) (　　) in Japan is as (　　) (　　) Mt. Fuji."

2　(　　)内の語句を並べかえて，会話を完成させましょう。

(！ヒント)

1. ・more が2つあることに注目する。

　　・比較級を使った慣用表現「ますます～」。

　　・「コンピュータ操作技術はますます必要になってきています。」「同感です。」

2. ・最上級 tallest があることに注目する。

　　・最上級に強調の意味を加えるときは，最上級の前に by far を置く。

　　・「マークは身長が190センチメートル以上あります。」「彼は私たちの中で断然一番背が高いです。」

3. ・as, other, no があることに注目する。

　　・〈No (other)＋B(単数名詞)... as ＋原級＋ as A〉で「A ほど～な B はない」という最上級の意味を表す。

　　・「ロンドンほど大きい市はイギリスにはありません。」「どの市が2番目に大きいですか。」

(練習問題②)(　　)内の語句を並べかえて，会話を完成させましょう。

1. "English skills are (more / becoming / important / more / and) in this global society." "I agree."

2. "Yuko always gets full marks in all subjects." "She is (us all / by far / of / smartest / the)."

3. "(as / is / other / no / prefecture in Japan) large as Hokkaido." "Which prefecture is the second largest?"

3　ペアになって，表の国土面積について尋ね合いましょう。下線の箇所を変えて，質問をしてみよう。

(！ヒント)

表の国土面積について会話する。与えられた質問に対して答える。追加の質問をして会話を続ける。

1. Which country is the third largest?

　(どの国が3番目に大きいですか。)

2. Which country is by far the largest?

　(どの国が断然最も大きいですか。)

3. Which country is smaller than all the other countries?

　(どの国がほかのすべての国よりも小さいですか。)

(会話例)

1. Which country is the second largest?

2. Which country is by far the smallest?

3. Which country is larger than any other country on the list?

< ══════ >>>>>>>>> **Use it** <<<<<<<<< ══════ >

あなたが最も幸せな時について, 3 つの文を書いてみよう。

(例) 主張　主張：　I'm happiest when I'm bathing in an open-air spa.
　　　　　　　　　（私は露天風呂に入っているときが最も幸せです。）
　　　　理由①：The bathroom in my house has no window and I feel enclosed
　　　　　　　　by walls.
　　　　　　　　（家の浴室には窓がないので, 私は壁に取り囲まれた気持ちがします。）
　　　　理由②：In an open-air spa, I can enjoy the scenery and it's very
　　　　　　　　refreshing.
　　　　　　　　（露天風呂では, 私は景色を楽しめ, それは気分をすっきりさせます。）

(！ヒント)

ほかの人や物との比較ではなく, 同一人物・物の中での比較は形容詞の最上級でも the
を付けない。「ほかの人と比べて私が一番幸せ」ということを示しているのではなく, 「私
の中で一番幸せ」ということを示している。

〔盛り込む観点の例〕
・スポーツをしているとき
・楽器を演奏しているとき　など

(作文例)

主張：　I'm happiest when I share a victory at a big soccer game with other
　　　　team members.
理由①：I am on the soccer team, and we practice hard every day.
理由②：Soccer is a team sport, so we must work together as one for the victory.

< ━━━━━━━ >>>>>>>>>> **Expressing** <<<<<<<<<< ━━━━━━━ >

STEP 1

(問題文の訳)

①～④の4つの話を聞き, それぞれの人物とその人物が述べている目標を一致させなさい。

(！ヒント)

それぞれの人物の目標を聞き取る。

STEP 2

(問題文の訳)

気候変動に対する対策の目標について考えなさい。都市の気温を下げるために何ができるでしょうか。

(！ヒント)

都市における温暖化に対する対策例を考える。例として, 屋上庭園, 風の通り道, 打ち水が挙げられており, それら以外の具体例を考える。

(例)

考え：setting up blinds or *sudare* on the windows(窓にブラインドやすだれを設置する)

理由：the sunlight can be cut off(太陽光を遮断できる)

詳細：to use blinds or *sudare* to help keep our room at a comfortable temperature(室内で快適な温度で過ごすためにブラインドやすだれを使う)

STEP 3

(問題文の訳)

上で述べられた考えのうち, あなたはどれを家で, あるいは家の周りでやってみることができますか。上記の考えを比較しなさい。要する時間と費用, そして長期的な結果について考えなさい。どれが最も実用的ですか。

(！ヒント)

都市の気温を下げるための対策例として, **STEP 2** で挙げられた屋上庭園, 風の通り道, 打ち水と, あなたが挙げた考えを時間・費用・長期的な結果の観点から比較し, どれが最も実用的であるかを考える。

(作文例)

　I think I can try installing window blinds or *sudare* in my house. I think it is the easiest and cheapest idea. They cut off sunlight, so we can turn down the air conditioner. By doing so, the temperature in cities will eventually fall. Therefore, I think it is the most practical idea.

Words & Phrases

次の表の＿＿に適切な英語を書きなさい。

組織（Organizations）	政府（Government）	平和（Peace）
□ 先進国　developed country / advanced nation	□ 国際問題　international issue［problem］	□ 内戦
□ 発展途上国	□ 経済成長　economic growth	④ ＿＿＿
① ＿＿＿	□ 公共投資　public investment	□ 難民　refugee
□ 世界　the world	□ インフラ　infrastructure	□ 軍事力　military force
□ 国際連合　the United Nations / the UN	□ 外交	□ 軍縮　disarmament
	② ＿＿＿	□ 核兵器　nuclear weapon
□ 非政府組織　non-governmental organization / NGO	□ 政治　politics	□ テロリズム　terrorism
	□ 教育　education	□ 紛争
□ 非営利組織　nonprofit organization / NPO	□ 福祉	⑤ ＿＿＿
	③ ＿＿＿	□ 安全保障　security
	□ 人道支援　humanitarian aid	□ 交渉　negotiation
		□ 平和構築　peacebuilding
		□ 平和維持　peacekeeping
社会（Society）	環境（Environment）	食事（Meals）
□ 不平等　inequality	□ 気候変動	□ 飲み物　drink / beverage
□ 人権　human rights	⑧ ＿＿＿	□ 自然食品
□ 男女平等	□ 地球温暖化　global warming	⑩ ＿＿＿
⑥ ＿＿＿	□ 水不足	□ 加工食品　processed food
□ 人種差別　racial discrimination	⑨ ＿＿＿	□ 乳製品　dairy product
□ 貧困	□ 環境汚染　environmental pollution	□ 食物アレルギー　food allergy
⑦ ＿＿＿	□ 天然資源　natural resources	□ 宗教上の食事制限　religious dietary restriction
□ 飢餓　hunger	□ 生物多様性　biological diversity	□ 菜食主義者　vegetarian / vegan
□ 持続可能な開発　sustainable development		

解答
① developing country　② diplomacy　③ welfare　④ civil war　⑤ conflict
⑥ gender equality　⑦ poverty　⑧ climate change　⑨ water shortage
⑩ organic food

Lesson 12 I think it's a good idea.

Model Conversation

ウィリアム先生と美咲が若者の将来について
話しています。

W1: ①Some people say that in Japan, older people will keep working longer.

M1: ②So, **if** they **were to work** longer, **would** there **be** enough jobs for younger people?

W2: ③Yes. ④There are many jobs older people don't typically do. ⑤**If I were you, I'd** try to get the right skills for the changing world.

M2: ⑥OK. ⑦So I should focus on improving my skills and knowledge for the future.

W3: ⑧Yes. ⑨**I think it's a good idea to** imagine what the society of the future might be like.

W1:①日本では，高齢者がより長く働き続けるだろうと言われています。

M1:②もし高齢者がより長く働くとしたら，若い人たちに十分な仕事があるでしょうか？

W2:③ええ。④高齢者が一般的にはしない仕事がたくさんあります。⑤もし私があなたなら，変化する世界に備えて適切な技能を身につけようとするでしょう。

M2:⑥わかりました。⑦それなら，将来のために自分の技能や知識を高めることに集中するべきですね。

W3:⑧そうです。⑨将来の社会がどのようになるか想像してみればよいと思いますよ。

語句と語法のガイド

keep *doing*	熟 ～し続ける
typically [típɪkəli]	副 一般的に ▶ typical 形 典型的な
skill [skɪl]	名 技能
focus on ~	熟 ～に集中する
improve [ɪmprúːv]	動 ～を改善する，進歩させる
knowledge [nά(ː)lɪdʒ]	名 知識 ▶ know 動 ～を知っている
imagine [ɪmǽdʒɪn]	動 ～を想像する ▶ imagination 名 想像(力)
society [səsáɪəti]	名 社会 ▶ social 形 社会の

解説

② **So, if they were to work longer, would there be enough jobs for younger people?**

〈If S' were to ＋動詞の原形〉は「仮に～するとしたら」という意味で，実現の可能性がゼロの場合から，実現の可能性がある場合まで，話者のさまざまな想定を表す。 **EB6**

If ＋ S' ＋ were to ＋動詞の原形 , S ＋ would[could, might] ＋動詞の原形 .
　　　　　　if節　　　　　　　　　　　　　　　主節

⑤ **If I were you, I'd try to get the right skills for the changing world.**

仮定法過去の文。「もし（今）〜ならば，…だろうに」と現在の事実と違うこと，実際には起こり得ないことを述べる場合，過去形が使われる。 **EB1**

$$\underbrace{\text{If} + \text{S'} + \boxed{過去形}}_{\text{if 節}} , \underbrace{\text{S} + \boxed{\text{would[could, might]}} + \boxed{動詞の原形}}_{\text{主節}} .$$

changing は world を修飾している。現在分詞の形容詞的用法。

⑨ **I think it's a good idea to imagine what the society of the future might be like.**

it is 〜 to *do* は「…するのは〜だ」という意味。ここでは〜に名詞句 a good idea がきている。what 以下は間接目的語で，imagine の目的語になっている。what is S like は「S はどのようなもの〔人〕か」という意味で，S について性格や性質を尋ねる表現。ここでは is が might be になり，「S はどのようなものだろうか」という意味。

‖ Listening Task ‖

Circle T for True or F for False. 　（正しければ T，間違っていれば F に○をつけなさい。）

（！ヒント）

英文は相手に伝えたい重要語句を強く発音するので，意識して聞き取る。

1. ウィリアム先生は日本の高齢者の人口は増えると言っているか。（→①）

2. ウィリアム先生は若い人たちの仕事はほとんどなくなると言っているか。（→②③④）

3. 美咲は将来のために自分の技能や知識を高めると決めたか。（→⑦）

< ════ >>>>>>>>> **Example Bank** <<<<<<<<< ════ >

A　仮定法過去と仮定法過去完了

1. If I *were* free, I could go with you.　暇があれば，君と一緒に行けるのに。

2. If I knew his phone number, **I would call** him.
　彼の電話番号を知っていれば，彼に電話するのに。

3. If I had been free, **I could have gone** with you.
　暇があったなら，君と一緒に行けたのに。

4. If I had known his phone number, **I would have called** him.
　彼の電話番号を知っていたなら，彼に電話したのに。

5. If he had joined the team, he **would be** a star now.
　そのチームに入っていたなら，今ごろ彼はスターになっているだろうに。

◀ **解説**

（直説法と仮定法）

　① **If it rains** tomorrow, I **will stay** home.（もし明日，雨が降れば，私は家にいます。）

　② **If I lived** near the sea, I **could go** swimming every day.
　　（もし海の近くに住んでいれば，毎日泳ぎに行けるのに。）

　①と②の文を比べると，①は「雨が降った場合」という現実に起こるかもしれない話で

あり，②は「もし海の近くに住んでいれば」という想像の話である。

英語の場合は現実か想像かを区別し，**「想像である」ことを時制をずらして表現する。**このときの動詞の形が**仮定法**である。なお，**実際に起こり得ること**を述べるときに使う動詞の形を**直説法**と呼ぶ。

《注意》事実かどうか，起こり得るかどうかは話し手の判断次第である。

〔直説法〕

実際に起こり得ること(現実と想像との距離はゼロ)

If it **rains** tomorrow, I **will stay** home.

現在形…when や if など，時や条件を表す副詞節の中では，未来のことであっても現在形で表す。

〔仮定法〕

現実に反すること(現実と想像との距離がある)

If I **lived** near the sea, I **could go** swimming every day.

過去形

実際は：I don't live near the sea, so I can't go swimming every day.

[仮定法過去]

「もし(今)〜ならば，…だろうに」と**現在の事実と違うこと，実際には起こり得ないこと**を述べる場合，過去形が使われる。これを**仮定法過去**と呼ぶ。形は過去であるが，現在のことを表す。仮定法過去の形は次のようになる。

①if 節の動詞には**過去形**を用いる。be 動詞の場合，普通は **were** になる。

②主節には**助動詞の過去形**が使われる。それぞれ次のような意味になる。

would(〜だろうに)，**could**(〜できるのに)，**might**(〜かもしれないのに)

⇨ If you **tried** harder, you **might solve** the problem.

(もっと頑張れば，その問題を解けるかもしれないのに。)

●**仮定法過去：「もし(今)〜ならば，…だろうに」**

If + S' + 過去形, S + would[could, might] + 動詞の原形 .
　　　　└── if 節 ──┘　　　　　　　　└──── 主節 ────┘

1. 現在形の否定文を使って，「現実」を次のように表すことができる。

⇨ I am not free, so I can't go with you.(暇がないので，君と一緒に行けません。)

2. 「現実」は次のように表すことができる。

⇨ I don't know his phone number, so I don't call him.

(彼の電話番号を知らないので，電話しない。)

《注意》if 節は後ろに置くこともできる。

⇨ Sally would be pleased if she were here now.(サリーが今ここにいれば喜ぶだろうに。)

[仮定法過去完了]

「もし(あの時)〜だったなら，…だっただろうに」と**過去の事実と違うこと，実際には起こらなかったこと**を述べる場合は，時制を過去よりさらに過去にずらして，過去完了

形が使われる。これを**仮定法過去完了**と呼ぶ。

　　①if 節の動詞には**過去完了形**〈**had ＋過去分詞**〉を用いる。

　　②主節には〈**would〔could, might〕＋ have ＋過去分詞**〉がくる。

●**仮定法過去完了：「もし（あの時）〜だったなら，…だっただろうに」**

　If ＋ S' ＋ 過去完了形 , S ＋ would〔could, might〕＋ have ＋過去分詞 .
　　　　　　　　if節　　　　　　　　　　　　　　主節

3. 過去形の否定文を使って，「現実」を次のように表すことができる。

⇨ I wasn't free, so I couldn't go with you.(暇がなかったので，君と一緒に行けなかった。)

4. 「現実」は次のように表すことができる。

⇨ I didn't know his phone number, so I didn't call him.

　（彼の電話番号を知らなかったので，電話しませんでした。）

if 節は仮定法過去完了，主節は仮定法過去

　if 節は過去の事実と違うことを，**主節は現在の事実と違うこと**を述べる。「**もし**（あの時）

　〜だったなら，（今）…だろうに」の意味になる。

●**if 節は仮定法過去完了，主節は仮定法過去：**

　「もし（あの時）〜だったなら，（今）…だろうに」

　If ＋ S' ＋ 過去完了形 , S ＋ would〔could, might〕＋ 動詞の原形 (＋ now など).
　　　　　　　if節(過去のこと)　　　　　　　　　　主節(今のこと)

5. if 節は had joined と過去完了形になっている。一方，主節は would be となっており，
　過去形である。つまり，仮定法過去完了と仮定法過去が混ざった形になっている。こ
　のとき，if 節には「あの時」を表す then，主節には「今」を表す now などの時を表
　す副詞を伴うことが多い。

B　未来のことを表す仮定法

6. **If** you **were to write** a book, what **would** it **be** about?
　仮にあなたが本を書くとしたら，何についての本ですか。

7. **If** he **should change** his mind, he **would let** us know.
　万一，気が変われば，彼は私たちに知らせるだろう。

📣**解説**

〈if S' were to ＋動詞の原形〉

6. 「**仮に〜するとしたら**」という意味で，**実現の可能性がゼロの場合**から，**実現の可能性**
　がある場合まで，話者のさまざまな想定を表す。

●**未来のことを表す仮定法：「仮に〜するとしたら」**

　If ＋ S' ＋ were to 動詞の原形 , S ＋ would〔could, might〕＋ 動詞の原形 .
　　　　　　　　if節　　　　　　　　　　　　　　主節

〈if S' should ＋動詞の原形〉

7. 「**万一〜すれば**」という意味で，**実現の可能性が低い場合**に用いられる。「まずあり得

ないだろうが」という意味が含まれる。

⇨ What **will** you do **if** you **should** fail the exam?(万一,試験に落第したらどうしますか。)

●**未来のことを表す仮定法：「万一～すれば」**

If + S' + should 動詞の原形 , S + would[could, might] + 動詞の原形 .
　　　　　　　　　　　　　　 will[can, may]

　　　　　　if節　　　　　　　　　　　　　　　主節

⟨ ═══ ≫≫≫≫≫ **Function（助言を求める・助言する）** ⟨⟨⟨⟨⟨ ═══ ⟩

1. "**Can you give me some advice?**" "**If I were you**, **I would** tell the truth."
　「アドバイスをもらえますか。」「もし私があなたなら，真実を話すでしょう。」

2. "**I think it's a good idea to** try again." "All right. I will."
　「もう一度やってみるのが良いと思います。」「わかりました。そうします。」

3. "**What would you do if you were** in this situation?" "**I would** tell my parents first."
　「もしあなたがこの状況にいたら，どうしますか。」「まず両親に話します。」

◀ **解説**

1. ・**Can you give me some advice?** は「アドバイスをもらえますか。」という意味で，助言を求めるときに使う表現。
　・**If I were you**, **I would ～.** は「私なら〔私があなたなら〕～します」という意味の仮定法過去の文で，助言・忠告する表現。遠回しに提案しているニュアンスを含む。

2. **I think (that) it's a good idea to ～.** は「私は～することが良い考えだと思います」という意味。to の後ろには動詞の原形がくる。

3. ・**What would you do if you were** (in this situation)**?** は「もしあなたが（この状況に）**いたら，どうしますか**」という意味の仮定法過去の文。
　・返事としての **I would ～.** は「（この状況にいたら）**私は～するでしょう**」という意味。

‖ 語句と語法のガイド ‖

truth [tru:θ]　　　　　　名 真実　▶ true 形 本当の

⟨ ═══ ≫≫≫≫≫≫≫≫≫ **Try it out!** ⟨⟨⟨⟨⟨⟨⟨⟨⟨ ═══ ⟩

1 [　]に与えられた語を適切な形に変えて，会話を完成させましょう。

(!ヒント)

1. ・主節が〈would ＋動詞の原形〉となっていることに注目。
　・「もし私があなたなら，～」という仮定の話をしている。
　・「私は大阪に行かなければなりません。」「もし私があなたなら,飛行機を使うでしょう。」

2. ・主節が〈could ＋動詞の原形〉となっているので，現在の事実に反する事柄を表す仮定法過去。
　・「もし祖父母が近くに住んでいれば，私たちは彼らをしばしば訪ねられるのに。」「彼らはどこに住んでいるのですか。」

3.・主節が〈would ＋ have ＋過去分詞〉となっているので，過去の事実に反する事柄を
　　　表す仮定法過去完了。
　　・「サリーが試験に落ちたことを聞いて残念です。」「私もです。それ(試験)の前にもっ
　　　と一生懸命に勉強していたら，彼女はそれに受かっていたのに。」

(練習問題①) [　　]に与えられた語を適切な形に変えて，会話を完成させましょう。

1. "Can you give me some advice?" "If I ＿＿＿＿＿ you, I wouldn't give up." [be]
2. "Do you want a new bike?" "Yes. If I ＿＿＿＿＿ more money, I could buy a
   bike of the latest model." [have]
3. "You're late. Why didn't you call me?" "I'm sorry. If I ＿＿＿＿＿ your
   phone number, I would have called you." [know]

2　(　　)内の語句を並べかえて，会話を完成させましょう。
(！ヒント)

1.・hadn't, told があることに注目する。
　　・主節が〈would ＋ have ＋過去分詞〉となっている。仮定法過去完了。
　　・「彼が私たちに道を教えてくれなかったら，私たちは演劇に遅れていたでしょう。」「は
　　　い。彼のおかげで，私たちは間に合いました。」
2.・should があることに注目する。
　　・「万一〜すれば」という未来のことを表す仮定法にする。
　　・「ログインするには，あなたは学生番号とパスワードが必要です。万一，パスワード
　　　を忘れたら，IT 部に連絡してください。」
3.・had, be, would があることに注目する。
　　・後に now があることに着目。if 節は仮定法過去完了，主節は仮定法過去の文は「も
　　　し(あの時)〜だったなら，(今)…だろうに」という意味を表す。
　　・「もしその申し出を受け入れたなら，彼は今ごろスペインにいるでしょうに。」「彼は
　　　それを受けると思いました。」

(練習問題②) (　　)内の語句を並べかえて，会話を完成させましょう。

1. "Can you show me some pictures of the park you went to yesterday?"
   "Sorry I didn't take any pictures. If (with me / had / had / I / a camera), I
   could have taken some."
2. "If (any / need / help / you / should), please let us know."
   "OK. Thank you very much."
3. "Tom looks very hungry." "Yes. If he (had / enough lunch, / eaten / be /
   would / he / not) hungry now."

3　ペアになって，次の質問を尋ね合いましょう。追加の質問をして会話を続けてみよう。
(！ヒント)
仮定のことについて会話する。与えられた質問に対して答える。追加の質問をして会話を

続ける。

1. If you were a millionaire, what would you do?
（もしあなたが百万長者なら，どうしますか。）
（例）I would take an expensive cruise around the world.
（私は世界中を高価なクルーズ船で旅するでしょう。）

2. If you were to live on a desert island, what would you do?
（仮にあなたが無人島に住むとしたら，どうしますか。）
（例）I would make a house out of wood.
（私は木で家を作るでしょう。）

(会話例)

1. If you were a millionaire, what would you do?
— I would buy as many clothes as possible.
(+1) What would you do after that?

2. If you were to live on a desert island, what would you do?
— I would get something to eat.
(+1) What do you think is the most necessary thing there?

〈 ━━━ >>>>>>>>> **Use it** <<<<<<<<< ━━━ 〉

もしタイムマシンがあったら，過去に行きたいですか，未来に行きたいですか。3文で述べてみましょう。

（例）主張　主張：　If I had a time machine, I would travel back in time.
（もしタイムマシンがあったら，私は過去に行くでしょう。）
理由①：I'm interested in the life of Sakamoto Ryoma.
（私は坂本龍馬の人生に興味があります。）
理由②：I'd like to talk to him and know what he was thinking at that time.
（私は彼と話をして，彼が当時何を考えていたのか知りたいです。）

(！ヒント)

書き出しの文は現在の事実に反する仮定の話なので，If I had a time machine, I would ～．「もしタイムマシンがあったら，私は～するでしょう」と仮定法過去で表す。
〔盛り込む観点の例〕
・過去に行って恐竜を観察する
・未来に行って自分の子孫に会う　など

(作文例)

主張：　If I had a time machine, I would go to the future.
理由①：I'm interested in my future children and grandchildren.
理由②：I'd like to know what they will be like.

Model Conversation

美咲とジョンが，美咲の祖父について話しています。

M1: ①My grandfather is 70 and he's still working.

J1: ②That must be very tough. ③I imagine he **wishes** he **could** retire.

M2: ④He seems to enjoy working, actually. ⑤He lives his life **as if** he **were** in his fifties.

J2: ⑥That's great. ⑦I **hope** I feel the same way when I'm his age.

M3: ⑧**Without** his job, he**'d have** nothing to do. ⑨He's very healthy and active.

J3: ⑩I suppose that as life expectancy is rising, there is more time to work.

M1: ①私の祖父は70歳で，まだ働いているのよ。

J1: ②それはとても大変だろうね。③引退したいと思っているだろうね。

M2: ④それが実は，働くのを楽しんでいるようなの。⑤まるで50代のように生活しているの。

J2: ⑥それは良いね。⑦僕も同じ年になった時，そんな風に感じるといいなあ。

M3: ⑧仕事がなければ，祖父はすることが何もなかったでしょう。⑨とても健康で行動的よ。

J3: ⑩寿命が延びているから，働く時間がもっとあるだろうね。

語句と語法のガイド

tough [tʌf]	形 困難な，骨の折れる
retire [rɪtáɪər]	動 引退する
live one's life	熟 生活する
life expectancy	名 寿命
rise [raɪz]	動 上昇する，増大する(⇔ fall 動 下がる)

解説

③ **I imagine he wishes he could retire.**

imagine (that) ～は「～と推察する」という意味。wish に続く節で仮定法過去を用いると，「～であれば良いのに」という現在の事実に反したり実現が困難な願望を表す。**EB1**

⑤ **He lives his life as if he were in his fifties.**

as if の節で仮定法過去を用いると，「まるで～のように」という事実とは異なる状況や空想を表す。be動詞は主語にかかわらず were を使うことが多い。**EB3** in one's fifties は「(年齢が)50代で」という意味。

⑦ **I hope I feel the same way when I'm his age.**

I hope (that) ～. は「私は～ということを望みます」という意味。これは直説法で，実現性があることを望むときに使う。I'm his age で「私は彼と同じ年だ」という意味を表す。

⑧ **Without his job, he'd have nothing to do.**

without は，文頭で(代)名詞と共に用いることで if 節と同じ働きをする。ここでは，主節が仮定法過去なので，「(今)～がなければ」という意味になる。**EB5** to do は不定詞の形容詞的用法。

‖ Listening Task ‖

Circle T for True or F for False. （正しければ T，間違っていれば F に○をつけなさい。）

〔! ヒント〕

1. 美咲の祖父は引退したいと思っているか。（→①④）

2. ジョンは自分が 70 歳になったら，働きたくないだろうと思っているか。（→⑦）

3. 美咲の祖父は自分の仕事に満足しているか。（→④）

‹ ══ ›››››››››› Example Bank ‹‹‹‹‹‹‹‹‹ ══ ›

A wish や as if を使った仮定法

1. I **wish** I **knew** his phone number.　彼の電話番号を知っていればなあ。

2. I **wish** I **had studied** more.　もっと勉強していたらなあ。

3. He treats me **as if** I **were** a little child.　彼はまるで私を幼い子どものように扱う。

4. I feel **as if** I **had had** a horrible nightmare.

　　私はまるで恐ろしい悪夢でも見たかのような気分だ。

◀◀ 解説

〔wish ＋仮定法過去〕

　wish に続く節で**仮定法過去**を用いると，「～であれば良いのに」という**現在の事実に反したり実現が困難な願望**を表す。I wish に続く節の時制を過去にずらすことで，「現在の事実とは異なる」ということを表している。この表現には「残念だ」という話し手の気持ちが含まれる。

● **wish ＋仮定法過去：「～であれば良いのに」**

　　S wish S' ＋過去形 .

1. 彼の電話番号を知らないので，「知っていたらいいのに」と思っている。「思っている」のも「知らない」のも現在のことである。直説法を使って次のように表すことができる。

⇨ I'm sorry I **don't know** his phone number.（彼の電話番号を知らなくて残念です。）

《参考》wish に続く節に could や would が使われることがある。

　　　⇨ I **wish** I **could stay** longer.（もっと長くいられたらなあ。）

〔wish ＋仮定法過去完了〕

　wish に続く節で**仮定法過去完了**を用いると，「～だったらよかったのに」という**過去において実現しなかったことへの願望**を表す。

● **wish ＋仮定法過去完了：「～だったらよかったのに」**

　　S wish S' ＋過去完了形 .

2. あまり勉強をしなかったので，「もっと勉強していたらよかったのに」と思っている。「思っている」のは現在で，「勉強しなかった」のは過去のことである。直説法を使って次のように表すことができる。

⇨ I'm sorry I **didn't study** more.（もっと勉強しなかったことが残念です。）

〈as if ＋仮定法過去〉

3. as if の節で**仮定法過去**を用いると，「**まるで〜のように**」という**事実とは異なる状況や空想**を表す。

● **as if ＋仮定法過去：「まるで〜のように」**
　　S ＋動詞＋ as if S' ＋過去形 .

〈as if ＋仮定法過去完了〉

4. as if の節で**仮定法過去完了**を用いると，「**まるで〜したかのように**」という**主節の時制よりも前の事実とは異なる状況や空想**を表す。

● **as if ＋仮定法過去完了：「まるで〜したかのように」**
　　S ＋動詞＋ as if S' ＋過去完了形 .

《参考》as if は **as though** を用いても同じ意味を表すことができる。

《注意》as if を使った仮定法では，主節と as if の節の時制の組み合わせは以下のようになる。

(1) He <u>looks</u> as if he **were** ill.　…「今」病気であるように「今」<u>見える</u>(**同時**)
　　　〔**仮定法過去**〕

(2) He <u>looks</u> as if he **had been** ill.　…「過去」に病気であったように「今」<u>見える</u>(**ズレ**)
　　　〔**仮定法過去完了**〕

(3) He <u>looked</u> as if he **were** ill.　…「過去」に病気であるように「過去」に<u>見えた</u>(**同時**)
　　　〔**仮定法過去**〕

(4) He <u>looked</u> as if he **had been** ill.　…「過去のさらに過去」に病気であったように「過去」に見えた(**ズレ**)
　　　〔**仮定法過去完了**〕

(1)と(2)は，主節の時制は「見える」と現在形であり，as if の節の「病気であるように」には過去形，「病気であったように」には過去完了形が用いられている。

一方，(3)と(4)は，主節の時制は「見えた」と過去形になっている。(3)のように，「見えた」と「病気であるように」が「同時」のことであれば，as if の節では過去形が用いられる。(4)のように，「見えた」よりも「病気であったように」がさらに過去のことであれば，時制の「ズレ」を表すために，as if の節では過去完了形が用いられる。

B　仮定法を使ったさまざまな表現

5. **Without** your help, I **would** not **be** able to do this job.
　　あなたの助けがなければ，私はこの仕事ができないだろう。

6. **With** a little more money, I **could buy** another coat.
　　もう少しお金があれば，コートをもう1着買えるのに。

7. **If only** I **were** rich!　私がお金持ちでありさえすればなあ！

8. **It's** (**about**) **time** you **went** to bed.　もう(そろそろ)寝る時間だよ。

9. We know Jim very well; **otherwise** we **would** not **trust** him.
　　私たちはジムのことをとてもよく知っている。そうでなければ彼を信用したりしないだろう。

◀《解説

without

5. **without** は，文頭で(代)名詞と共に用いることで if 節と同じ働きをする。主節が仮定法過去の場合は「(今)**〜がなければ**」，仮定法過去完了の場合は「(あの時)**〜がなかったなら**」の意味になる。

⇨ **Without** his advice, we **couldn't have won** the game.
（彼の忠告がなかったなら，私たちは試合に勝てなかっただろう。）

《注意》without は前置詞なので，後ろに節は置けない。without 〜の部分が現在のことか過去のことかは主節の時制から判断する。

《参考》without の代わりに but for を用いても同じ意味を表すことができるが，文語的表現である。

with

6. **with** は without とは反対の意味をもち，「(今)**〜があれば**」ということを表す。
= **If I had** a little more money, I **could buy** another coat.

if only 〜

7. 「(今)**〜でさえあればなあ**」という意味になる。I wish で書きかえることができるが，if only のほうが強い願望を表す。
= I **wish** I **were** rich.
〈if only ＋仮定法過去完了〉で「(あの時)**〜でさえあったらなあ**」という意味になる。

⇨ **If only** I **had studied** more!（もっと勉強しておけばなあ！）

It's (about) time ＋仮定法過去

8. 「もう(そろそろ)**〜して良いころだ**」という意味になる。to 不定詞を使ってほぼ同じ内容を表すことができる。
= It's (about) time **for you to go** to bed.

otherwise

9. **otherwise** は「そうでなければ」という意味を表す副詞で，直前に述べられている事実に反する仮定を表す。主節が仮定法過去の場合，「(今)**そうでなければ**」という意味になる。例文では「私たちはジムをよく知っている」という事実に対し，otherwise 1 語で「彼のことをよく知らなければ」という現在の事実に反することを仮定している。

〜 ; **otherwise** we **would** not **trust** him.
=〜 ; **if** we **didn't** know Jim very well, we **would** not **trust** him.

主語が仮定の意味を表す

次の例文は，一見 if 節のない普通の文に見えるが，would が用いられており，現在の事実に反する仮定を表している。文の主語が「**〜であれば**」の意味を表す。

⇨ **An honest man wouldn't do** such a thing.
（正直な人ならば，そんなことはしないだろう。）
= If he **were** an honest man, he **wouldn't do** such a thing.

if の省略（倒置）

　 if が省略されると〈(助)動詞＋主語〉の語順（疑問文と同じ語順）になる。倒置は特に書き言葉で用いられ，**仮定の意味が強調される**。

⇨ *If* **I were** rich, I **could buy** the car.（もしお金持ちなら，その車が買えるのに。）

　➡ **Were I** rich, I **could buy** the car.

⟨ ═══ ≫≫≫≫≫≫≫ **Function**（願望を表す）⟨⟨⟨⟨⟨⟨⟨⟨ ═══ ⟩

1. "Can you go with me?" "I'm afraid I can't. I **wish** I **could** go."
   「私と一緒に行ってくれる？」「残念だけど，できないよ。行くことができればなあ。」
2. "Are you ready for the final exam?" "Not yet. **If only** I **had** more time!"
   「期末試験の用意はできた？」「まだだよ。もっと時間があればなあ！」
3. "I'm looking forward to the excursion." "So am I. I **hope** the weather will be fine."
   「遠足が楽しみだよ。」「私も。天気が良いといいなあ。」

◀📢 解説

1. **I wish I could ～.** は「**～ができれば良いのに**」という意味。実現の困難なことを望むときに使う。
2. **If only I had ～.** は「**～があれば良いのに**」という意味。I wish で書きかえることができるが，if only のほうが強い願望を表す。
3. **I hope（that）～.** は「**私は～ということを望みます**」という意味。**1** と **2** の表現は仮定法であるが，これは直説法。実現性があることを望むときに使う。

┃ **語句と語法のガイド** ┃

final exam	名 期末試験　▶ midterm exam 名 中間試験
excursion [ɪkskə́ːrʒən]	名 遠足

⟨ ═══ ≫≫≫≫≫≫≫ **Try it out!** ⟨⟨⟨⟨⟨⟨⟨⟨ ═══ ⟩

1 [　]に与えられた語を適切な形に変えて，英文や会話を完成させましょう。

（!ヒント）

1. ・「～だったらよかったのに」という願望を表す文。
   ・「遅れている」のは現在だが，「家を出た」のは過去のことなので，仮定法過去完了にする。
   ・「私たちはショーに遅れています。私たちが4時前に家を出ていたらなあ。」
2. ・〈It's time ＋仮定法過去〉で「もう～しても良いころだ」という意味。
   ・「もう私たちは新しいテレビを買っても良いころです。」「そうです。このテレビは古すぎます。」
3. ・as if を用いた仮定法の文。
   ・現在の事実と異なる状況を述べているので，仮定法過去。
   ・「メアリーはまるで先生であるかのようにふるまいます。彼女はいつも私たちに何をするべきか言います。」
4. ・as if を用いた仮定法の文。

・「まるでそれを見たかのように」の部分は主節の時制(talked)よりも前の状況を表しているので，仮定法過去完了で表す。

・「彼は私たちと映画に行きませんでした。しかし彼はまるでそれを見たかのように話しました。」

練習問題① [　]に与えられた語を適切な形に変えて，英文や会話を完成させましょう。

1. I couldn't finish all the work in one day. I wish you ＿＿＿＿ here. 〔be〕
2. "It's time you ＿＿＿＿ to bed, Mike." "All right, Mom." 〔go〕
3. My uncle treats me as if I ＿＿＿＿ a child. I can't stand being treated like that. 〔be〕
4. Jane came out of the room without saying anything. She looked as if she ＿＿＿＿ a ghost there. 〔see〕

2 （　）内の語句を並べかえて，英文や会話を完成させましょう。

!ヒント

1.・had, read, wish に注目する。
　・「～だったらよかったのに」という願望を表す文。
　・「この本はとても良いです。私はもっと早くにそれを読んでいたらなあ。」
2.・only, knew, if に注目する。
　・「(今)～でさえあればなあ」という強い願望を表す文。
　・「マイクはまだ来ていません。彼の電話番号を知っていたらなあ。」
3.・without, lost に注目する。
　・前に would have があるので，「～がなかったなら…だっただろうに」という仮定法過去完了の文。
　・「彼の忠告がなければ，私たちは試合に負けたでしょう。」「はい。私たちは彼に感謝すべきです。」
4.・with, would に注目する。
　・後に read があるので，「～があれば…だろうに」という仮定法過去の文。
　・「私は自由な時間があまりありません。もしもっと時間があれば，私は小説を読むでしょう。」
5.・would, have, bought に注目する。otherwise は「そうでなければ」という意味を表す副詞。
　・仮定法過去完了の文。
　・「私は彼女の絵がとても好きです。そうでなければ，私は絵を買わなかったでしょう。」

練習問題② （　）内の語句を並べかえて，英文や会話を完成させましょう。

1. "What's wrong, Tom?" "I failed the exam. (had / I / I / wish / studied) more."
2. The movie was very moving. Mary cried (she / if / were / a baby / as).
3. "Ms. Smith helped us a lot." "That's right. (we / have / without / her assistance, / could not) succeeded."
4. "Those new smartphones look great." "Yes. (I / with / a little / could / more money,) buy one."
5. Yuta practiced hard every day; otherwise (won / he / not / would / have) the first prize.

③　ペアになって，次の質問を尋ね合いましょう。追加の質問をして会話を続けてみよう。

(!ヒント)

ひそかに望んでいることや後悔していることについて会話する。与えられた質問に対して答える。追加の質問をして会話を続ける。

1. What is something that you secretly wish for? Start with "I wish …"

(あなたがひそかに願っていることは何ですか。"I wish …" で始めなさい。)

(例) I wish I had my own laptop computer.

(私自身のノート型コンピュータがあれば良いのに。)

2. What is something that you regret? Start with "If only …"

(あなたが後悔していることは何ですか。"If only …" で始めなさい。)

(例) If only I hadn't eaten too much in winter holidays.

(冬休みに食べ過ぎなければよかったのに。)

(会話例)

1. What is something that you secretly wish for? Start with "I wish …"

— I wish I had a new smartphone.

(+1) If you had one, what would you do?

2. What is something that you regret? Start with "If only …"

— If only I hadn't spent so much money on games.

(+1) If you hadn't done so, what could you have done?

< ═══════ >>>>>>>>> **Use it** <<<<<<<<< ═══════ >

自分自身や家族に対して望むことを，3文で述べてみましょう。

(例) 主張　主張：I wish my mother would leave me alone.

(私は母が私を放っておいてくれれば良いのにと思います。)

理由：She worries about me too much and always treats me as if I were a child.

(母は私のことを心配しすぎて，いつも私をまるで子どものように扱います。)

論拠：She even tells me when to take a bath.

(母は私にいつ風呂に入るべきか言いさえします。)

(!ヒント)

・現在の事実に反する願望は〈I wish ＋仮定法過去〉や〈If only ＋仮定法過去〉で表す。

・2文目以降，現在の事実は現在形で，過去の事実は過去形で表す(直説法)。

(作文例)

主張：I wish my father would come back home earlier.

理由：He always works until late at night, so he has to eat dinner alone.

論拠：I wish he could eat dinner with us and have a good rest at home.

Expressing

STEP 1

問題文の訳

ロボットが人間に取って代わるという考えについての３つの話を聞きなさい。空欄を埋めなさい。

！ヒント

それぞれの人物がこの考えに賛成であるか反対であるか，そしてその理由を聞き取る。

STEP 2

問題文の訳

現在の日本の社会問題の１つについてパートナーと話し合いなさい。

！ヒント

現在の日本が抱える社会問題について考え，その原因と対策について話し合う。

例

A: Now Japan is faced with a food loss problem. What is the cause of it?
 （現在日本はフードロス問題に直面しています。その原因は何でしょうか。）

B: In my opinion, it is that some supermarkets and department stores sell much more food than consumers need. What should we do to solve the problem?
 （私の意見では，それはスーパーやデパートが，消費者が必要とするよりはるかに多くのたくさんの食べ物を販売するからだと思います。その問題を解決するために私たちは何をすべきですか。）

A: I think the government should make a law against throwing away food. How about you?
 （私は政府が食べ物の廃棄に対する法律を作るべきだと思います。あなたはどうですか。）

B: I think we should buy only as much food as we need and should not throw away food.
 （私は私たちは必要な量の食べ物を買い，食べ物を廃棄するべきではないと思います。）

STEP 3

問題文の訳

STEP 2 で話し合ったトピックに関するあなたの意見を書きなさい。そのあとに，クラスで発表しなさい。

！ヒント

STEP 2 で話したことをもとに，＿＿＿を埋める。

作文例

　Today, Japan is faced with a food loss problem. In my opinion, one of the causes is that some supermarkets and department stores sell much more food than consumers need. I think that the government should make a law against throwing away food to solve this problem.

Words & Phrases

次の表の＿＿に適切な英語を書きなさい。

経済（Economics）	福祉（Welfare）	医療（Medicine）
□ 不況	□ 福祉　welfare	□ 脳死　brain death
① ＿＿＿＿＿＿	□ 社会保障　social security	□ クローン　clone
□ 景気後退　recession	□ 介護　nursing care	□ 受動喫煙　passive smoking
□ 失業	□ 育児休暇　parental leave	□ 遺伝子治療　gene therapy
② ＿＿＿＿＿＿	□ 社会参加	□ ワクチン
□ 少子化・出生率低下	social participation	⑤ ＿＿＿＿＿＿
low[declining] birthrate	□ 医療費　medical expenses	□ 臓器移植
□ 高齢化社会　aging society	□ 年金	organ transplant
□ 寿命・余命	③ ＿＿＿＿＿＿	
life span[expectancy]	□ 投票率　voter turnout	
□ 労働人口	□ 選挙権年齢	
workforce / working population	④ ＿＿＿＿＿＿	
□ 労働力不足　labor shortage		
人権（Human rights）	**情報技術（IT）**	**住宅・住居（Housing）**
□ いじめ	□ 情報格差	□ 都市部　urban area
⑥ ＿＿＿＿＿＿	⑧ ＿＿＿＿＿＿	□ 郊外
□ 虐待する・虐待　abuse	□ ネット犯罪　cyber crime	⑩ ＿＿＿＿＿＿
□ (社会的な)性　gender	□ 罰金を科す	□ 田舎
□ 人権　human rights	⑨ ＿＿＿＿＿＿	rural area / the countryside
□ ユニバーサルデザイン	□ ゲーム依存症	□ アパート　apartment / flat
universal design	video game addiction	□ マンション
□ 差別	□ 有害コンテンツ	condominium / condo
⑦ ＿＿＿＿＿＿	harmful content	□ 仮設住宅
□ 性的嫌がらせ	□ 緊急地震速報	temporary housing
sexual harassment	emergency earthquake alert	□ 交通機関　transportation

解答
① depression　② unemployment　③ pension　④ voting age　⑤ vaccine
⑥ bullying　⑦ discrimination　⑧ digital divide　⑨ fine　⑩ suburb

▶ **Try it out! 練習問題 解答** ◀

Lesson 1 Logic & Expression 1 (pp.9-10)
練習問題①
1. don't you, Yes　　2. is he, No
3. Who, will　　4. Don't open
5. Let's, What

Lesson 1 Logic & Expression 2 (pp.15-16)
練習問題①
1. Before　　2. or　　3. when
4. that　　5. because

練習問題②
1. I often write e-mails to
2. My parents think that I'm good
3. reads the newspaper after breakfast

Lesson 2 Logic & Expression 1 (pp.25-26)
練習問題①
1. lives, moved　　2. is, see
3. are, cook　　4. sells, smell
5. tell, showed

練習問題②
1. This table looks small for
2. What happened to him after
3. I sent you an e-mail

Lesson 2 Logic & Expression 2 (pp.31-33)
練習問題①
1. leave　　2. isn't　　3. seem
4. reached　　5. make

Lesson 3 Logic & Expression 1 (pp.40-42)
練習問題①
1. walks　　2. lived　　3. rises
4. left　　5. is practicing

練習問題②
1. usually goes there by bike
2. is watching TV in
3. was playing soccer with his friends

Lesson 3 Logic & Expression 2 (pp.47-49)
練習問題①
1. will　　2. is going to rain
3. leaves　　4. am having

練習問題②
1. We are going to visit the museum
2. is moving to Osaka next week
3. The train leaves for Ueno[for Ueno leaves] at

Lesson 4 Logic & Expression 1 (pp.57-59)
練習問題①
1. visited　　2. have known
3. haven't received　　4. lived
5. has been studying

Lesson 4 Logic & Expression 2 (pp.64-66)
練習問題①
1. the train had already left
2. had been sick in bed for
3. had never seen a panda
4. had been listening to music for
5. heard that Mary had returned to
6. They will have finished lunch

練習問題②
1. had just finished
2. will have seen
3. had lived

Lesson 5 Logic & Expression 1 (pp.74-76)
練習問題①
1. must not　　2. don't have to
3. may　4. Can　5. have to
6. May

Lesson 5 Logic & Expression 2 (pp.81-82)
練習問題①
1. had better not　　2. wouldn't
3. won't　4. should　5. will
6. used to　7. should

練習問題②
1. would　2. should　3. will

Lesson 5 Logic & Expression 3 (pp.87-88)
練習問題①
1. cannot[couldn't] have told
2. may[might] have taken
3. should have come
4. must have been

練習問題②
1. Would, like[Do, want]
2. would rather, than

Lesson 6 Logic & Expression 1 (pp.97-98)
練習問題①
1. taken　2. be seen
3. be released

練習問題②
1. was your wallet found
2. is being built
3. cannot be used as
4. is going to be held
5. has just been painted

Lesson 6 Logic & Expression 2 (pp.105-107)
練習問題①
1. given, by　2. is said
3. put off　4. were killed in

Lesson 7 Logic & Expression 1 (pp.115-117)
練習問題①
1. was glad to hear the news
2. It is important to study
3. you like something to
4. is clever to answer it
5. the best way to learn
6. His dream is to be

Lesson 7 Logic & Expression 2 (pp.122-124)
練習問題①
1. repair　2. to open　3. leave
4. play

練習問題②
1. difficult for us to carry
2. to catch the first train
3. Let me help you
4. won't allow me to do
5. had her father pick her
6. like you to come to
7. of her to lend me

Lesson 7 Logic & Expression 3　(pp.130-131)
練習問題①
1. kind enough　2. too tired
3. have been　　4. be treated

Lesson 8 Logic & Expression 1　(pp.138-139)
練習問題①
1. Reading books is very important
2. enjoyed watching a lot of movies
3. Thank you for coming
4. insisted on him attending

Lesson 8 Logic & Expression 2　(pp.145-147)
練習問題①
1. visiting　2. hearing
3. reading　　4. getting

Lesson 9 Logic & Expression 1　(pp.155-157)
練習問題①
1. listening　　2. closed
3. broken　　4. painted

練習問題②
1. heard someone calling my name
2. It's an interesting story
3. a dog called Shiro
4. I had my umbrella stolen
5. saw her students studying English
6. kept me waiting for an hour

Lesson 9 Logic & Expression 2　(pp.163-165)
練習問題①
1. talking　2. Seeing
3. Written　4. arriving

Lesson 10 Logic & Expression 1　(pp.172-174)
練習問題①
1. which　　2. whom[who]
3. which　　4. which
5. whom[who]　　6. whose

Lesson 10 Logic & Expression 2　(pp.180-182)
練習問題①
1. which　　2. which, in
3. which　　4. what

Lesson 10 Logic & Expression 3　(pp.189-191)
練習問題①
1. where　　2. when　　3. where
4. Wherever　5. whenever[when]
6. how

Lesson 11 Logic & Expression 1　(pp.199-202)
練習問題①
1. This smartphone is as good as that one
2. Nancy sings as well as you
3. is not as large as Russia

練習問題②
1. fast as　　2. as large as
3. times as many　　4. the cheaper
5. fifteen minutes later[which was later]
6. much more[far more], than
7. not as small[twice as big[large]]

Lesson 11 Logic & Expression 2 (pp.206-208)

練習問題①

1. colder, colder   2. best, in
3. the most famous[popular] writers
4. The, the more beautiful
5. the biggest   6. No other, better
7. other mountain, high as

練習問題②

1. becoming more and more important
2. by far the smartest of us all
3. No other prefecture in Japan is as

Lesson 12 Logic & Expression 1 (pp.216-218)

練習問題①

1. were   2. had
3. had known

練習問題②

1. I had had a camera with me
2. you should need any help
3. had eaten enough lunch, he would not be

Lesson 12 Logic & Expression 2 (pp.223-225)

練習問題①

1. had been   2. went   3. were
4. had seen

練習問題②

1. I wish I had studied
2. as if she were a baby
3. Without her assistance, we could not have
4. With a little more money, I could
5. he would not have won

啓林館版・ビジョンクエスト E. L. E. Ⅰ スタンダード